本书为山西大学国际关系学院科研项目"国际河流水资源分配合作研究"的成果

国际政治论坛

国际河流

INTERNATIONAL
RIVER

规范竞争下的水资源分配

韩叶 著

WATER RESOURCES ALLOCATION
UNDER NORM COMPETITION

社会科学文献出版社
SOCIAL SCIENCES ACADEMIC PRESS (CHINA)

序

陈志瑞

韩叶邀我为她的书稿作序，我诚惶诚恐，视为一份难得的责任和光荣。

记得第一次见到韩叶，是在外交学院大食堂午餐之时。文成介绍说，她是朱立群老师的博士生。我便问起她论文的题目和进展。她搁下碗筷，认真地告诉大家，打算以国际河流的水资源分配为题，并大致讲了论文的思路和想法。当时，我经手的《外交评论》已经发表了多篇有关水治理的理论评析和案例研究，对这个问题稍有了解，深知这当然是个好题目，值得一做；但也不免替她担心——这个题目尤须兼顾理论和经验，难度着实不小。我如实说了我的想法，韩叶沉思不语，大框眼镜后面透着谦逊和真诚。

外交学院虽小，但各自工作和学习节奏不同，平常很少碰面。所以，再次与她聊起论文，已是她论文的预答辩了。我照例是要批评的，提了不少意见，但也欣慰这个难题她基本啃下来了。再后来是正式答辩，我也受邀到场。答辩很顺利，论文比预想的要好。当时朱老师已因病难以正常工作，大家不免恻然，但韩叶等几位学子数载寒窗，历尽艰辛，交出了一份令人比较满意的答卷，实属可喜可贺！

现在，我再次翻阅这份答卷，更感到它沉甸甸的分量。因为我对韩叶的求学和写作过程有了更多更深切的了解。对于国际关系研究，她可以说先天不足，进入这个领域和行当，却是兴之所至，热情使然。据信，大约十年前，她到外交学院参加朱老师组织的国际危机管理研讨班，因为喜欢和信任，便打定主意报考外交学院，拜朱老师为师，从此"一意孤行"。其间她还曾专程来学院访学，以便复习应考。真可谓"世上无难事，只要肯登攀"！

如今她学有所成，也是贵在坚持。她是在职博士生，一边工作，一边学习，还要照顾家庭孩子。作为过来人，我深知其中的艰辛。当年我的一位师姐居然在规定的三年学制内当了母亲，写完论文，找到工作，还实现了家庭团聚！韩叶大抵也经历了类似紧张而焦灼的生活和心路历程，点点滴滴，甘苦自知。至于研读和写作本身，虽不乏困难和挑战，但在她看来都是享受了，满心欢喜的。

我还想说，她的这份答卷，更是真诚向学之所得。正如她在后记中所言，她选定这个题目，实乃感同身受，由心而发。当今世界，水资源问题愈益严峻，而国际河流的水资源分配问题就更突出了。不同族群，不同国家，因此而龃龉不和、冲突频仍乃至兵戎相见，过去不在少数，今后恐怕更多。因此，如何为国际河流流域国家之间的水资源分配建构客观公正的原则和规范、达成合情合理的共识、实现合作共赢，就成了这个领域决策和学术思考的当务之急。不仅如此，在论文中，韩叶还更进了一步。她研究的主要问题是："在什么条件下，国际河流的水资源分配问题会产生合作？"取舍之间，这多少体现了一种理想主义的情怀。而我也向来以为，尽管这个世界不尽美好，充满危机和纠结，但国关学人理应"脚踏实地，仰望星空"，抱持乐观的期待，否则，这个世界的前景不是太过黯淡了吗？

对于国际关系的诸多概念和理论，我也孤陋寡闻，识见粗浅，所以断不敢在此妄评书稿的内容和思想。但通篇观之，我仍时时感受到扑面而来的那种理论探究的勇气和胆识。不论是水资源，还是水分配，水问题实则是跨学科研究的一大课题，即便以国际关系为进路，也会涉及太多的前提和概念、事件和过程，需要一步步廓清场地，循序渐进，方可构建自身的理论大厦。而韩叶正是这么尝试去做的！也许大厦尚待来日，但至少已经一路搭建了几座可心的小木屋，为自己和同行遮风避雨，加油奋进。通读书稿，我还了解和学到了大量有关水问题、水治理的经验事实和知识。可以看出，韩叶为此搜罗了大量文献资料，并对相关概念、理论、案例的历史和进程做了系统扎实的归纳和梳理。在毕业后，她还多次到国图查阅补充资料数据。而对于这些林林总总的问题和细节，圈内圈外的读者都可各取所需、借题生发。

毋庸讳言，韩叶的这份答卷个别地方还略显稚嫩，还有所欠缺和不足，但她在这一学习和修炼过程中所体现出来的热情、坚韧和真诚，足以使我们相信，她会"不改初心"，进一步涵养理论功底，扩大研究视野，体察世道人心，探求真知灼见，乐观淡定，勉力前行，越走越宽，越做越好。这也是大家衷心的祝愿和期许。

2019 年 8 月

于京西厂洼

目 录

导 论　结构与行动者互构在国际河流水资源分配中的再现 // 001
　　第一节　国际河流水资源分配中的难题 // 002
　　第二节　规范竞争及中层理论对结构与行动者互构
　　　　　　理论的意义 // 025
　　第三节　建构国际河流水资源分配实践的中层理论 // 040

第一章　水资源分配中的权利规范竞争与权利合法性 // 044
　　第一节　权利规范及规范竞争的概念 // 044
　　第二节　时间与空间的较量：占有权与所有权规范的竞争 // 048
　　第三节　水权争议：水资源分配政策偏好的冲突 // 060

第二章　国际河流的水权争议：约旦河流域与两河流域 // 075
　　第一节　约旦河流域水权合法性的竞争 // 075
　　第二节　如何使用：两河流域水资源使用中的合法性危机 // 096

第三章　国际河流的分配合作：关系情境与情境敏感 // 118
　　第一节　中层理论在国际河流分配研究中的应用 // 120
　　第二节　水关系情境的社会建构作用 // 123
　　第三节　情境敏感与政策调整 // 134

第四章　连续一致的动机：尼罗河的水资源分配争议 // 149

  第一节　身份问题：尼罗河流域的水权敏感源 // 149

  第二节　埃及与埃塞俄比亚的水权互动：连续一致的动机 // 161

第五章　情境敏感与国际河流分配争议的转机 // 170

  第一节　收益共享：印度与尼泊尔水争议的转机 // 171

  第二节　非国际化：印度与孟加拉国水争议的转机 // 181

结　语 // 195

主要参考文献 // 203

后　记 // 220

导 论
结构与行动者互构在国际河流
水资源分配中的再现

第一次世界大战后，有关国际组织开始就国际河流的治理问题制定一套具有普适性的治理规则。1966年，国际法协会通过"赫尔辛基原则"，提出了国际河流水资源"合理平等使用"的指导原则。在国际河流的治理实践中，赫尔辛基原则仅出现在1975年湄公河流域的条约文本中，并不涉及具体的分配问题。1970年，联合国国际法委员会开始了漫长的"水道非航行使用法"的编纂历程。1997年，联合国第51届会议通过了《国际水道非航行使用法公约》草案，在公约的第二条中，明确了水道为"由自然的关系构成了一个单一的整体，并且流入同一终点的地表水和地下水系统"，国际水道则是指"组成部分位于不同国家的水道"。① 但这个公约至今并不具有法律效

---

① United Nations, "Convention on the Law of Non-navigational Uses of International Watercourses", 2005, http://untreaty.un.org/ilc/texts/instruments/english/conventions/8_3_1997.pdf. （访问时间：2012年8月13日）国际水道在地下水与蓄水层的界定上存在广泛争议，本书因只关注属于地表水的国际河流的水资源分配问题，所以在下文的分析中，用"国际河流"来代替"国际水道"，以突出其作为全球治理的一个具体问题领域。

力,一直存在的政治与水文问题及二者相结合产生的问题依然绵延不断。

本书中,国际河流主要指具有共同水域特征的淡水资源。一般来讲,其流域覆盖了不止一个主权国家的边界。① 全球具有共同水域特征的河流和湖泊共有 263 条,占全球淡水资源的 60%,流域面积覆盖了全球 45.3% 的陆地面积。② 其中,亚洲的陆地覆盖面积达 65%,非洲和南美则各占 60%。③ "水"被定义为 21 世纪最受关注的环境问题,世界淡水资源匮乏、污染问题以及由此而产生的水资源治理已成为全球治理中一个特定的问题领域。其中,水资源在供应上的稀缺性、淡水资源的分配不均与冲突、跨界污染等环境安全问题产生的"公共性"④ 催生了全球治理的共同利益。然而,共同利益的出现并没有因此成为流域内国家在国际河流治理中合作的必要条件,尤其是国际河流分配领域的合作有限而迟缓。

第一节 国际河流水资源分配中的难题

据联合国估计,到 21 世纪初,全球大约有 300 起冲突与水有关。⑤

---

① 关于国际河流的定义,参见 Claudia W. Sadoff, David Grey, "Beyond the River: The Benefits of Cooperation on International Rivers", *Water Policy*, No. 4, 2002, pp. 389 – 403。
② 本书中国际河流合作的总体情况与数据主要以亚伦·沃尔夫(A. T. Wolf)建立的阿拉巴马大学跨界淡水争议数据库(Transboundary Freshwater Disputes Database)为依据。此数据库的详细信息参见 Jerome Delli Priscoli and Aaron T. Wolf, *Managing and Transforming Water Conflicts*, Cambridge: Cambridge University Press, 2009。
③ Arun P. Elhance, *Hydropolitics in the Third World: Conflict and Cooperation in International River Basins*, Washington, D. C.: United States Institute of Peace Press, 1999, pp. 4 – 5。
④ 苏长和认为全球公共问题的公共性从三个特征来界定,分别是不可分性、共同性和多边合作基础。本书从这个界定出发,以此作为国际河流全球性问题的界定标准。参见苏长和《全球公共问题与国际合作:一种制度的分析》,上海人民出版社,2009。
⑤ Yonatan Lupu, "International Law and the Waters of the Euphrates and Tigris", *Georgetown International Enviromental Law Review*, Vol. 14, No. 2, 2002, p. 349.

根据"水资源小组"（Water Resource Group）的报告，到2030年，全球的水需求量将高于供应量的40倍。这一供需之间的差距因地理位置变化会有所不同，其中在发展中国家和转型国家尤为严重。[1] 同时，不断增加的淡水需求与有限的供应之间的不平衡，使半干旱与干旱地区的水资源争夺更为激烈。在这些地区，水早已成为稀有商品。20世纪最后30年间，人口增速失控，更加剧了干旱地区对水资源的需求。越来越多的国际关系研究者视水争议为地区战争的新来源，认为这些地区的水争议是具有零和性质的冲突。21世纪初，在人口与经济快速增长的压力下，由于对水资源控制权的争夺而引发的水危机、水争议、水冲突甚至是水战争成为学术研究的聚焦点与大众媒体传播的热点。根据世界银行、联合国粮农组织的评估结果，中东地区被认为是最有可能发生水战争的地区。联合国第六任秘书长，曾于1977~1991年担任埃及外长一职的布特罗斯·加利一直认为，整个中东、北非地区爆炸性的人口增长及密集的农业模式使日益减少的水存量面临着巨大的压力，这种压力会导致武装冲突。因此，加利相信"（中东）地区的下一场战争将会由尼罗河水引发"。[2] 除了尼罗河流域外，约旦河流域、幼发拉底河—底格里斯河流域也被列为可能引发中东地区"水战争"的两个流域。

一　国际河流水资源的治理实践

从1990年开始，在国际河流的研究与治理实践中，水危机的焦点开始由发展中国家的水资源发展与管理问题，转向于共同水资源日渐匮乏的问题及解决。1977年，联合国水会议在阿根廷召开。大部

---

[1] European Strategy and Policy Analysis System (ESPAS), *Global Trends 2030—Citizens in an International and Polycentric World*, European Union Institute for Security Studies, 2012, p.81.

[2] Francesca de Chtel, *Water Sheikhs and Dam Builders: Stories of People and Water in the Middle East*, New Brunswick and London: Transaction Publishers, 2007, p.144.

分与会代表认为：共同水资源的问题应该通过国家之间的谈判解决，谈判应以平等权利与共同协定为基础。① 1992 年，联合国发布《21 世纪议程》(Agenda 21)，其中第 18 章阐明：跨界水资源及其使用对河岸国家非常重要。以此为基础，这些国家之间的合作值得期待，它们的合作可能与已有的协定或其他相关安排相融合，而这些协定或安排虑及所有相关河岸国家的利益。② 亚伦·沃尔夫（A. T. Wolf）分析了 1874 年以来的 145 个国际水条约，将其收录在阿拉巴马大学的跨界淡水争议数据库之中。沃尔夫认为，国际河流水资源分配是最具冲突性的问题领域，水分配很少在协议中明确清晰地加以规定。从沃尔夫对 145 个国际水条约中分配的数据来看，条约中涉及平等分配的条约有 15 个（10%），分配条款复杂但还算清晰的有 39 个（27%），没有清晰分配内容的有 14 个（10%），未涉及分配内容或含有可用性分配内容的则有 77 个（53%）。而在涉及具体水量分配的条约中，分配配额基本上被固定，从而忽视了水文变化以及规模和需求的变化。③ 1997 年，联合国第 51 届会议通过了国际法委员会编撰的《联合国国际河流水道非航行使用法公约》草案。然而，这个公约至今尚未生效，对于上述流域的水争议也未提供解决对策。公约尽管建立了避免和解决水资源分配冲突的重要原则，其中包括联合管理和合作责任的原则，但对于水分配几乎没有提供实践性的指导原则。④

从沃尔夫建立的跨界淡水资源数据库所反馈的信息中可以发现，

---

① Ayşegül Kibaroglu, *Building a Regime for the Waters of the Euphrates-Tigris River Basin*, London: Kluwer Law International, 2002, p. 67.

② *Agenda 21*, http://www.un.org/esa/agenda21/natlinfo/wssd/summarypublication.pdf.（访问时间：2016 年 7 月 3 日）

③ Jerome Delli Priscoli and Aaron T. Wolf, *Managing and Transforming Water Conflicts*, Cambridge: Cambridge University Press, 2009, p. 62.

④ Francesca de Chtel, *Water Sheikhs and Dam Builders: Stories of People and Water in the Middle East*, New Brunswick and London: Transaction Publishers, 2007, p. 153.

在国际河流各流域的治理中，约旦河流域、恒河流域、尼罗河流域以及两河流域的水资源分配问题是国际河流治理中展开合作的最大难题。20 世纪 50 年代，上述流域分别开始了相关水资源治理的合作谈判进程。各流域的合作谈判时断时续，谈判形式涉及传统的双边谈判及技术领域的多边谈判。谈判的议题包括：国际河流及其支流流量在流域国家之间的平等分配；水域整合性发展的理性计划；上下游水存储问题、水文数据的收集问题、洪灾控制与管理、水质问题等。从合作谈判进程及结果来看，上述四个流域面临两个共同问题。

第一，各流域内的水资源分配合作谈判过程艰难而又持久，谈判时间大都持续了三四十年。其中，国际河流水资源在流域国家之间的平等分配是最棘手且无果的一个问题。国际河流的分配问题大体上包括两个方面，即水量分配（water itself）与收益分配（benefits from water）。前者与水资源流量或年径流量的配额有关，关系到流域国家对国际河流的水所有权。后者主要涉及共同水资源使用中产生的灌溉、水电及防洪收益，属于水使用权问题。上述国际河流的流域国家都属于发展中国家，位于干旱和半干旱地带，经济形式主要以农业为主。显然，流域国家也意识到，只有通过合作才能实现共同的利益。[1] 但在实践中，分配问题依然存在众口难调的困境，决定了国家之间的冲突或合作关系，成为上述流域在发展和管理共同水资源中难以逾越的一道障碍。

---

[1] 持合作是解决流域内分配问题的研究主要有：Goslin I. V., "International River Compacts: Impact on Colorado", in V. Nanda Boulder ed., *Water Needs for the Future—Political, Economic, Legal, and Technological Issues in a National and International Framework*, CO: Westview Press, 1977; D. C. Kenney, "Institutional Options for the Colorado River", *Journal of the American Water Resources Association*, Vol. 31, No. 5, 1995, pp. 837 – 850; Kingsley Haynes and Dale Whittington, "International Management of the Nile-Stage Three?", *Geographical Review*, Vol. 71, No. 1, 1986, pp. 17 – 32。

第二，从合作谈判的结果来看，上述流域的分配谈判在20世纪90年代前很少产生合作成果，且仅限于双边形式的协议或条约。比如在尼罗河流域中，水资源分配合作仅限于埃及与苏丹之间，属于双边合作形式。由于国际河流的覆盖范围最少也是三个国家以上，从理论上讲，分配问题的最终解决形式应该是多边性质。一个没有经过流域内其他国家同意、只在两个国家之间达成的水分配协议，在实践中也是行不通的。这样的条约往往会因为排除流域内其他国家的自然权利而遭到不同程度的反对，反对国家通常会因为不是签约国，不受条约约束而采取单边行动，从而使条约的实际效果大打折扣，分配问题依然是流域内阻碍合作的关键。因而，在尼罗河这样一个由众多流域国家构成的流域中，双边形式本身就是合作破裂的隐患。也就是说，双边合作必然会排除了流域内其他国家的自然权利。在实践中，又通过强行施加义务于第三方而对其造成伤害，并引发其他国家在流域内的单边行动，更增加了水资源分配问题解决的难度。

到20世纪90年代中期，上述流域水资源分配争议发生变化。其中，恒河流域及约旦河流域内的分配谈判有所突破，流域内的相关国家就水资源分配分别达成协议，迈出了合作的第一步。相反，尼罗河流域及幼发拉底河—底格里斯河在分配问题上至今未出现任何合作的迹象。

由此，在分配问题都属于上述流域内水资源争议中的主要问题时，为什么有的流域会形成分配合作，而有的却无法达成合作？在此基础上，本书提出主要研究问题：在什么条件下，国际河流的水资源分配问题会产生合作？

目前，对于国际河流水资源分配问题与合作关系的研究大致从三个方向展开，分别是现实主义的水文霸权合作研究、功能主义的收益合作研究以及国际政治经济学的合作研究。上述研究首先解释了

"分配问题阻碍合作"的原因。在此基础上,分别对"在什么条件下,国际河流水资源的分配问题会产生合作"进行了分析研究。

二 国际河流水资源分配难题的现有解释

(一)国际河流水资源的分配结构与霸权下的合作

1. 水资源分配冲突的原因:不对称结构

现实主义首先从其基本假设出发,分析水在国家生存和利益实现中的重要性,以及由此而产生的水权争议。从水权争议中产生的水问题(water issue)是一个具有特殊性的问题,具体表现为水本身的流动性,水流量的不确定性以及易受环境和气候变化影响而产生的脆弱性(vulnerability)。这些特殊性进而使那些分享某一河流的分段国家产生对水资源减少与不足的忧虑和紧张,形成冲突或战争发生的心理原因,最终使水资源成为一个国际安全问题。因而,流域国家认为水是一种具有战略特征的资源,事关国家安全,涉及国家的核心利益。约翰·沃特伯里(John Waterbury)在研究尼罗河水文政治时,指出尼罗河的水资源分配实质上就是资源竞争下的权力竞争。也就是说,水资源作为尼罗河流域的战略资源之一,具有重要的战略价值,控制水资源就意味着获得了控制红海入海口的权力。基于这一考虑,流域国家必定会专注于获得此战略资源,获取权力。以米里亚姆·洛维(Miriam R. Lowi)为代表的学者从现实主义的基本假设出发,认为在国际河流水资源分配中,由于没有可以调解国家间水关系的国际规则和法律体系,流域的水关系同样会受到无政府状态的影响。因此,无政府、权力、安全的假设使现实主义坚信,流域内水关系毫无疑问会呈现出竞争、冲突而非合作的特征。

在上述假设的基础上,现实主义进一步指出,国际河流水资源分配中不对称的河岸结构及权力结构是分配问题阻碍合作形成的具体原因。河岸结构(riparian structure)是指政治单元在地理空间上的位置，比如上游和下游以及权力上的等级结构等。[①] 流域内国际边界划定的方式决定了一个国家在流域内是居于上游、中游还是下游的空间位置，同时也影响了流域国家在水权力中的不平衡分配。也就是说，物理地理学在定义河岸国家在水文政治中的相对交易权力中发挥着基本作用。[②] 最普遍的观点认为，流域内的上游国家是潜在的最强者，可以控制河流的流量以及改变河流的水质。这种位置不仅使上游国家具有控制下游的天然优势，而且还会使上游国家在共同水域水资源的分配谈判中居于优势。从这个意义上讲，上下游的结构关系决定了流域内上游国家与下游国家必然是零和性质的水关系。

当然，权力等级结构也可以改变内嵌于河岸结构的权力关系，这种权力等级结构主要建立在军事或经济实力对比的基础上。如果在流域中，一个流域国家在河岸结构上居于有利的空间位置，但处于权力结构中的弱势地位，那么即使是下游国家也会在水资源分配中取得优势。因此，流域内国家之间的权力不对称结构决定了每个流域国家对可获得水资源的控制程度，尼罗河流域即是最好的例证。相较于流域内的上游国家，下游国家埃及具有明显的军事和经济优势，长期处于流域内的权力中心，是流域内水资源使用现状的既得利益者。而上游国家埃塞俄比亚尽管从河岸结构上讲，在流域内具有天然的地理优

[①] 关于河岸结构观点，请参阅 Helga Haftendorn, "Water and International Conflict", *Third World Quarterly*, Vol. 21, No. 1, 2000, pp. 51–68; Rakesh Tiwary, "Conflict over International Waters", *Economic and Political Weekly*, Vol. 41, No. 17, 2006, pp. 1684–1692; Mark Zeitoun & Jeroen Warner, "Hydro-hegemony: A Framework for Analysis of Trans-boundary Water Conflicts", *Water Policy*, No. 8, 2006, pp. 435–460; John Waterbury, *The Nile Basin National Determinants of Collective Action*, New Haven and London: Yale University Press, 2002; Salman M. A. Salman, "Downstream Riparians Can Also Harm Upstream Riparians: The Concept of Foreclosure of Future Uses", *Water International*, Vol. 35, No. 4, 2010, pp. 350–364。

[②] Arun P. Elhance, *Hydropolitics in the Third World: Conflict and Cooperation in International River Basins*, Washington, D. C.: United States Institute of Peace Press, 1999, p. 16.

势，但由于和埃及之间悬殊的实力对比，反而在水资源使用中处于弱势地位。长期以来，尼罗河流域的水资源分配一直处于权力结构而非河岸结构主导下的分配模式，形成流域内水资源使用的不平衡现状。这种不均衡的水资源分配现状最终形成水资源分配现状维护者与改革者之间的矛盾，成为尼罗河流域内水资源争议产生的主要原因。因而，不平衡的河岸结构导致上游国家会通过水资源获得更多权力，而不平衡的权力结构则会使下游国家借助权力获得更多水资源。[①]

2. 分配合作：霸权下合作

现实主义从水资源的战略性特征出发，认为上述流域内结构不对称以及实力不对称，使水资源分配中的竞争或冲突在所难免。既然如此，现实主义指出，只有通过霸权下的合作方式，才可能解决水资源分配问题中的争议。也就是说，由流域中实力居优势的国家主导水资源分配进程，建立水文霸权（hydro-hegemony），以阻止竞争或冲突发生。霸权国家会通过其无上的权力优势，有效遏制非霸权国家对秩序的任何暴力性对抗，使非霸权国家遵从霸权国家偏好的秩序。[②] 基于此，部分研究者认为，目前中东地区水资源的分配合作需要在霸权的领导下来实现。[③] 在中东地区的三大流域中，水权均分别由各自流域中的霸权国家——土耳其、埃及和以色列——所把持，而弱小的河岸国家在水权的获得上基本没有发言权。

[①] Jeroen Warner, "Plugging the GAP Working with Buzan: The Ilisu Dam as a Security Issue", University of London, Ocassional Paper, No. 67, 2004, p. 13.

[②] 参见 Freerick W. Frey, "The Political Context of Conflict and Cooperation over International River Basin", *Water Interntional*, Vol. 18, No. 1, 1993, pp. 54 – 68; Eran Feitelson, "The Ebb and Flow of Arab-Israeli Water Conflicts: Are Past Confrontations Likely to Resurface?", *Water Policy*, No. 2, 2000, pp. 343 – 363。

[③] 相同观点参见 Sandra L. Postel & Aaron Wolf, "Dehydrating Conflict", *Foreign Policy*, September 1, 2001; Mark Zeitoun & Jeroen Warner, "Hydro-hegemony: A Framework for Analysis of Trans-boundary Water Conflicts", *Water Policy*, Vol. 8, 2006, pp. 435 – 460; Thomas Naff & Ruth C. Matson, *Water in the Middle East: Conflict or Cooperation?*, Boulder and London: Westview Press, 1984。

马克·吉托恩（Mark Zeitoun）进一步指出，水文霸权只是分配问题产生合作的一个必要条件。① 分配合作的实现必须基于一种"领导型"（leadership）关系的积极水文霸权形式，而非"统治型"（domination）关系的消极水文霸权形式。领导型霸权秩序通过权威（authority）而实现，而统治型霸权秩序则依靠强权（coercion）来建立。前者产生非霸权国家合作的机制主要依靠霸权国家说服其他行为体接受其权威，并采用和内化其提供的价值和规范。相对于军事、经济等硬实力，这种能力被吉托恩称为"名誉权力"（reputational power）。简单讲，是在没有运用权力的情况下就会达到预期的效果。② 领导型霸权形式一般会通过提供国际公共物品，比如秩序、稳定，以加强所有行为体对未来的期望。在国际河流的分配中，水资源使用可以产生各种各样的收益。因而，领导型的霸权形式可以通过产生遵从的有用性机制（utilitarian mechanism，一般指通过贸易、贿赂、诱惑等形式），应用整合战略（integration strategy），建立收益型合作的动机。比如，建立收益共享的大型水利工程是激发流域国家合作的有效动机。这个过程往往通过提供"搭便车"的条件，减少交易成本，使非霸权国家获得收益。因此，建立领导型的水文霸权是在国际河流水资源分配领域产生合作的充分条件。

3. "霸权主导型分配合作"解释的不足

尽管吉托恩详细分析了实现分配合作的霸权类型，但他本人也认为，尼罗河流域、约旦河流域和两河流域的水文霸权，均属于统治型的霸权形式。霸权国往往采取占有资源的单边行动，借助权力优势将

---

① 参见 Mark Zeitoun & Jeroen Warner, "Hydro-hegemony: A Framework for Analysis of Transboundary Water Conflicts", *Water Policy*, Vol. 8, No. 5, 2006, pp. 435 – 460.
② 参见 Mark Zeitoun &Karim Eid-Sabbagh, "Hydro-hegemony in the Upper Jordan Waterscape: Control and Uses of the Flows", *Water Alternatives*, Vol. 6, No. 1, 2013, pp. 89 – 90.

资源分配转向有利于自己的情势，使其成为"既成事实"。① 约翰·沃特伯里将其称为"事实上的单边主义"，即在缺乏正式的共识下，流域国家擅自进行会影响水资源流量和水质的工程。② 同时，水文霸权的建立方式主要通过遏制、武力威胁等战略，否认弱小国家的水权，使水资源分配形成不平等的结果。这种行为逻辑非但没有建立"霸权稳定"的支撑点，即水文霸权国家承担适当的河流管理和领导监管责任，弱小的国家通过"搭便车"能获得巨大的收益，从而减少体系内所有成员的交易成本，③ 反而还容易引起流域内处于弱势地位的国家产生反霸权的心理和行动，很难使非霸权国家产生合作动机，霸权秩序呈现出冲突而非稳定的特征。

尼罗河、约旦河以及两河流域的实践也充分证明了霸权下合作的困境。虽然三大流域的其他河岸国家在水权分配上没有发言权，但是依然对霸权国家的单边行动进行了抵制，采取不合作的态度。比如尼罗河流域中，上游东非国家的反霸权行动，如坦桑尼亚的尼雷尔宣言、埃塞俄比亚在上游建立的众多小型水库都让埃及头疼不已。两河流域中，流域国家之间不仅没有合作，反而联合反对土耳其的安纳托利亚工程。同时，叙利亚还使用问题联系的战略，将水资源分配与土耳其的库尔德问题相联系，建立了反土耳其水文霸权的战略。结果是，流域内仅仅建立了水文霸权，却并未形成霸权下合作的秩序。那些被视为流域中的霸权国家没有要提供公共物品的意愿，反倒是流域内的小国对建立这样一种机制比较感兴趣，比如尼罗河倡议就是在东

---

① 韩叶：《水权的合法性：国际河流水资源分配中的规范竞争》，《外交评论》2014 年第 5 期，第 141 页。
② Frederick W. Frey, "The Political Context of Conflict and Cooperation over International River Basins", *Water International*, Vol. 18, No. 1, 1993, p. 65.
③ John Waterbury, "Between Unilateralism and Comprehensive Accords: Modest Steps towards Cooperation in International River Basins", *Water Resources Development*, Vol. 13, No. 3, 1997, p. 279.

非国家的倡导下建立的。这种情况又反过来加强了霸权国的疑心，担心这是小国之间的平衡战略，因而更是在争议中寸步不让。所以，霸权下的分配合作在国际河流分配领域中并未真正实现。

（二）国际河流水资源分配中的收益问题与收益合作

国际关系的另一学派——功能主义学派从共同财产理论及博弈论出发，认为集体行动的难题导致流域国家在国际河流分配问题上很难进行合作。其中三个因素是影响合作的关键变量：（1）产品的类型，例如非再生性资源要比再生性资源的预期收益大得多；（2）河岸国家的数量，一般来说，参与者越多，越难产生合作的结果；（3）河岸国家的同质性或异质性，尤其是能力大小是否对称，偏好或利益是否一致，对问题认知的信念是否趋同。上述这些因素会影响交易成本，决定河岸国家的沟通能力以及做出可信承诺的能力。

1. 分配合作：收益共享和收益需求

功能主义学派认为，要想突破上述因素的限制，实现分配合作，关键在于扭转流域国家对分配标准的认知。传统的分配标准是建立在商品基础和权利基础上的分配，这两个标准过于强调物理性的水所有权分配属于零和本质的分配。新的分配标准应以水共享所产生的"收益"为合作基础，流域国家应该更关注通过水资源使用而产生的各种收益，比如政治、经济、社会及环境收益。这将有助于流域国家将水资源分配视为与收益最优化相关的问题，具有正和（positive-sum）性质，促进分配合作的形成。在这种观念下，流域国家会意识到，通过合作获得的收益要大于通过单边行动获得的收益，从而生成合作的动机。

然而，功能主义学派通过进一步研究发现，收益共享并非实现分配合作的充分条件。国际河流的共同财产属性决定了在分配中会存在协调性问题。共同财产具有非排他性和竞争性的特征，会产生外部性问题和"搭便车"的现象,形成收益协调的问题,导致合作供应不足。① 协调性问题的核心是相对收益问题,部分学者②认为,行为体过多地关注收益分配中"平等"的经济分配标准,从而导致国际河流水资源分配谈判难以达成合作。更甚者,当消费者数目增加时,共同财产的竞争性会加剧,也因此更容易形成加勒特·哈丁(Garrett Hardin)的"公用地悲剧"。最终,水资源分配会产生一个复杂的政策协调谈判过程。相对于绝对收益分配,收益共享产生的相对收益问题更容易阻碍谈判协议的达成。同时,收益共享需要流域国家统一各自收集的水文信息和数据,并量化全部的分配成本和收益。这个要求往往会使相关行为体由于水资源的特殊性而无法估量合作所带来的收益与支付的成本,看不到通过签订协议实现收益共享的希望,所以难以形成合作的意愿。③

鉴于此,这部分学者认为,收益需求型合作是实现分配合作的处方。大致来讲,收益需求型合作强调收益分配应以需求不同和大小为标准,避免以平等为原则而产生的"权利"分配困境。沃特伯里列

---

① 相关研究可参考 John Waterbury, *The Nile Basin: National Determinants of Collective Action*, New Haven, CT: Yale University Press, 2002; Stefan Lindemann, "Explaining Success and Failure in International River Basin Management: Lessons from Southern Africa", The 6th Open Meeting of the Human Dimensions of Global Environmental Change Research Community, Germany: University of Bonn, October, 2005, pp. 9 – 13; Frederick W. Frey, "The Political Context of Conflict and Cooperation over International River Basins", *Water International*, Vol. 18, No. 1, 1993, pp. 54 – 68。

② 代表人物主要是 Aaron T. Wolf & Stefan Lindemann, "Explaining Success and Failure in International River Basin Management—Lessons from Southern Africa", The 6th Open Meeting of the Human Dimensions of Global Environmental Change Research Community, Germany: University of Bonn, pp. 9 – 13。

③ 这类分析参见 John Waterbury, "Between Unilateralism and Comprehensive Accords: Modest Steps Toward Cooperation in International River Basins", *International Journal of Water Resources Development*, Vol. 13, No. 3, 1997, pp. 279 – 290; Halla Oaddumi, "Practical Approaches to Transboundary Water Benefit Sharing", Overseas Development Institute, Working Paper, No. 292, 2008, pp. 1 – 14; Claudia W. Ssdoff and David Grey, "Beyond the River: The Benefit of Cooperation on International Rivers", *Water Policy*, Vol. 4, No. 5, 2002, pp. 389 – 403。

出六个标准来确定需求的不同和大小。大致包括：国际河流流经流域国家的流量与总流量的比例、流域国家分布于流域内整体人口的比例、需由国际河流承担灌溉之可耕地的面积、具有可替代的可用水量。同时，还应考虑维持生命和基本健康的基础性需求，以及保护现存湿地和自然使用权等分配要素。① 根据这些标准，需将分配建立在经济效用最大化的基础上。其中最简单的方法就是在国际河流的分配中建立一个市场机制，通过市场将水资源分配给那些能产生高经济回报的使用者，以实现国际河流的分配合作。② 艾榭居尔·基巴罗格鲁（Ayşegül Kibaroglu）分析了两河流域水匮乏的原因，指出流域国家水匮乏危机是"供求发展"的水管理策略所致。正是由于这种错误的水使用及管理思维，流域国家在20世纪60年代展开了建造蓄水工程的竞争，造成两河流域无效的水使用。为此，作者认为，实现合作的途径是建立地区的水合作机制，流域国家水发展模式应从供应导向转向需求发展。这个过程的首要任务是流域内国家之间的技术性合作先行，其中流域国家间的数据共享是关键。通过共同收集数据的努力，流域国家可能会开始习惯于合作，进而发展促进水资源分配的讨论。③ 当然，在艾榭居尔看来，数据共享的关键是准确地获知各个流域国家确切的水需求量，以此作为实施需求发展战略的重要条件。此外，流域国家还可以借助市场机制，对水进行定价，需求小的流域国家可以以商品的形式，将水资源售于需求大的国家，从而实现在不同需求国家之间的配置，达成共赢。

除此之外，突破收益共享困境的另一条途径是"收益创造"。沃

---

① John Waterbury, *The Nile Basin: National Determinants of Collective Action*, New Haven, CT: Yale University Press, 2002, p. 44.

② 参见 Nir Becker & Naomi Zeitouni, "A Market Solution for the Israeli-Palestinian Water Dispute", *Water International*, Vol. 23, No. 4, 1998, pp. 238–243.

③ Ayşegül Kibaroglu, *Building a Regime for the Waters of the Euphrates-Tigirs River Basin*, London: Kluwer Law International, 2002, p. 266.

尔夫认为，行为体通过创造联合收益，"做大甜饼"，以转移行为体之间对流量分配的过度关注，从而避免冲突，促进合作。这种方式最具代表性的案例是美国和加拿大在1961年签订的《哥伦比亚河流条约》（*Columbia River Treaty*）。在这个条约中，美国向加拿大支付了防洪费用，而同时加拿大也被授予在哥伦比亚与库特耐之间改道的权利，以用于水力发电。[①] 近来，地区性合作或倡议逐渐成为实现收益共享合作的主要方案。功能主义学派认为，这个方案可以使流域国家放弃产生冲突的物理性分配，还可以利用地区内现存的制度安排减少制度建设的成本。通过地区合作孕育信任和共同理解，将水问题嵌入在一个更宽广的框架内，比较容易实现合作。目前，致力于拓展收益范围实现地区内合作的观点认为，水资源整合管理（integrated water resources management，IWRM）是突破分配困境的最可行的方法。全球水伙伴协会（Global Water Partnership）将其定义为"促进水、土地和相关资源的协作性发展和管理的一个过程，以平等的方式最大化经济和社会福利，同时并未妥协生态体系的可持续性"。[②] IWRM 倡导生态可持续规范，出发点是淡水资源是有限且脆弱的体系，因此主张把河流体系作为一个单一的单元进行整体管理，通过整合多维收益，促进流域国家之间的合作。

2. 收益分配合作解释的不足

以经济学的方法，根据需求计算收益以突破分配合作的困境，这在国际河流水资源分配的实践中面临很大的挑战。对于每一个国家来说，计算所有可能交易的成本与收益的任务在现实中不仅是一个复杂

[①] Jerome Delli Priscoli & Aaron T. Wolf, *Managing and Transforming Water Conflicts*, Cambridge: Cambridge University Press, 2009, p. 63.

[②] Asit K. Biswas, "Integrated Water Resources Management: Is It Working?", in Asit K. Biswas, Benedito P. E. eds., *Integrated Water Resources Management in Latin America*, London, New York: Routledge, 2009, p. 7.

的问题，而且存在很大难度。

在需求大小的界定中，最复杂的问题是流域国家是否在解决问题或合作动机上具有对称性。弗兰克·马蒂（Frank Marty）从行为体的动机结构和利益结构视角出发，认为在国际河流水资源分配制度的形成中存在两种问题结构：集体问题（collective problem）和外部问题（external problem）。集体问题是指共同水域中，各方共同受到同一问题的影响，因此各方在解决这一问题的动机上大致是对称性的，利益是趋同的。而外部问题则是指跨界的水资源问题不是共有的，而是单方的，所以相关行为体在解决问题的动机上处于不对称的结构，利益因此而相异。外部问题要比集体问题复杂，又可分为积极性的外部问题和消极性的外部问题。积极性外部问题是指当外部问题的当事行为体为B时，行为体A为行为体B提供了收益，却没有得到与所提供收益相一致的补偿（国际河流防洪问题属于此类问题）。消极性外部问题是指外部问题的产生由行为体A引发，进而影响了共同水域的另一行为体B，在A向B转嫁成本的同时，并未对这种成本转嫁行为给予相应补偿（国际河流污染问题通常属于这类问题）。在国际河流治理中，相对于集体问题，外部问题是制度建立的更大障碍，会较难解决。如果此问题又和国内的政治社会问题联系起来，那么计算的复杂性极容易再次引发流域内国家对分配中的平等与公正问题的关注。

尼罗河流域水资源的分配实践完全体现了合作动机不对称的问题。流域内，"利益"本身对大多数河岸国家来说，要么是有心无力的梦想，要么是无意识的混沌。这种情况下，以利益为链接的合作无法形成。同时，即使相关行为体对利益分配无异议，依然还会受到其他因素的干扰。比如，通过收益创造的方式有可能会引发牺牲部分国家主权的猜疑。在恒河流域中，尼泊尔水量丰富，但技术优势与经济实力却远逊于印度。尼泊尔通过市场方式向印度出售其部分水资源使用权，这是典型的收益分配需求合作模式。然而，双方之间的合作却由于尼泊尔拒绝印度在其流域内建造水体工程而受阻。在萨拉斯瓦蒂河项目（the Sharda barrage）上，尼泊尔公开表示"从此协议开始，开发（喜马拉雅山）水域的第一步并不是一个联合发展的考虑，而是印度的单独发展。尼泊尔加入到这个共同资源的开发中需要交出自己的国家主权"。① 这种担心被强大的邻居所控制的情绪蔓延于尼泊尔国内，使尼泊尔的政治家们止步于通过利用其丰富的水资源进行进一步合作的意图。② 因而，分配问题阻碍合作不只是因为收益的分配问题，而且出于对印度可能会蚕食尼泊尔主权的战略顾虑。

（三）国际政治经济学与国际河流水资源的分配改革

1. 分配问题的原因：国内政治经济困境

部分国际河流水资源分配研究基于国际政治经济学视角，探讨流域内水资源分配的困境。这一研究倾向于认为，在四个流域中，流域内各国均存在国内政治不稳定及经济落后的问题，由此成为水资源分配问题难以产生合作的主要原因。特斯法耶·塔菲斯（Tesfaye Tafesse）指出，尼罗河流域内合作难以形成的部分原因是流域中上游国家国内政治的掣肘。尼罗河流域水关系被嵌入在权力不对称的结构中，相对于实力强大的下游国家——埃及，上游的东非国家实力弱小。因而，这些国家的决策者认为，同埃及展开多边谈判的政治成本太高，缺乏展开多边合作谈判的政治意愿，因而对流域内的合作持冷漠的态度。沃特伯里也认为，尼罗河流域内分配合作受到各国国内政治经济现状的影响。尼罗河流域内大部分国家都存在国内经济不发达

---

① Jayanta Bandyopadhyay, "Water Management in the Ganges-Brahmaputra Basin: Emerging Challenges for the 21st Century", in Manas Chatterji, Saul Arlosoroff, Gauri Guha eds., *Conflict Management of Water Resources*, Aldershot, Hampshire, England; Burlington, VT: Ashgate, 2002, p. 206.

② Jayanta Bandyopadhyay, "Water Management in the Ganges-Brahmaputra Basin: Emerging Challenges for the 21st Century", in Manas Chatterji, Saul Arlosoroff, Gauri Guha eds., *Conflict Management of Water Resources*, Aldershot, Hampshire, England; Burlington, VT: Ashgate, 2002, p. 206.

和政治不稳定的情况，且经常发生干旱和饥荒，粮食安全政策成为各国长期追求的政策目标。流域内国家将粮食安全作为国家重要的战略安全利益，从而影响了各国对流域内水资源的认知与行动。沃特伯里具体分析了埃塞俄比亚的水资源政策，并指出粮食安全是埃塞俄比亚的重要国家利益。决策制定者相信，建设大型的水利工程是提高农业生产力最快及具有永久性的解决方法。[①] 然而，这种政策思维导致流域各国在流域内的单边行动，从而增加了流域内开展广泛合作的阻力。

约翰内斯（Okbazghi Yohannes）从国际政治经济学的角度，详细分析了尼罗河流域各国政治经济的整体情况。约翰内斯认为，在尼罗河流域各国中，新自由主义经济规范主导着各国的经济发展模式和战略。新自由主义经济规范主张大规模投资，通过建造规模宏大的大坝以及大型城市建设，以发展国内市场，同时开拓国外市场。[②] 在这种经济发展观念的主导下，尼罗河各国通过农业积累来实现农业现代化，以实现粮食安全的战略。农业现代化的主要实现方式之一就是大规模地扩大耕地面积，同时建立大坝引水灌溉。但是，尼罗河各国政府低下的治理效率导致各种大规模的生态危机与资源损耗，非但没有实现消除贫困和实现增长的目标，反而更加恶化了经济危机。同时各国国内普遍存在的社会不稳定所产生的政治合法性危机，使统治者开始通过内部问题外部化的策略去缓和国内恶化的政治经济局势。[③] 于是，尼罗河的水资源成为各国同时关注的焦点，最终产生了针对尼罗河水资源的分配竞争。托马斯·奈夫（Thomas Naff）也持同样的观点，认为中东地区传统的灌溉型农业经济形式，加上恶劣的气候及地

---

① John Waterbury, *The Nile Basin National Determinants of Collective Action*, New Haven and London: Yale University Press, 2002, p. 106.

② Okbazghi Yohannes, *Water Resources and Inter-Riparian Relations in the Nile Basin: The Search for an Integrative Discourse*, Albany: State University of New York Press, 2008, p. 166.

③ Okbazghi Yohannes, *Water Resources and Inter-Riparian Relations in the Nile Basin: The Search for an Integrative Discourse*, Albany: State University of New York Press, 2008, p. 86.

理条件，基本上消耗了巨大的水资源。比如在以色列，生活用水仅占 1/5，农业用水则占 4/5。① 托尼·艾伦（Tony Allan）更是进一步指出，中东各流域国的国内决策者利用政治言语与策略向国内公众屏蔽水资源现状的信息，伪造关于本国水资源殷实的假象，从而避免合作所产生的政治性投资。②

2. 实现分配合作：改革、第三方调解及虚拟水

鉴于上述原因，国际政治经济学的研究者主张，干旱与半干旱地区的国家，尤其是那些水匮乏的国家应该通过调整水资源的使用方向，从灌溉用水转向国内和工业用水，以重新分配水资源。在此基础上，进一步通过调整国内经济结构、借助外部力量等方式实现流域内的水资源分配合作。

阿伦·埃尔汉斯（Arun P. Elhance）以第三世界国家为案例，深入分析了六个流域中内河岸国家的经济与政治对水政策制定以及竞争、冲突与合作结果产生的影响。这六个流域中，粮食安全的困境、宗教与文化分裂所产生的身份与观念冲突是普遍存在的问题，这些问题均对各国水政策的立场和战略制定产生了影响，降低了流域内合作的可能性。因此，在阿伦看来，只有通过重建流域国家内部的政治结构、重新调整经济结构才能缓和流域国家在分配问题上的竞争。但是阿伦也认为，无论是现在还是未来，这种可能性都极小，因为这样的

---

① Thomas Naff & Ruth C. Matson, *Water in the Middle East: Conflict or Cooperation?*, Boulder and London: Westview Press, 1984, p. 12.

② 这一派观点，可参阅 Tesfaye Tafesse, *The Nile Question: Hydropolitics, Legal Wrangling, Modus Vivendi and Perspectives*, Munster: LIT, 2001, pp. 83 – 100; Tony Allan, *The Middle East Water Question: Hydropolitics and the Global Economy*, London: I. B. Tauris publishers, 2000; John Waterbury, *The Nile Basin National Determinants of Collective Action*, New Haven and London: Yale University Press, 2002; Okbazghi Yohannes, *Water Resources and Inter-Riparian Relations in the Nile Basin: The Search for an Integrative Discourse*, Albany: State University of New York Press, 2008; Arun P. Elhance, *Hydropolitics in the Third World: Conflict and Cooperation in International River Basins*, Washington, D. C.: United States Institute of Peace Press, 1999。

重建可能会受到所有流域国家内部保守的经济及政治利益集团、极端的政治集团以及宗教狂热分子的反对。①

此外，还有部分国际政治经济学的研究者主张，上述流域水分配合作难以展开的根本原因是未对此领域进行合理的经济学分析。在上述流域内，农业是水资源的主要消费领域。既然如此，那么水资源是隶属于世界贸易中粮食贸易的一个资源要素。由此断定，流域国家间的水关系应置于地区经济关系框架内，或是国际贸易关系框架中进行分析。在理清这一关系的基础上，这部分研究者提出采取"虚拟水"（virtual water）的政策，以缓解水资源分配争议。"虚拟水"是指通过进口农产品来补偿由于水资源匮乏而造成的农业产量不足的问题。托尼·艾伦建议，既然粮食安全的经济政策目标是产生并激化分配争议的主要原因，那么解决"粮食安全"这个根本问题才是实现分配合作的首要条件。借助"虚拟水"，从外部进口粮食以满足国内粮食需求，可以使这些国家不再因为为解决粮食安全而追求扩大可耕地面积的政策。同时，还应调整流域国家国内的经济结构，重新分配国内各部门用水比例。这样，可以大大降低农业灌溉用水份额，减少流域内各国在水资源分配中的纷争。

然而，这种方式主要聚焦于水作为农业灌溉的资源价值，而忽视了其在社会情境中所具有的价值作用。② 因此，国际政治经济学的解决方案也只能缓解燃眉之急，且不符合这些地区的实际情况。农业一直是这些地区的主要经济形式，在各流域国家中，80%以上的劳动力均从事农业经济活动。如果实行进口粮食的政策，可想而知，在工业化程度极低甚至是没有的情况下，大范围失业将是这些国家面临的主

---

① Arun P. Elhance, *Hydropolitics in the Third World: Conflict and Cooperation in International River Basins*, Washington, D. C.: United States Institute of Peace Press, 1999, p. 105.

② Francesca de Chtel, *Water Sheikhs and Dam Builders: Stories of People and Water in the Middle East*, London: Transaction Publisher, 2007, p. 79.

要问题,并产生甚至加剧本来已经存在的政治冲突、经济福利问题及社会不稳定所带来的威胁。同时,"虚拟水"会使这些国家中长期依靠农业牟利的利益集团的利益受损,从而遭到其反对,使"虚拟水"政策不具有可行性。此外,"虚拟水"政策还面临着政治安全困境,奈夫就表示,中东国家担心"虚拟水"会对国家安全形成威胁,可能因为某种对国家生存具有重要性的商品而不得不更加依赖外部国家,导致失去刚刚获得的主权和独立。[1]

第三方的干涉与调解是国际政治经济学派给出的另一个避免分配合作困境的处方。[2] 具体来讲,就是借助流域外具有影响力的组织或国家的技术和资金援助,转移流域内各国对水权的关注,以促进合作。但是阿伦通过对两河流域的分析指出,第三方的干预调解并不能起到以一对百的作用。有影响力的第三方尽管能帮助解决共同水域即时的国际危机,但并不能保证在其斡旋下所达成的协议长期保持有效性。[3] 比如两河流域案例中,沙特阿拉伯与苏联曾对叙利亚与伊拉克的塔布瓜大坝争议进行了调解。约旦河流域中,美国也对以色列与阿拉伯国家的水资源分配争议进行了调解,但这些调解基本以失败而告终。印度同意世界银行在印度河水资源分配中的调解与干预,但在恒河水争议中坚决反对任何第三方

---

[1] Thomas Naff & Ruth C. Matson, *Water in the Middle East: Coflict or Cooperation?*, Boulder and London: Westview Press, 1984, p. 13.

[2] 相关研究参见 Mikiyasu Nakayama, "Successes and Failures of International Organizations in Dealing with International Waters", *International Journal of Water Resources Development*, Vol. 13, Issue 3, 1997, pp. 367 – 382; Arun P. Elhance, *Hydropolitics in the Third World: Conflict and Cooperation in International River Basins*, Washington, D. C.: United States Institute of Peace Press, 1999; Salman M. A. Salman, "The World Bank Policy and Practice for Projects Affecting Shared Aquifers", *Water International*, Vol. 36, No. 5, 2011, pp. 595 – 605; C. Richard Bath, "Resolving Water Disputes", *The Academy of Political Science*, Vol. 34, No. 1, 1981, pp. 181 – 188。

[3] Arun P. Elhance, *Hydropolitics in the Third World: Conflict and Cooperation in International River Basins*, Washington, D. C.: United States Institute of Peace Press, 1999, p. 143.

的参与。

　　拉卡托斯的科学研究纲领是社会科学研究中一个宏大的方法论指导，国际关系研究也视其为进行科学研究的精神所在。在国际河流水资源分配的国际关系研究中，国际关系各个学派分别带着本学派的研究纲领，对此领域进行了深入研究。现实主义强调分配问题难以逾越权力竞争的困境，功能主义强调只有从需求基础出发，才能超越各国对平等公正分配水资源的权利纠缠，而国际政治经济学主张从国内政治与经济的视角去审视地区内的水文政治。无论是现实主义的霸权下合作、功能主义的收益合作还是国际政治经济学派的合作方案，都回避了"权利"问题在分配合作困境中的存在及作用。也就是说，分配是权力之争也好，收益之争也好，竞争的核心本质上均是"谁应该拥有权利以及拥有多少"。现实主义在强调水权争议的权力结构背景时，忽略了流域国家之间的权力竞争也是各国对水资源"权利"的竞争。功能主义在分析收益矛盾时，也认为横亘在水资源分配中的主要问题是流域国家在坚持"权利"立场上的坚韧性。当然，国际政治经济学在分析国内政治经济在流域内水文政治中扮演的角色时，其实已经开始探讨"权利"问题形成与演化的国内动力。只是这些学派仅把"权利"问题当成了擦边球，一以贯之地徘徊在自己的研究纲领内，坚持纲领内部的研究议程和研究方程式，并赋予问题以熟悉的答案。

　　事实上，"权利"在水资源分配中已经不再只是"问题"而已，而是形成各种各样的"规范"，嵌入在流域内的水关系中以及流域内各个国家水政策的制定中。"权利"规范表明了各国对如何适当分配共同水资源的不同期望，不同的期望汇聚在一起，进而产生竞争，并成为国际河流水资源分配合作的阻力。由此，本书认为，分配问题的本质是水权争议，分别指一组所有权之间的权利竞争与一组使用权之间的权利竞争，"权利"规范竞争是产生国际河流水资源分配问题的根本原因。

(四)国际河流治理中权利规范的研究现状

国际河流中的"权利"以及"权利"争议的研究一直是国际法的研究议程。[①] 国际法主要从权利与义务的角度切入，探讨国际河流水资源的分配及使用中一直有争议的主要"权利"，比如"合理平等使用""不伤害""优先使用"等权利原则。研究主要从两条线上展开：第一个研究路径是从法学理论上描述了这些原则形成的历史与发展过程，并从法律规范性的角度分析国家在使用国际河流水资源时是否应享有某种具体的"权利"，以及该承担何种具体的责任。研究核心是分析在什么条件下，权利具有正当性，义务承担具有合理性。比如，首次使用国际河流水资源的国家是否能由此获得"现存使用"（existing uses）的"权利"，并使接踵而至的使用者不能从法律上进行干涉？第二个研究路径关注具体的问题领域，分析上述原则在各流域的水资源分配条约实践中的应用情况，包括上述"权利"与"义务"的适用范围，这些权利与义务之间的矛盾以及矛盾产生的法理性原因。

国际法对不同"权利"原则之间的争议研究基本上都是从法律文本出发，即从文本的内容中识别原则之间的不相容，以及这种不相容在实践中的反馈。然而，涉及国际河流的国际法一方面本身并不成熟，没有产生稳定的适用范围；另一方面，也无丰富的司法实践来观察"权利"原则之间发生矛盾及发展的过程。因此，目前的研究不能清楚明了地获悉不同"权利"原则之间的矛盾与分配争议及合作

---

① 相关研究可参阅 C. B. Bourne, "The Right to Utilize the Waters of International Rivers", *The Canadian Yearbook of International Law*, No. 3, 1965, pp. 187 – 198; Muhammad Mizanur Rahaman, "Principles of Transboundary Water Resources Management and Ganges Treaties: An Analysis", *International Journal of Water Resources Development*, Vol. 25, No. 1, 2009, pp. 159 – 173; Stephen C. McCaffrey & Mpazi Sinjela, "The 1997 United Nations Convention on International Watercourses", *The American Journal of International Law*, Vol. 92, No. 1, 1998, pp. 97 – 107.

的关系。同时，国际法对"权利"研究的理性立场，排除了实践中水与个体及群体等社会行为体的关联性与嵌入性，由此而忽视了这些社会行为体在水政策的论证中对"水"嵌入了何种意义及所具有的不同理解。① 因此，也无法得知，为什么国际河流相关法律文件中的权利与义务未能在实践中得到遵从。此外，单从法理角度来窥探"权利"之间的竞争如何影响分配问题的合作稍显单薄无力，无从知晓隐藏在这些"权利"原则后面的"黑洞"。因而，国际法的"权利"研究，与只讲"权力"的现实主义及只讲"收益"的制度主义大同小异，至少在遵从理性和价值中立的研究取向方面并无二致。

理性主义假设的研究仅提供了影响行为结果的外部环境因素的变化，而无法分析行为变化的内在根源，对解释行为体本质性的、内在目标变化很是乏力。建构主义在解释导致行为者内在本质目标的变化上是有力的，它提供了关于产生此类变化的可变的假设。② 一些致力于后实证主义方法研究的学者开始呼吁，对国际河流治理的研究应从技术性或经济研究上进行转向，聚焦于治理的政治学动力分析。为此，必须审视规范结构、规范问题等在各类治理中扮演的角色。肯·康克（Ken Conca）认为后实证主义方法拒绝现代研究寻找普遍规律的有用性研究，在世界是复杂和多样的背景下，需要抛弃实证研究对可预期性、简洁与简单化的关注，而更应该聚焦于政治事件和政治过程的独特性。③

---

① Joachim Blatte, Helen Ingram and Suzanne Lorton Levesque, "Expanding Perspectives on Tansboundary Water", in Joachim Blatter and Helen Ingram eds., *Reflection on Water: New Approaches to Transboundary Conflicts and Cooperation*, Cambridge, MA: The MIT Press, Massachusetts, 2001, pp. 31–52.
② 〔美〕莉萨·马丁：《国际制度的理论与经验研究》，见彼得·卡赞斯坦、罗伯特·基欧汉、斯蒂芬·克拉斯纳主编《世界政治理论的探索与争鸣》，秦亚青等译，上海人民出版社，2006，第121页。
③ 参见 Ken Conca, *Governing Water: Contentious Transnational Politics and Global Institution Building*, Cambridge, Mass.: The MIT Press, 2006.

至此，本书认为，从规范的角度来理解国际河流分配中的"权利"，希望看到的不只是上游国家在"绝对主权权利"上表现出来的行为一致性，或是下游国家在维护"历史权利"上的一致立场，而是理解这些"权利"背后分别都嵌入了行为体怎样的价值观和认同。比如马蒂认为，印度与尼泊尔的班杰苏瓦尔项目（the Pancheshwar project），折射出不对称性的动机结构和相异的利益诉求所导致的分配冲突，从而产生制度创设的障碍。但是，马蒂其实没有意识到，这并不是制度难以形成的唯一原因。印度与尼泊尔对"水权"（water right）这一概念及属性存在认识与理解上的差异，这使双方很难形成协作。印度国内对水权的理解是建立在作为"公共财产"（public property）的属性，而非商品属性的基础之上。当尼泊尔把水当作一种商品来与印度交易时，印度人自然难以接受。造成这一理解差异的原因则是隐藏在收益分配冲突后面的规范竞争，是制度形成障碍的深层次原因。因而，水资源分配争议犹如剥洋葱，分配冲突包裹着价值冲突，价值冲突又包裹着规范竞争。究其原因，是每个流域都有一个关于水的"故事"，而每一个流域国家同样也都有各自的水故事。

第二节　规范竞争及中层理论对结构与
行动者互构理论的意义

马克·特拉亨伯格（Marc Trachtenberg）提出研究问题是研究展开的条件，在围绕研究问题的研究中，因果关系研究具有很重要的作用。但马克并未用实证主义的变量设计来寻求因果关系，而是通过一步步缩小研究问题，直到将其分解到最小，以找到最合适的那一点为止。在这个过程中，有两点深受启发：一是马克比较推崇演绎方法论。演绎在研究中的作用是为缩小研究问题提供边界，目标是解释事物是"如何通过因果关系而连接起来的"。① 具体讲，从某一个已知的相关理论出发，一边缩小问题，一边进行从一般到具体的推导。形成一个推理的结构，是在整个研究中将各种相关数据与事实组织起来的逻辑保证。二是马克认为，如果研究目标是"真正起作用的是什么"，也就是机制研究，那么在分析经验事实时，"浓缩原则"（principle concentration）② 的战略是非常必要的，就像是战争要集中火力攻打一个关键点，而非分散兵力，四处攻击。要做到这一点，需要一个概念工具箱，以整合所有相关的经验事实。据此，根据本书的研究问题——在什么条件下，国际河流水资源的分配问题会形成合作——将其缩小为两个子问题：

（1）国际河流水资源分配问题形成的原因是什么？又是如何阻碍分配合作的？具体为：权利规范竞争如何导致水资源分配问题的产生，并阻碍合作？

（2）同样在权利规范竞争主导水资源分配的情境下，为什么在20世纪90年代后，约旦河流域与恒河流域出现分配合作的迹象，而尼罗河流域与幼发拉底河—底格里斯河流域依然深受规范竞争的困扰？简言之，在什么条件下，规范竞争主导下的分配问题会产生合作？

本书将借助国际政治研究中社会结构与行动者互构的理论，将规范竞争作为结构性特征，而将流域国家作为行动者，结构与行动者的互构主要是指规范竞争与流域国家之间的互动。第一个问题涉及具体的因果关系分析，通过规范结构和行动者互构的理论，运用演绎的方法，解释在国际河流水资源分配这一特定的领域中，规范竞争（社会结构）与行动者分配偏好之间的因果关系以及规范竞争与行动者

---

① Marc Trachtenberg, *The Craft of International History: A Guide to Method*, Princeton and Oxford: Princeton University Press, 2006, p. 187.

② Marc Trachtenberg, *The Craft of International History: A Guide to Method*, Princeton and Oxford: Princeton University Press, 2006, p. 190.

之间互动结果的因果关系。第二个问题在于找出"是什么在起作用"这一答案。在寻找研究问题的答案时，本文尝试从相反的角度，即行动者对结构的建构来分析"当规范竞争主导分配问题时，合作何以能出现"。在展开分析之前，本书先对规范竞争及其所折射的"社会结构与行动者互构"这一理论作一简单的文献回顾。

一　社会结构对行动者的建构：规范竞争的研究现状

现有的规范理论研究中，并未将规范竞争作为一种社会结构的特征来展开讨论。竞争仅被作为在规范这一社会结构对行为建构的过程中，规范倡导者使用的一种策略而已。规范竞争并不是真正的一组已经内化的规范之间的竞争，一般局限于规范生成中观念的竞争与规范传播中框定机制的竞争。

（一）观念的竞争

规范竞争作为规范研究议程中的一个领域，主要分析在什么条件下、什么样的观念以及通过什么样的机制能最后成为定义和规制适当性行为的规范？竞争不是发生于已经具有适当性逻辑的规范之间，而是发生于想要成为"具有适当性逻辑规范"的各种观念之间，确切地说，属于规范生成的竞争。

斯蒂文·伯恩斯坦（Steven Bernstein）分析了两类可以最终上升为具有适当性逻辑规范的观念。其中一类能上升为规范的观念必须是不能化约为个体信念的集体观念，即不是行为体所持有的共有观念，而是具有主体间性特征的集体观念。社会进化过程是这种观念转换为规范的路径，也是竞争发生的场域。[①] 社会进化过程包括两层含义：一是指观念上升为规范的选择过程类似于自然界生物的自然选择进

[①] 另一类可以上升为规范的观念是致力于解决功能性合作难题的观念，此类观念成为规范的机制主要是根据理性主义假设，通常是依赖于霸权国的利益和权力而建立的制度。

化，即适者生存；第二类区别于自然选择进化，强调行为体有意识选择的能动作用，突出观念和其所在社会结构的互动过程。在这样的过程中，某种观念能否成为规范的机制主要基于三方面：新观念来源潜在的合法性、和现存国际社会结构的一致度、和各层次社会结构中关键行为体身份的吻合度。[①]

总的来说，斯蒂文·伯恩斯坦对规范竞争的研究并不是两类已经形成的规范之间的竞争，而是规范生成之前的"观念"竞争。社会化进程的分析虽然也强调了社会结构与行动者的互动，但也只是停留于"互动"，而非"互构"。社会结构是在社会化进程中预先给定的，是在新观念出现之前早已存在的，新观念的合法性来自与这一社会结构的一致性。新观念及新观念的持有者取得合法化的过程并不涉及对社会结构的改造以及对新的社会结构的建构，更遑论社会结构的内容以及社会结构是如何产生的。因此，社会结构与行动者的互动只是单方面进行，仍然只是强调社会结构对行动者的影响。

（二）规范框定的竞争

规范是如何扩散的，这是规范传播研究的核心问题。以此为出发点，在分析规范扩散的机制时，规范倡导者扩散规范的战略是研究重心之一。扩散战略研究中，有学者认为在规范倡导者采取不同的扩散战略时，竞争容易产生。罗杰·佩恩（Rodger A. Payne）把具有此类特征的竞争定位为"规范框定的竞争"。[②]

规范框定的竞争包括框定战略与框定机制的竞争战略。框定战略的竞争是指规范的成功扩散取决于框定对象的选择上，比如玛莎·芬

---

① 参见 Steven Bernstein, "Ideas, Social Structure and the Compromise of Liberal Environmentalism", *European Journal of International Relations*, Vol. 6, No. 4, 2000, pp. 464 – 512。
② 参见 Rodger A. Payne, "Persuasion, Frames and Norm Construction", *European Journal of International Relations*, Vol. 7, No. 1, 2001, pp. 37 – 61。

尼莫尔（Martha Finnemore）认为，那些具有普适性质的规范框定，胜出的概率会更大。如曼德拉致力于在南非建立取消种族隔离的规范时，采用与已经存在的"人权"国际规范进行框定的战略。规范框定的竞争研究还分析采用何种机制来说服接受对象，具体是指在框定中，规范倡导者会使用什么样的机制来说服对象群接受规范，这是决定框定成功与否的重要环节。进而，产生规范框定机制的竞争。框定机制的竞争主要在规范倡导者采用论证性劝说机制时发生。规范的成功扩散是规范取得合法性的过程，因此倡导者需要让规范成为建立于主体间性基础上的共识，是关于价值、信念的共识。为使规范具有合法性基础，倡导者会使用论证性的劝说机制，通过"平等竞争"的方式来获得劝说对象的认同。因而，规范框定竞争一方面内嵌于倡导者在选择成功概率较大的"框定"规范上的竞争，另一方面还指在框定过程中论证规范合法性时的竞争。

规范框定的竞争基本上和规范观念的竞争一样，均意味着规范还不具备被稳定遵从的特征。按照规范生命周期理论，这样的规范还没有被行为体内化并接受，不具备行为的适当性逻辑特征，并非真正意义上的"规范"之间的竞争。同时，观念竞争也好，框定竞争也好，均假设竞争永远都是发生在一个给定的、已经起作用的规范社会结构中。从这个意义上说，社会结构是规范，规范竞争只是打酱油的角色。现有规范竞争研究的主题更突出新规范是如何生成的，规范是如何扩散的等议题。相反，规范竞争这一过程是如何产生的？是否已经作为一种潜在的社会结构，不仅影响行动者的行为，而且在行动者之间产生了某种特定的互动方式或是结果？对此，现有的规范竞争研究并未给出答案。

在国际河流水资源分配的国际关系中，支撑各种权利的规范本身都是已经相当成熟的规范。最重要的是，这些规范在众多流域国家之间分别形成了一定数量且稳定的遵从范围。因而，规范竞争已经具备了作为自变量展开研究的必要性，使规范竞争与行动者之间的互构成为值得报之以研究热情的问题。

二 行动者对结构的建构：中层理论在国际关系研究中的应用现状

中层理论最初出现在社会学研究中，其提出者罗伯特·默顿（Robert K. Merton）认为，对中层理论的提倡是因为亟须建立与阐释"统一性理论"不同的框架。[①] 在国际关系研究中，中层理论的应用同样建立在与系统论研究相区别的基础上。中层理论的分析方法有三个研究特征。第一，强调研究对象并非系统论中结构性指标驱动下的支配对象，并受结构力量的制约。相反，研究对象在其行动的场域中，作为主体角色而存在，具有实践特征。第二，中层理论的分析单位不似系统论中结构作为分析单位，比如权力结构、制度结构、观念结构，而是注重抽取更次级的研究单位作为观察对象。第三，中层理论力图避免系统理论的"趋势论情结"。也就是说，系统论的整体主义研究方法总有一种把复杂的历史现象做简单的单线趋势处理的倾向，规避其在不同时空中可能会具有的差异性。而中层理论的研究结果则试图展示研究对象的能动性，注重对其活动过程的分析，并且重视过程中"情境"和"场景"这些因素与社会现象之间的关联性。

（一）社会结构与行动者互构理论

结构与行动者的互构是国际关系理论研究的一个重要议题。近年来，建构主义一直致力于规范与行动者互构的研究。斯蒂文·伯恩斯坦将社会结构定义为已经制度化的规范群，具有等级特征的秩序，这种秩序是由那些协调和定义国际互动的、有先后顺序的价值

---

① 杨念群：《中层理论——东西方思想会通下的中国史研究》，江西教育出版社，2007，第194页。

所构成。① 玛莎·芬尼莫尔认为，社会结构是指行为和社会制度的规范。② 最初，建构主义受制于把规范作为给定的和外生的研究对象来对待，研究成果大都在结构与行动者单侧互动（偏向于社会结构建构行动者的身份和利益）方面开花结果。玛莎·芬尼莫尔作为规范研究的代表人物，开始关注社会结构的来源与内容以及行动者的能动作用。其中，《国际社会中的国家利益》是结构与行动者互构理论的重要代表作。

关于社会结构与行动者之间的互构，玛莎·芬尼莫尔认为，一方面社会结构由行动者建构，另一方面社会结构会反过来影响和重建行动者的方式。③ 这个研究包括两个研究逻辑：一是分析社会结构的内容可能是什么，可能会产生什么力量或者说这样的内容可能对行动者产生什么影响？如何影响行动者的方式？二是社会结构并不是真空状态的存在或产物，它的产生来源可能与行动者的性质有关。比如行动者根据自己对所处情境的理解，依据自己可能需要什么而采取特定行动，由此建构了某种社会结构。本质上，互构研究是分析社会结构的力量和行动者力量之间联系的方式，④ 不仅可以从静态上研究行动发生的原因，还可以了解行为变化的动态过程，理解社会生活和变化的本质。

尽管玛莎·芬尼莫尔、彼得·卡赞斯坦等国际关系研究者有意识地建构完整的互构理论，却无奈于国际关系研究中体系方法的禁锢，仍然无法在社会结构与行动者互构之间实现平衡。在社会结构与行动

---

① Steven Bernstein, "Ideas, Social Structure and the Compromise of Liberal Environmentalism", *European Journal of International Relations*, Vol. 6, No. 4, 2000, p. 483.
② 〔美〕玛莎·芬尼莫尔：《国际社会中的国家利益》，袁正清译，上海人民出版社，2012，第20页。
③ 〔美〕玛莎·芬尼莫尔：《国际社会中的国家利益》，袁正清译，上海人民出版社，2012，第17页。
④ 〔美〕玛莎·芬尼莫尔：《国际社会中的国家利益》，袁正清译，上海人民出版社，2012，第19页。

者的互构中，研究者倾向关注社会结构对行动者的影响，大部分学派均选择研究国际关系的社会结构而非世界政治中参与者个体的作用。英国学派主要分析规范性的结构和社会因素对个体行动的影响，而建构主义的结构主义、后结构主义也同样致力于结构主义与行动者关系的单侧研究倾向。[1] 杰弗里·切克尔（Jeffrey T. Chechel）曾对行动者能动作用在互构中的缺失表示了遗憾，指出从国内层次展开对行动者能动作用的研究为数很少，[2] 并建议应致力于中层理论在互构理论中的建构。这需要一个聚焦于国内分析层次的理论，即关注行动者的能动作用，理解规范是怎样产生的，又是怎样随着时间和空间发生变化的。中层理论从方法论个体主义的角度审视社会体系和进程，研究这些体系和进程如何扎根于政治实践中行动者的丰富经验。从个体主义的方法论分析行动者对社会结构的建构需回答几个问题：国际关系中的行动者如何认知（perceive）自己以及角色与决定？这些认知是如何聚集为某种必要的特征，成为一种有规律的基础，形成并加强了其所构成的制度的价值和功能？同时，又反过来建构了社会实践。[3]

（二）中层理论在国际关系规范研究中的应用：行动者的能动作用

就规范作为结构特征，在其与行动者互动的研究中，中层理论应用的趋势主要体现为两方面：一方面关注行动者的能动作用，出现行

---

[1] 此类研究中，比较具有代表性的是：Martha Finnemore, *National Interests in International Society*, Ithaca, N. Y.: Cornell University Press, 1996; Peter Katzenstein, *The Culture of National Security*: *Norms and Identity in World Politics*, New York: Columbia University Press, 1996; Audie Klota, *Norms in International Relations*: *The Struggle against Aparatheid*, Ithaca, N. Y.: Cornell University Press, 1995。

[2] Jeffrey T. Chechel, "The Constructive Turn in International Relations Theory", *World Politics*, Vol. 50, No. 2, 1998, pp. 324 – 348.

[3] 参见 Jeffrey T. Chechel, "The Constructive Turn in International Relations Theory", *World Politics*, Vol. 50, No. 2, 1998, pp. 324 – 348; K. J. Holsh, *International Politics*: *A Framework for Analysis*, Englewood Cliffs, N. J. Prentice: Hall, 1987, pp. 7 – 9。

动者对社会结构建构的研究转向；另一方面，关注行动者能动作用的起源和变化，专注于能动者的活动场域，以期发掘结构的来源与变化。

研究者对于行动者能动作用的挖掘始于规范变化的分析中。部分学者认为规范变化源于规范内部，即由行动者对某一规范意义的竞争而引发。竞争产生可能是由于有些规范本身意义含糊以及规范本身的规避性（elusive），所以为各种行为体对规范意义及有用性的不同解读预留了空间，[1]为规范的互相干扰创造了内部动力。亚历山大·乔治（Alexander L. George）认为，冷战期间，苏联与美国建立的竞争规范即是如此。为使对规范的解释有利于自己，美苏分别在规范内容上留下了漏洞（loop-holes），即规避性的内容，以取得由于在规范理解上所存在的差异性而在解释上获得有利的优势。[2]尼古拉斯·奥努弗（Nicholas Greenwood Onuf）认为，规则通过言语行动（speech-action）实现其对世界的建构作用。[3]具体有三种方式，分别是断言性行为（assertive rules）、指令性行为（directive rules）以及承诺性行为（commitment rules）。基斯·冯·克斯伯根（Kees Van Kersbergen）认为，如果呈现出断言性行为的制度环境特征，其建构的社会秩序只能是一种弱规则的而非规定性的秩序状态。在这种制度环境中出现的规范，极容易在内部引发行动者对规范不同意义的竞争。这一观点不仅弥补了仅把规范作为一个"事物"（thing）而非

---

[1] Mona Lena Krook & Jacqui True, "Rethinking the Life Cycles of International Norms: The United Nations and the Global Promotion of Gender Equality", *European Journal of International Relations*, Vol. 18, No. 1, 2010, pp. 103 – 127; Kees Van Kersbergen and Bertian Verbeek, "The Politics of International Norms: Subsidiarity and the Imperfect Competence Regime of the European Union", *European Journal of International Relations*, Vol. 13, No. 217, 2007, pp. 217 – 238.

[2] 参见 Alexander L. George, "US-Soviet Global Rivalry: Norms of Competition", *Journal of Peace Research*, Vol. 3, No. 2, 1986, pp. 247 – 262。

[3] 参见 Nicholas Greenwood Onuf, *World of Our Making: Rules and Rule in Social Theory and International Relations*, University of South Carolina Press, 1989。

"过程"(process)的研究弱势,而且将行动者的能动作用作为规范变化"过程"中的一个关键变量,提出了规范竞争可能是"行动者创造的结构"这一结论。

另一位研究者韦恩·桑赫兹(Wayne Sandholtz)则提出了"什么条件下,规范意义的含糊性会导致规范内部的竞争"的研究问题。他认为,在规范本身存在含糊性的前提下,实践中追求有用性最大化的理性行为体具有施动性。当行为体的某个具体行动和既有的规范结构之间发生冲突,就会引发行为体关于这个规范的论争,规范产生变化。规范的变化动力主要来自规范内部,可能是因为规范本身存在的问题所引发,也可能是漏洞与行为体施动性的结合。规范变化是实践的结果,是一种过程的结果。[①]

杰米·加斯卡思(Jamie Gaskarth)也是一位关注行动者在规范传播中的能动作用的学者。他从道德哲学在国际关系中的研究现状着手,认为国际关系的研究多关注道德广义上的结构,比如规范结构、法律规则结构,以及此类型的规范结构对个体所施加的道德影响。但是,对于在此结构中个体品德的反作用却很少给予注意。作者认为,道德理论有两种主要研究观点:一种是决策导向型品德伦理(decision-oriented virtue ethics, DOVE),强调道德在决策过程中的功能性作用;还有一种是构成性品德伦理(constitutive virtue ethics, CVE),关注品德在社会规范形成和作用中的构成性作用。作者更认同后者的研究取向,强调行动者对规范结构的建构作用。杰米从 CVE 的角度,以国际刑事法庭为案例分析了在由不同品德构成的众多规范的竞争中,支持国际刑事法庭的规范是如何通过特定的品德形成和维持的。[②]

---

① Wayne Sandholtz, "Dynamics of International Norm Change: Rules against Wartime Plunder", *European Journal of International Relations*, Vol. 14, No. 1, 2008, pp. 101 – 131.

② 参见 Jamie Gaskarth, "The Virtues in International Society", *European Journal of International Relations*, Vol. 18, No. 3, 2012, pp. 431 – 453。

苏珊·史宝格（Susanne Zwingel）详细分析了国际女权作为一种规范在全球扩散的过程。① 作者在研究中，用"旅行"（travel）一词来描述规范扩散的过程。她指出，规范扩散并不仅是一个自上而下的过程，同时也是自下而上的过程。前者是指规范具有稳定性，形成之后类似于强迫性的直线型传播过程，接受者只能被动地接受。后者则意味着受各个层次中个体行动者能动性的影响，当规范传播时，受到处于特定情境中的行动者（contextualized agency）的影响，接受者反而会让规范产生变化，使其更符合具体的情境要求。

20世纪90年代末期，规范理论的研究方法开始倡导诸如历史情境研究这样的国内层次研究方法。伊丽莎白·基尔（Elizabeth Kier）和江忆恩（Alistair Johnston）分别对法国与中国的战略文化及思想的规范性起源进行了比较分析。在对新功利主义的解释进行质疑时，两位研究者就指出战略文化和军事思想不能简单地由外部或内部因素从功能角度予以决定，战略文化和军事思想反映了更加广阔的文化和政治力量的运动。② 奥蒂耶·克劳兹（Audie Klotz）通过多案例的比较分析种族平等规范的传播，并解释了不同国家的国内因素如何影响国际社会结构的形成。③ 切克尔提倡国际关系理论研究的建构转向，认为需要建立一个社会结构建构的中层理论，借助国内层次的各种变量，发掘行动者的能动性。唯有此，才有可能解释有力的社会结构（规范）首先来源于哪里，同样重要的是，这些社会结构为什么以及如何随着时间而发生变化。④

---

① Susanne Zwingel, "How Do Norms Travel? Theorizing International Women's Rights in Transnational Perspective", *International Studies Quarterly*, Vol. 56, Issue 1, 2012, pp. 115–129.
② 转引自〔美〕彼得·卡赞斯坦编《世界政治理论的探索与争鸣》，秦亚青译，上海世纪出版集团，2006，第265页。
③ Audie Klotz, "Norms Reconstituting Interests: Global Racial Equality and U. S. Sanctions against South Africa", *International Organizatons* 49, 3, 1995, pp. 451–478.
④ Jeffrey T. Chechel, "The Constructive Turn in International Relations Theory", *World Politics*, Vol. 50, No. 2, 1998, p. 339.

（三）中层理论在国际河流水资源分配规范竞争中的研究意义

在上述关于社会结构与行动者互构理论探讨的基础上，本书一方面借助此理论分析国际河流水资源分配中规范竞争与流域国家在水关系中的互动；另一方面，借助国际河流的经验事实，尝试对社会结构与行动者互构的理论进行两点拓展。

一是互构中的社会结构主要指某个特定的规范。然而，在国际河流水资源分配这个特定的领域中同时出现两种指导行动者行为的规范，并形成竞争性的社会结构时，它会如何建构行动者以及行动者之间的互动？这是本书首先试图回答的问题，即规范竞争作为一种社会结构，如何与行动者互构？二是从上述中层理论的应用现状可以看出，其研究起点主要是从国内层次出发，以连接结构与个体。作为本书的研究对象，流域国家并非只是一种时空状态下的存在。从其所处的空间场域来看，它是具有二维特征的一个行动者，既可以从国内场域来观察其行为，又可以从流域内特定的社会情境来分析其行为。在国际河流水资源分配中，行为体围绕"谁应该拥有权利及拥有多少"与"如何使用国际河流"，形成了关于国际河流水资源分配的共有知识。为什么会产生这样或那样的共有知识？在什么条件下产生，是情不自禁还是情非得已？本书通过建构一个中层理论，在（权利规范竞争）结构与（流域国家）行动者之间插入一个新的层次，即流域内水关系。通过聚焦这个新的空间，首先解释权利规范竞争的产生需要什么样的条件？这些条件是如何被创造出来的？与行为体所处的特定的文化、政治及历史情境又有何关系？其次，正如玛莎·芬尼莫尔指出的那样："规范竞争是不可避免的，其解决与当地条件与特性而定。"[①] 国际河流水资源分配中的社会结构不是某一特定的规范，而

[①] 〔美〕玛莎·芬尼莫尔:《国际社会中的国家利益》，袁正清译，上海人民出版社，2012，第17页。

是由两个不同规范的竞争所建构的社会结构。因此，需要进一步分析竞争中的权利规范持有者分别作为自我和他者，从其所嵌入的特定情境下来认知和框定自我的权利及合法性时，会以何种态度和方式对待他者所持规范的适当性和权利的合法性？而这个问题决定了竞争中的权利规范是否有可能出现指向合作的政策调整。

总之，主流的科学实证主义研究方法论使众多的研究兴趣集中在如何建构一个宏大的体系理论，以反映关于世界的普遍性真理、规律和规则。因此这种方法极大地局限了研究范围，也使很多必须从个体主义的方法论来解释的现象未能得到充分解释。国际河流水资源分配为规范竞争研究提供了这样一个研究素材，即当某个特定领域不存在一个主导性规范时，众多规范之间的竞争所产生的社会结构与行动者是如何互构的？这一研究包括两个研究问题：规范竞争是如何建构行动者以及行动者之间的互动？规范竞争是如何产生的，与行动者的性质有何关系？

社会结构与行动者互构的理论为分析四个国际河流流域的分配实践提供了理论上的参照物。借助此理论，本书认为，国际河流水资源分配领域中，权利规范竞争是社会结构，而行动者主要是流域内的主权国家。社会结构与行动者互构在本研究中则表现为规范竞争与主权国家的互构。其中，水权争议是权利规范竞争对行动者（流域国家）建构的结果，显示了社会结构对行动者的影响。规范竞争是行动者在流域内，以水为介质而形成的互动中产生。流域国家对国际河流的不同理解，以及对与其他流域国家关系的定位，建构了众多且具竞争性的水资源分配行为规范。

三　案例研究方法

案例一般可以根据数量分为案例内（within-case study）和案例间（cross-case study）。单一案例的案例内研究是指对单个的案例或一小部分案例做精密研究，其目的是理解和其具有相同性质的一类案例。① 比如以法国大革命作为研究现象，那么它只涉及一个案例，但是这个案例可以由 n 个观察组成，因为变量可以是只关注一个时间点上的自变量和因变量，也可以是不同时间点上的自变量和因变量。同时，它也可以是在一个时间点上，却跨越了不同空间的变量，比如某一时间内，法国各大省、各地方、各团体及至各个个体都可以作为空间变量。法国大革命这个案例就可以包括若干个观察，属于案例内研究的方法。

本研究采取单一案例的案例内研究方法，研究对象是国际河流的水资源分配问题，由对四个流域的观察组成，分别是恒河、约旦河、尼罗河、幼发拉底河—底格里斯河。在时间上，以 20 世纪 90 年代前后为分界点。按照时间与空间的变化，理论上本研究大致包括八个观察。为了避免重复性的分析，本研究将整理为四个观察。其中，尼罗河与两河流域作为没有产生合作案例的两个观察，而约旦河和恒河流域则作为产生合作案例中的两个观察。

之所以选择以上四个流域作为观察对象，第一个原因是干扰变量在这些流域中基本一致，这样便于对干扰变量进行控制，使研究结果更可靠一些。在 263 条国际河流中，并不是只有这四个流域中存在分配问题。但是分配问题是在过去相当长一段时间，且至今仍然制约主导着这四个流域中水资源分配合作的问题。

选择这四个流域的第二个原因是这些流域内的国家均是发展中国家，在政治经济及社会环境上存在诸多相似之处。四个流域中的国家大都是在第二次世界大战以后相继独立。因而，主权、领土完整对于这些独立时间不长的国家来说，具有相对不一样的意义和情感。同

---

① John Garring, *Case Study Research*: *Principles and Practices*, Cambridge: Cambridge University Press, 2007, p. 37.

时，又因为刚刚独立，动荡的国内政治、社会不稳定，宗教及文化的竞争与冲突，身份问题以及伴随而来的观念冲突交织在一起，并与地区冲突构成复杂的流域背景，影响国内政策制定者对流域内水关系的认知。同时，农业在这四个流域中均是主导性的经济形式。大部分流域国家在独立之后，粮食自足成为不得不面临的一个严峻形势。在这种情况下，水成为对粮食安全和灌溉农业发展至关重要的条件。更甚者，很多国家由于特殊的地理位置，国际河流成为其维持大规模的农业用水需求的唯一来源。

第三个原因是基于水文学意义的考虑。四个流域基本都处于干旱或是半干旱地区，流域内的水文形势通常都不稳定，雨量和年径流量也经常变化莫测。与气候湿润且水文形势稳定的流域相比，这种气候类型和水文环境更容易引起流域内国家对水量分配及使用的关注，并引发水权争议。

此外，在以上流域中，至少有一个国家在流域内居于权力优势的一端。恒河流域的印度，约旦河流域的以色列，尼罗河流域的埃及，两河流域的土耳其均是流域内权力结构中的上位者。这些国家均将与邻国共享的水资源视为具有巨大战略和经济价值的资源，[①] 其优势地位无疑会对流域内的合作进程产生影响。

案例内研究是从一个特殊案例中所包含的某个特殊事实中产生问题意识，研究目的是生成假设。也就是说，从案例中能发现新的问题。案例内研究法较容易获得因果机制，即因变量和自变量之间是通过什么方式联系在一起的。但是，案例内分析方法的有效性只局限于所研究的样本之内，而不能适用于研究样本以外更广泛的范围。因而，本书的研究假设也只限于所研究的四个流域。

[①] Arun P. Elhance, *Hydropolitics in the Third World: Conflict and Cooperation in International River Basins*, Washington, D. C.: United States Institute of Peace Press, 1999, p. 20.

第三节　建构国际河流水资源分配实践的中层理论

社会建构主义的核心是关于结构—能动者互构的争论，认为我们身居其中的环境界定了我们是谁，以及我们作为社会存在的身份。同时，人类的能动性在于能够通过日常实践创造、再生产并改变文化。[①] 本书通过国际河流水资源分配的经验事实，能对社会建构主义的这个核心做出适当补充，为规范研究中层理论的建构添加经验知识。

一　链接体系层次与微观层次的中层理论

中层理论由社会学家罗伯特·默顿首先提出。在解释"中层理论"这一概念时，默顿认为，"中层理论既非日常研究中广泛涉及的微观但必要的工作假设，也不是尽一切系统化努力而发展起来的用以解释所能观察到的社会行为、社会组织和社会变迁的一致性的统一理论，而是指介于这两者之间的理论"。[②] 默顿的中层理论更提倡研究方法论的转向，其用意主要有三。一是打破致力于寻找规律，进行普适性研究的体系/系统理论。默顿认为，社会系统的一般理论由于远离特定类型的社会行为、社会组织和社会变迁，而难以解释所观察到的事物。[③] 在这一点上，更提倡打破空间与时间，并进行随意组合，突破线性研究的单一性。二是回到微观，但摒弃琐碎的、细节式的详尽描述。而这一点是基于研究者对资料碎片化应用的提醒，缺乏一般

[①] 托马斯·里斯：《社会建构主义与欧洲一体化》，见〔英〕安特耶·维纳、〔德〕托马斯·迪兹主编《欧洲一体化理论》，朱立群等译，世界知识出版社，2008，第200页。
[②] 〔美〕罗伯特·K.默顿：《社会理论和社会结构》，唐少杰、齐心等译，译林出版社，2008，第51页。
[③] 〔美〕罗伯特·K.默顿：《社会理论和社会结构》，唐少杰、齐心等译，译林出版社，2008，第51页。

化的描述。因而要在对某些宏观问题做出回应之后再把它降到微观层面进行选择，然后打回来，形成一个中层的研究。[①] 三是中层理论的任务是要建构一个能使上层理论和下层理论进行沟通的环节，但这个环节一定要具有自足性和独立性。最具代表性的中层理论是政治学中市民/公共领域理论，在上层（权力结构/体系）与下层（比如基层自治）之间建立起合理的对话关系。

社会学的方法同样也适用于其他研究领域。国际关系的研究也是如此，体系研究是宏观的规律研究，致力于探索体系对行动者或个体的结构化影响。典型的当属于三大结构理论：权力结构、制度结构与规范结构对国家行为的影响。外交决策分析是国际关系的一个微观研究层次，尤其是通过对决策者进行个体分析，研究国家的对外行为。罗伯特·杰维斯（Robert Jervis）在国家决策者知觉与冲突行为之间建构的因果研究属此类。微观研究层次方法在国际关系研究中，一直作为"整体"方法的对立面存在，本研究尝试在二者之间建立一个链接。因此，本书首先分析结构对行动者的作用，理解权利规范竞争产生了行动者在水资源分配上的竞争性行为。然后，借助外交决策理论的情境分析，先回到微观研究。接着，通过空间转换，利用"流域空间"这个定位，在结构与行动者之间设置一个层次，分析对象是流域水关系史。通过"情境敏感"这个概念，解读流域文化、身份以及流域历史记忆所构成的流域关系，以分析这些关系对社会结构的形成与行动者的认知产生了怎样的作用及意义。

通过空间转化只是建构中层理论的一小部分，本书对中层理论的方法论还处于一个懵懂期，掌握的也还不够透彻。研究中，中层理论

[①] 杨念群：《昨日之我与今日之我：当代史学的反思与阐释》，北京师范大学出版社，2005，第163页。

应用得也很不到位，甚至可能会有偏差出现。但无论如何，希望努力尝试建立一个这样的理论，也是研究的本意。

二 研究内容

本书一共分为七章，其中，导论和结语各占一章，正文分为五章。具体章节内容如下：

导论主要介绍了本书的研究问题、研究方法及研究意义。

第一章首先对国际河流水资源分配中两组竞争的权利规范进行分析。在此基础上，借助国际关系规范研究议程中社会结构（规范）与行动者互构理论，分析国际河流水资源分配中规范竞争的社会结构是如何建构行动者之间的互动方式？即国际河流水资源分配中，权利规范竞争如何产生水权分配争议？

第二章以约旦河流域与两河流域为例，详细分析了流域国家的两种水权争议。其中，在约旦河流域内，所有权权利规范竞争的结构产生了流域国家关于水资源所有权的争议，表现形式是国际河流水资源的流量分配，核心是"谁应该拥有国际河流的权利以及拥有多少"。两河流域水资源使用权的争议则由主权财产与共同财产权规范竞争的结构所致，其表现形式是国际河流水资源的使用收益分配，核心是"如何使用国家河流"。尽管水权争议的内容不同，但两个流域均通过规范竞争的结构，建构了流域国家关于水权的不同偏好，导致在流域国家之间生成权利合法性危机。最终，合法性危机成为各流域国家做出政策调整的约束，致使流域内国家在分配问题上的合作止步不前。

第三章定位于流域内水关系，分析流域国家遵从特定权利规范的原因是为获得或是维系某种特定身份，由此产生水权敏感源，并形成水资源争议谈判中的水权敏感点。在此基础上，建立情境敏感机制分析，以论证本书的研究问题，即在什么条件下，权利规范竞争主导下的国际河流水资源分配问题会产生合作。

第四章以尼罗河流域为代表，具体分析了这个流域在 20 世纪 90 年代前后，一直无法突破水资源分配争议、形成合作关系的原因。对此，本书认为，由于无法对竞争关系中对方的水权敏感点做出回应，导致情境敏感机制在谈判中无法产生，由此形成流域国家对规范遵从的连续一致的动机。最终使尼罗河流域无法摆脱权利规范竞争的困境，实现分配问题上的合作。

第五章以印度河、恒河流域为代表，运用情感敏感机制，具体解释了此流域在 20 世纪 90 年代后，如何成功建立情境敏感机制，在水资源分配中出现合作性的政策调整，从而摆脱权利规范竞争这一社会结构的约束。

最后一章是结语部分。从国际河流水资源分配的实践来看，规范竞争的社会结构将水权争议建构为争夺权利合法性的过程，这也意味着合作型政策调整的关键是谈判各方需采取适当的方式以认知与对待彼此的权利，创造一个能使竞争中的规范出现融合的情境。同时，国际河流水资源的分配实践也从理论上说明，规范竞争这一现象并不意味着规范研究纲领的退化，因为原有规范之间的竞争通过一种新的方式，继续推动所有权与使用权规范的构成性或限制性功能在发挥作用。从拉卡托斯科学研究纲领的方法论视角来看，国际河流水资源分配的经验事实为规范竞争之于规范研究纲领的意义提供了可进一步研究的方向。

第一章
水资源分配中的权利规范
竞争与权利合法性

国际河流水分配包括两种分配行为：流量分配与收益分配。国际河流分配问题的本质是水权争议，水权争议的核心是权利合法性，包括"何种权利是合法的"及"谁的权利是合法的"。水权争议本质上是源于国际河流水资源分配中规范复杂性的实践，以及由此形成规范竞争的社会结构。其中，以"如何获得国际河流水资源所有权"为核心，流域国家确立了围绕流量分配的一组竞争规范，即所有权与占有权规范。另一组权利规范则围绕"如何使用国际河流的水资源"，形成主权财产权与共同财产权规范之间的竞争。本章首先对上述两组竞争的规范进行分析，在此基础上，借助国际关系规范研究议程中社会结构（规范）与行动者互构的理论，尝试分析国际河流水资源分配中规范竞争的社会结构是如何建构行动者之间的互动方式？即国际河流水资源分配中，权利规范竞争如何产生水权分配争议？

第一节 权利规范及规范竞争的概念

本书的研究对象是国际河流水资源分配这一特定领域中的国际关

系，规范竞争主导的分配问题构成研究问题的背景。本章借用结构与行动者互构理论，理解流域中权利规范的竞争是如何产生分配争议的？在此之前，对权利规范的概念及何为规范竞争做简单界定。

一 界定权利规范

本书中的权利规范将根据现有的规范定义来界定。罗伯特·阿克塞罗德（Robert Axelrod）认为规范可以从期望、价值和行为上界定。阿克塞罗德本人更关注行为模式的规范，规范存在意味着行为体的遵从动机来源于判断力，即如果不按照这种行为方式行事会受到惩罚。[1] 另一种界定是从规范所承载的价值、期望及共有知识或信念去界定，玛莎·芬尼莫尔的规范定义是这类界定的典型。她认为规范是"行为体共同持有的适当行为的共同预期"。[2] 规范的第二种界定坚持认为共有知识的主体间性产生了行为的适当性逻辑，然而正如周方银在其《国际规范的演进》中所述：共有知识的作用是通过行为的方式体现出来的，共同预期的存在也是凭借对他人行为的验证感知的。[3] 本书更强调规范的第二种界定，但坚持规范不仅是对某种适当行为的期望，且这种期望需从行为上得以体现。

据此，本书中的权利规范是指在国际河流的分配中，流域国家从权利和义务的角度出发，对什么是适当性的水分配行为所持有的稳定预期，它确定了流域国家在何时、何地和以何种方式才能够取得和使用国际河流水资源的权利。[4] 其中，围绕所有权的一组权利规范分别

---

[1] Robert Axelrod, "An Evolutionary Approach to Norms", *The Amercian Political Science Review*, Vol. 80, No. 4, 1986, pp. 1096–1097.
[2] 〔美〕玛莎·芬尼莫尔：《国际社会中的国家利益》，袁正清译，上海人民出版社，2012，第16页。
[3] 周方银：《国际规范的演进》，清华大学博士学位论文，2006年4月。
[4] 韩叶：《水权的合法性：国际河流水资源分配中的规范竞争》，《外交评论》2014年第5期，第144页。

是所有权规范与占有权规范,而和使用权有关的一组权利规范分别是私有财产规范与共同财产规范。同时,从国际河流水资源分配的经验事实来看,权利规范的形成来源于流域国家的共有知识,但通过一定的行为方式表现出来。所有权的一组权利规范分别通过流域国家坚持河岸权与先占权的行为得以彰显,而使用权的一组权利规范则通过流域国家坚持绝对主权完整权利与绝对河流完整权利的行为而表现出来。

二 权利合法性:规范竞争对分配互动的建构

规范竞争表达的是"不相容的主体性之表述"[①] 的含义。简单地说,规范竞争就是一组互相排斥的规范。行动者在某一关系领域的治理中,对什么是适当性行为的期望是相异的,据此建立了规制某种治理行为的不同规范。具体来讲,规范竞争形成的背景是规范复杂性的问题(norm-complex),即在一个特定问题领域的治理中聚集了众多规范,[②] 且在如何治理上不存在主导性规范结构。同时,竞争中的各个规范均是已经确立的,建立在"共有知识"基础上,并具有稳定性特征的规范。在这种复杂性的治理情境中,各种相关行为体为了确立对公共物品使用中的竞争优势,会援引相关问题领域的规范,以证明自己对"适当性"行为理解的正当性。最终,在缺乏规范等级结构的情况下,众多地位平等的规范在解释有关特定问题的适当性行为上表现出相互排斥的特征,从而建构出一个规范竞争的社会结构。

国际河流由于本身的地理和水文特征,及流经两个或是两个以上主权国家的事实决定了"河流"所有权的不确定性。"产权"不明晰

---

① Thomas Diez, Stephan Stetter & Mathias Albert, "The European Union and Border Conflicts: The Transformative Power of Integration", *International Organization*, Vol. 60, No. 3, 2006, p. 565.

② Steven Bernstein, "Ideas, Social Structure and the Compromise of Liberal Environmentalism", *European Journal of International Relations*, Vol. 6, No. 4, 2000, p. 468.

并不必然会导致流域内发生"权利"的争执。当水资源成为一个匮乏且附着重要经济利益的财富，却又不存在可以明晰水资源"产权"的国际法时，那么针对财产的所有权、使用权的分配，就会出现多种权利要求，权利之间的竞争必然会发生。本·克罗（Ben Crow）在研究恒河流域的水争议时，认为某种程度上，国际河流的争议是关于财产权的争议。[①] 当规范竞争成为特定问题领域中的一种社会结构时，其所表现出来的这种竞争性就意味着不同的共有知识对同一事物的理解持相反的信念，即如果一种信念为真，那么另一种就不可能也为真。一种共有知识所规定的"可以这样的行为"，恰恰就是相异的共有知识认为"不可以那样做"的行为。同时，相反的信念需转化为实践，也即行动者根据相反的共有知识进行各自的政策选择。在付诸相应的行动时，矛盾形成，产生危及或损害其他行为体权利的结果。

在国际河流水资源分配的实践中，根据规范的构成性作用，流域国家会根据所遵从的规范来界定可以这样做和不可以这样做的行动标准。竞争中的两种权利规范则是通过对合法性的不同界定，产生流域国家水争议的矛盾机制。无论是在哪一组权利规范中，竞争的核心均是"何种权利是合法的，谁的权利是合法的"。一种权利规范界定的合法性标准必然会否认另一种权利规范对合法性的理解。遵从一种规范所持有的关于水权利的信念，必然会削弱或损害另一种规范对水权的界定。如此一来，每一规范的存在直接意味着另一种规范及其建构的适当性逻辑面临着"合法性"危机，丧失其存在的意义。结果是，围绕着"合法性"问题，流域国家在水资源分配的谈判中陷入关于信念与原则的持久争论，使流域国家的互动以水权争议的方式出现，

[①] Ben Crow & Nirvikar Singh, "Impediments and Innovation in International Rivers: The Waters of South Asia", *World Development*, Vol. 28, No. 11, 2000, p. 1914.

从而阻碍水资源分配合作。

这一章将围绕国际河流水资源分配中的两种分配行为流量分配及收益分配，分别分析与这两种分配所对应的两组权利规范——所有权与占用权规范、主权财产与共同财产权规范，并探讨权利规范竞争作为社会结构在水分配中建构水权争议的过程。

第二节　时间与空间的较量：占有权与所有权规范的竞争

本书研究的四个流域国家均依据相反的共有知识建立了对国际河流水资源权利合法性的认知。流域国家对如何取得国际河流水资源的所有权持相异的共有知识，因而在流量分配上形成了所有权与占有权规范的竞争。

一　水资源所有关系的规范竞争：所有权与占有权规范

国际河流的流量分配是所有权与占有权规范竞争的背景。流域国家在国际河流的水量分配中，对如何配置固定的、时间独立的资源单位量持不同的理解。这些不同的理解，主要来自流域国家对如何取得国际河流水资源所有权持不同的共有知识，最初可追溯到所有权理论与占有权理论的分野。

所有权理论支持某种财产的获得是原始取得的自然权利，它规范的是人与物之间关系。具体表现为三方面：所有人对某物的无限制的、排他的权利；各种合法体现为处置某物的权利；支配、使用和独占某物并排除他人妨害的权利。[1] 相反，占有权理论支持在所有权权属不明了的条件下，某种财产的取得方式可以通过占有的形式。其核

---

[1] 蒋勇甫：《西方宪政视野中的财产权研究》，中国社会科学出版社，2008，第31页。

心"占有"是指"在不具备正式的所有权时从物质形态上控制资产，不管它是有形的还是无形的"。①

在国际河流水资源的分配实践中，流域国家将国际河流水文学（hydrography）意义上的理解与所有权理论中隐含的"私人物品"的物权关系相结合，形成"所有权"的权利规范。从水文学意义上讲，水资源所有权的界定应依据河流或含水层的发源地，以及发源地在特定国家内的流域面积比例。② 同时，所有权相关理论的物权关系主张如果对某一物享有所有权，那么就意味着此物品是私人物品，排除了其他人对这一物品的所有关系。也就是说，同一物品只能存在一个所有权。二者结合后形成水所有权权利规范，该规范认为，国际河流水资源所有权的"合法性"的依据首先源于土地所有权。也就是说，土地所有者拥有在其土地之上或之下及与其毗邻的全部供水流量。③ 因此该规范主张，水权应该是和土地所有权密切相关的权利，相信占有和用水的权利理所当然地应来自土地本身。根据构成所有权的共有知识，流域内的国家对国际河流流量分配适当性的期望是以空间配置为标准。流域国家可以享有在其领土内，无论何时何地，通过各种方式提取所需数量的资源单位的权利。这项权利一方面强调流域内国家在占用境内水资源上不受任何时间和空间上的限制，享有完全的支配权；另一方面还暗示了这些国家不承担把同一国际河流的任何资源单位留给流域内其他国家的责任或义务。这就意味着"所有权"权利行使中，权利主体不必考虑由于其占用行为而"引起水量减少的事实"，也不必关心由此导致流域内其他国家需承受损失的威胁。

---

① 〔美〕理查德·派普斯：《财产权》，蒋琳琦译，经济科学出版社，2003，第1页。
② Aaron T. Wolf, "International Water Conflict Resolution: Lessons from Comparative Analysis", *Interntional Journal of Water Resources Development*, Vol. 13, No. 3, 1997, p. 337.
③ 参见〔美〕埃莉诺·奥斯特罗姆《公共事务的治理之道》，余逊达、陈旭东译，上海三联书店，2000，第93~160页。

相比之下，占有权规范（possession）结合了年代学（chronology）与占有权理论，主张可以通过占有的方式获得对水资源的所有权。占有权规范建构了占有物在一定情况下是可以转化为财产的可能，也就是说，占有可以根据"取得时效"而合理化，并转化为财产。[1] 结合年代学的知识后，该规范强调，占用者占有和用水的权利是与土地所有权相分离的，应取决于占用水资源的历史。由此推论，国际河流水资源流量的配置将取决于谁是使用时间最长的占用者，占用时间最长的权利应该得到充分保护，并保证不会受到新占用者的侵占。[2] 因此，占有权权利规范坚持，国际河流水资源所有权合法性的依据是时间，水资源流量配置应以时间上的优先顺序为标准。在国际河流中不存在所有者，只存在占用者。流域国家水资源所有权的确立标准应该依占用者何时开始占有和使用水资源，这种使用是否属于有益使用且持续进行。[3]

所有权和占有权规范分别为流域国家如何获得共同水域水资源的所有权权利提供了合法性的依据。流域国家据此以判定"何种权利是合法的"，"谁的权利是合法的"以及"为什么合法"的理由。在此过程中，规范竞争的社会结构形成，产生了生成矛盾的排外性机制。在所有权规范与占有权规范竞争中，这一排外性具体表现为流量如何配置的时空标准较量。本质上，水资源流量在时间和空间上的配置边界是两种不同共有知识的矛盾。根据所有权规范，流域国家在流量配置时完全应依据空间标准，土地所有权是最主要的衡量标准，水

---

[1] 蒋勇甫：《西方宪政视野中的财产权研究》，中国社会科学出版社，2008，第21页。
[2] 〔美〕埃莉诺·奥斯特罗姆：《公共事务的治理之道》，余逊达、陈旭东译，上海三联书店，2000，第167页。
[3] 参见〔美〕埃莉诺·奥斯特罗姆《公共事务的治理之道》，余逊达、陈旭东译，上海三联书店，2000，第161~219页；Ray Huffaker, Norman Whittlesey & Joel R. Hamilton, "The Role of Prior Appropriation in Allocating Water Resources into the 21st Century", *International Journal of Water Resources Development*, Vol. 16, No. 2, 2000, p. 265。

权归属应依据河岸地所有权来定夺。这意味着，只要是土地所有者，那么和其所拥有的土地相关的所有"物"都属于私人财产的所有范围。当然，时间变量在配置中应作为独立的因素，不予考虑。因此，所有权规范具有排外性的，强调对所拥有东西绝对的、不可分割的、排他性的权利。① 以空间配置为适当性行为逻辑依据的所有权规范，暗示了流域面积的大小或河岸结构就能决定对国际河流的流量配额。最重要的是，它暗示了所有权是永久性的，不以时间先后为标准，这就相当于拒绝承认其他共同河岸国家对国际河流使用历史这一重要事实。

以印度为例，恒河是印度与孟加拉国共同水域中最大且最具争议性的国际河流，印度称其为恒河（Ganga），孟加拉国则称其为帕德玛河（the Padma River）。其流域面积（drainage area）达 1117000 平方公里，其中在印度的流域面积为 861390 平方公里，孟加拉国则为 67390 平方公里，大部分恒河水位于印度边界内。② 1951 年，印度做出建造法拉卡大坝的决定，该项目选址在加尔各答北部 155 英里处，离恒河流入孟加拉国的入口处仅距 18 英里。印度希望利用法拉卡大坝对恒河进行改向，使部分恒河河水在旱季时流入胡格利河（the Hooghly River），以保证加尔各答港口全年开放。1961 年，法拉卡大坝开始动工，并于 1971 年完工，1975 年开始投入使用。孟加拉国认为印度的单边行动不仅剥夺了其经济发展所需要的大部分水资源，而且使其对帕德玛河的生态财富收益受损。1976 年，孟加拉国把与印度关于法拉卡大坝的争议提交联合国。印度认为恒河长约 1925 公里，其 90% 流经印度。加上主要的支流，恒河流经印度 8000 公里的领土，达到 77.7 万平方公里的流域面积（catchment area），40% 的印度人口以恒河为生。与之相反，孟加拉国恒河主河道长度仅有 141 公

---

① 蒋勇甫：《西方宪政视野中的财产权研究》，中国社会科学出版社，2008，第 21 页。
② Salman M. A. Salman & Kishor Uprety, *Conflict and Cooperation on South Asia's International Rivers*, Washington, D. C.: The World Bank, 2003, p. 130.

里，排除 112 公里的共同边界外，恒河在孟加拉国的流域面积约 5600 平方公里，约为印度面积的 0.7%。[1] 报告总结，在印度与孟加拉国之间，从流域面积上说，印度是恒河水系最主要的河岸国家（流域面积的 99%），是使用恒河灌溉的唯一国家（94.5% 的灌溉用水），并构成了流域（94%）的人口。[2] 印度坚持自身作为主要河岸国家，可以在其领土内无限制监管和使用恒河的水资源。此后，印度常常以自己是恒河所有权的权属者为依据，自由改变恒河在法拉卡大坝的流向，减少恒河流入孟加拉国的流量。

很明显，国际河流径流量的空间分布并非整齐划一。也就是说，流域面积并未在流域内形成天然的均等分配。如果按照空间分布来实施流量配置的方案，像埃及那样流域面积仅占尼罗河 2% 且又无其他水资源进行补充的国家，势必会处于极其不利和不公平的地位。在此种情况下，为弥补空间上"先天不足"的缺憾，占有权规范极力主张，国际河流水资源所有权的获得应该根据时间而非空间进行配置边界的划分。流域国家应该依占用时间的先后和长短，来作为水资源权属的依据。1929 年的《尼罗河水协定》一直以来就被埃及视为其获得尼罗河水资源所有权的"历史依据"。该条约是埃及在殖民时期与当时代表苏丹的英国签订的。条约规定：尼罗河可用流量为 52 亿立方米，其中，48 亿立方米的流量授予埃及。这项内容成为后来尼罗河水资源流量分配谈判中埃及遵从占有权规范的依据。协定中最重要的条款规定："在没有优先征得埃及的同意下，无论是苏丹还是在英国管辖下的其他领地内，均不得建造任何可能会减少流入埃及水量的

---

[1] Salman M. A. Salman & Kishor Uprety, *Conflict and Cooperation on South Asia's International Rivers*, Washington, D. C.: The World Bank, 2003, p. 145.

[2] Avtar Singh Bhasin ed., *India-Bangladesh Relations, 1971 – 1994 Documents*, Delhi: Siba Exim Pvt., Ltd., 1996, p. 449.

工程或其他设施。"① 此协定在排除了流域内其他国家对尼罗河水权的同时,确立了埃及可以在不经过流域内其他国家的同意下,根据自己的需求在苏丹和其他东非国家的领土内建立任何水利工程的权利。特斯法耶·塔菲斯认为,1929 年的条约赋予了埃及附加权利,包括对控制尼罗河的任何工程都具有检查和否决的权利,可以监测苏丹流量的权利,以及不经过上游国家的同意建造工程的权利。② 总之,1929 年的条约确立了埃及对尼罗河的水权三原则:"基本需求"、"优先使用"及"已获得的水权",并影响了大部分埃及人的思维与认知,相信这个高度不平衡的殖民地条约是指导尼罗河(水资源分配)的合法原则。③

从埃及的占有权规范的行为逻辑中可以看出,按照占用时间的序列进行流量配置,也同样具有排外性。该规范的行为逻辑明确无视流域面积的大小或河岸结构在获取流量配额上的优势。尽管有些流域国家在水资源分布空间上具有优势,但由于种种原因,比如实力弱小、国内政治经济发展较为缓慢等,这些国家并未使用同流域面积相称的流量。实际上,该规范是通过允许先来者继续使用水资源的同时来阻碍后来者的使用。④ 最明显的是,占有权规范建构了先来先得的权利,在坚持已获得的权利的同时意味着减少了其他河岸国家未来的可用水量,从而剥夺了共同河岸国家未来使用水资源的机会。因而,占有规范通过保护先来的发展者,制度化了流域国家之间的不平等。

由此,在水资源流量配置问题上形成的两种共有知识,在上述四

---

① Bonaya Adhi Godana, *Africa's Shared Water Resources: Legal and Institutional Aspects of the Nile, Niger, and Senegal River Systems*, London: Franced Pinter, 1985, p. 117.
② Tesfaye Tafesse, *The Nile Question: Hydropolitics, Legal Wrangling, Modus Vivendi and Perspectives*, Münster: LIT, 2001, pp. 1 – 154.
③ Arun P. Elhance, *Hydropolitics in the Third World: Conflict and Cooperation in International River Basins*, Washington, D. C.: United States Institute of Peace Press, 1999, p. 70.
④ Kai Wegerich & Oliver Olsson, "Later Developers and the Inequity of 'Equitable Utilization' and the Harm of 'Do No Harm'", *Water International*, Vol. 35, No. 6, 2010, p. 715.

个流域中形成一组相互对立与排斥的权利规范。同时，各流域国家对不同权利规范的遵从，最终转化为政策实践，从而汇成水权争议。政策实践以两种行为方式体现出来，分别是谈判实践与单边行动实践。谈判实践中，就流量分配份额，处于竞争规范中的流域国坚持与各自规范相对应的权利，形成信念与原则的持久争论。另外，流域内的权利规范竞争产生了各国之间为争夺水资源的竞赛，主要表现为以蓄水、改变水流方向、域外引水等为目标而建造的各种水体工程。尼罗河流域以及恒河流域中的水权争议最具典型性，如实反映了所有权规范与占有权规范竞争所形成的社会结构，以及结构对流域国家互动方式的影响。

二 权利与责任的对峙：主权财产与共同财产权规范的竞争

与所有权相比，使用权折射的分配问题并非关于国际河流本身的物理性分配，主要涉及的是各国对水资源收益的分配。当各个河岸国家在同时使用水资源时，所产生的外部性问题是流域国家在水关系中面临的另一个问题。外部性问题主要是指一个国家在使用水资源时，使其他共同流域国家的水资源减少或引发水质污染等问题，致使收益受损，常被称为有益用水的问题。对如何使用的理解，主要来源于流域内各国对国际河流性质的不同理解。大致来讲，流域内各国对国际河流性质的界定持两种理解：一是国际河流是主权的一部分，属于主权财产；二是国际河流是公共资源，是流域国家的共同财产。在国际河流水资源的使用中，流域国家的上述理解分别演化为主权财产与共同财产权权利规范，形成国际河流使用中的规范竞争结构。这个结构通过催生流域国家在"使用权利"与"使用责任"上的对峙，建构了流域国家关于使用权利的争议。

1648 年之后，主权规范在欧洲形成并逐渐在国际社会扩散，主权财产成为这个规范集中的一个子规范。根据这一规范，一国对其所管辖范围内所有财产和领土拥有排他性的合法支配及使用的权利。国家主权对其领土行使合法性权利的来源，类似于众多法律体系中"财产"合法性的产生方式。① 以此推论，主权国家对其边界内的自然资源也享有完全主权，自然资源的主权是国家司法管辖权的一部分，属于主权国家的私有财产。国家在其领土内的管辖权是排他的、绝对的，任何外部的限制都是对其主权的干涉；任何国家都可以遵循自己的意愿处理境内事务，而不必遵循其他法律。②

根据主权财产权规范的行为逻辑，主权国家对其边界内的自然资源享有一种近乎"特权"（privilege）的权利。从一般意义上讲，特权③是指自由权，即"权利主体享有被授予免除一般性义务"④ 的权利，权利主体针对某一客体可以采取其想要采取的行动。如果某人 A 有不可以采取行动 B 的义务，而 C 有特权可以采取行动 B，那就说明 C 不仅对某物享有采取某种行动 B 的权利，而且也没有不能采取行动 B 的义务。比如火车票购票规定，身高 1.2 米以上的儿童不可以无票乘车，而 1.2 米以下的儿童则可以享受免票乘车的权利。这个规定意味着，身高 1.2 米以下的儿童不仅享有免票乘车的权利，而且也没有买票的义务。因此，特权授予了权利主体如何在某个领域中行动的选择，即详细规定了权利主体没有义务要去做什么，或者没有义务不去做什么。⑤

实际上，这种近似于特权式的权利共有知识不仅赋予了权利主体某项权利（rights），还赐予其某项权力（power）。也就是说，在 A 取得某项特权 B 时，并未对 A 施加带有"禁止性"的义务或责任。在

---

① J. Samuel Barkin & Bruce Cronin, "The State and the Nation: Changing Norms and Rules of Sovereignty in International Relations", *International Organizations*, Vol. 48, No. 1, 2011, pp. 107–130.
② 王志坚：《国际河流法研究》，法律出版社，2012，第 126 页。
③ 从权利意义上讲，特权并非仅限于内嵌于具有等级差别的意义中的解释，比如我们一般意义上讲的封建特权。
④ Leif Wenar, "The Nature of Rights", *Philosophy & Public Affairs*, Vol. 33, No. 3, 2005, p. 226.
⑤ Leif Wenar, "The Nature of Rights", *Philosophy & Public Affairs*, Vol. 33, No. 3, 2005, p. 227.

这种特权的权利结构下，国际河流流域内各国依据其意愿，享有任意取水的使用权利。同时，根据其意愿采取的行动会对其他流域国家产生何种影响与后果并不在其义务或责任范围内。如此一来，享受权利从某种意义上就是享受权威的权力，最终，该规范的适当性逻辑无意中授予了流域国家享受收益权利时影响他者收益的权利。

持绝对主权完整权利的流域国，不仅可以享受对其边界内国际河流的任意取水权，同时在享受权利时设置的规范或规则会改变他者的规范情境。流域国使用水资源的一种常见方式是在所属流域建造大坝或蓄水库。流域国 A 在享受这种权利时，经常会影响国际河流其他权利主体 B 或 C 的权利，比如生态环境、地质结构发生变化，导致资源总量减少、经济财富受损。从这个意义上来说，A 在享受自己权利的同时也拥有了改变 B 或 C 之权利的"权力"。

土耳其是两河流域——幼发拉底河与底格里斯河——的上游国家，其中幼发拉底河95%的流量发源于土耳其境内，土耳其由此坚持幼发拉底河完全是土耳其的主权财产，不属于国际河流，并享有根据其意愿自由使用幼发拉底河水资源的特权。20世纪70～90年代，土耳其开始建造大大小小的大坝用于电力生产。1966年，土耳其在幼发拉底河上建造凯班大坝（the Keban Dam），并于1974年投入使用。随后，土耳其开始着手进行在两河流域的大型水利工程——安纳托利亚工程（Grand Anatolia Development Project，GAP）。此项目包括22个大坝和19个发电站，其核心是阿塔图克大坝（the Aataturk Dam）。据估计，GAP会使幼发拉底河与底格里斯河的流量分别消耗52%与32%。[①] 更为严重的是，随着土耳其可耕地面积与灌溉面积的扩大，幼发拉底河盐碱化和水质污染的情况将会更坏，降低下游国家

---

① Muserref Yetim, *A Bargaining Framework for Explaining International Water Rights Conflicts: The Case of the Euphrates and Tigris*, Austin: Dissertation of the University of Texas at Austin, 2006, p. 53.

尤其是伊拉克的可用补给水量。因而，持主权财产权利规范诉求的土耳其不仅享有使用国际河流水资源产生收益的权利，与此同时，由于没有承担责任的义务，其对流域水资源的使用会减损其他共同河岸国家的使用收益，从而改变了收益分配结构的平衡。

两河流域的下游国家伊拉克和叙利亚对此持反对态度。两国认为，土耳其所遵从的主权财产规范使国际河流水资源的使用成为一种无责任限制的权利，不符合国际河流是各流域国共同财产这一事实。幼发拉底河与底格里斯河是国际河流，属于流域内国家的共同财产，任何一个河岸国家都不允许损害流经其境内水流的水量与水质。[1] 因而，两国极力主张共同财产的权利规范，坚持国际河流的共有属性是在水资源使用中应秉持的信念。共同财产权利规范的核心是共同财产资源（common property resources），它来源于埃莉诺·奥斯特罗姆（Elinor Ostrom）的公共池塘资源（common pool resources）。作为"共同财产"性质的资源一般具备三种特征：资源的不可分性（至少在当前的技术条件下），资源的规模或大小是未知的，资源的利用会产生经济的外部性特征。[2] 资源在使用者的数目上具有非排他性，没有一个政治或经济单位能够对它行使排他性的权利。[3] 但是，共同财产资源在收益上具有竞争性，一个个体的使用会减少另一个个体的可用收益。[4] 因而共同财产资源一般具有产权性质的非私有化，使用权利呈现出重叠性或重合性（overlapping）的特征。这种特征决定了国际

---

[1] Jeroen Warner, "Plugging the Gap Working with Buzan: The Ilisu Dam as a Security Issue", SOAS Water Issues Study Group, School of Oriental and African Studies, University of London, Occasional Paper, No. 67, 2004, p. 16.

[2] Per Magnus Wijkman, "Managing the Global Commons", International Organization, Vol. 36, No. 3, 1982, p. 515.

[3] 苏长和：《全球公共问题与国际合作：一种制度的分析》，上海人民出版社，2009，第115页。

[4] Halla Qaddumi, "Practical Approaches to Transboundary Water Benefit Sharing", Overseas Development Institute, Working Paper 292, 2008, p. 1.

河流作为共同财产资源,在使用上存在竞争的状态,并且随着使用者数目或竞争者的扩大而产生过度开发的结果。

为避免上述对使用收益的危害,共同财产规范的遵从者力主义务是保证权利可行性的基础。也就是说,只有在他者负有相应义务的情况下,权利持有者才可以享有某项权利。共同财产规范的共有知识可以做如下表述:A 对某物享有 Y 权利,那么前提条件是:行为体 B 有责任或义务使行为体 A 对某物享有 Y 权利。比如被捕者有权保持沉默,意味着警察有责任不能强迫被捕者说话。这种权利表述强调了水资源使用中,应保护权利持有者免受伤害,同时强调其他权利所有者无权力改变规范设置,从而损害流域其他国家的权利及收益。

由此推论,在国际河流中,一个流域国在使用水资源时,应该承担不损害流域其他国家权利的义务。比如,一个河岸国家有权要求从上游国家流入其领土内的国际河流保持自然流量,上游国家须承担不能限制流向下游国家自然流量的义务。所以在两河流域的水资源使用中,伊拉克坚持其有权否决和反对土耳其以及叙利亚沿着底格里斯河和幼发拉底河建立水体工程的计划。[1] 伊拉克认为,土耳其和叙利亚有义务遵守"未经下游国家同意,不能引发破坏资源自然完整性的任何变化"。[2] 伊拉克议会不断批评土耳其对上游水资源的使用行为,并直言不讳地指出土耳其损害了伊拉克的水权。[3] 对于土耳其的安纳托利亚工程,伊拉克坚持土耳其应在与伊拉克商讨之后,且不会对伊拉克造成损害时,才能开始建造。另一个下游国家叙利亚则从土耳其

---

[1] Yonatan Lupu, "International Law and the Waters of the Euphrates and Tigris", *Georgetown International Environmental Law Review*, Vol. 14, No. 2, 2002, p. 360.

[2] Muserref Yetim, *A Bargaining Framework for Explaining International Water Rights Conflicts: The Case of the Euphrates and Tigris*, Austin: Dessertation of the University of Texas at Austin, 2006, p. 46.

[3] Ayşegül Kibaroglu & Waltina Scheumann, "Evolution of Transboundary Politics in the Euphrates-Tigris River System: New Perspectives and Political Challenges", *Global Governance*, Vol. 19, 2013, p. 280.

建造凯班大坝开始，在其官方政策中就明确反对在上游发展任何用途的工程，其中包括发电或流量调节此类纯属非消费性使用用途的项目。[①] 对于叙利亚及伊拉克这样的下游国家来说，共同财产权利规范通过设定与对他者权利相配套的责任以保证其使用两河水资源的收益不受损害。[②]

国际河流中主权财产和共同财产权规范竞争围绕如何使用国际河流水资源而产生。当主权财产规范应用到国际流水资源使用的实践中时，从水资源作为主权财产的分析起点开始，遵从主权财产规范的流域国家始终认为其权利由主权决定，属于私有财产。对处于同一流域内的共同河岸国家，此规范更强调各流域国在自己领土内自由使用及分配水资源的权利，但无权从流域其他国家，尤其是上游国家获取水资源的权利。因此，主权财产规范暗示了在国际河流水资源使用中权利与责任的平衡中，权利应高于责任的特征，从而赋予规范遵从者一种特权，导致因遵从另一规范而产生的权利处于合法性危机的状态。这种特权由于其自带的"做自己领土主人"[③] 的特征，而使自己对国际河流水资源的权利成为一种"基本无政府"[④] 的状态。具体表现为：仅凭自己的意愿，决定是否使用权利以及如何使用；对其边界内的国际河流的使用完全是在没有责任约束下的权利享受状态，尤其是权利使用过程中会对他者权利及其收益有何影响并不在考虑范围内。据此，主权财产的适当性逻辑使规范遵循者无形中拥有了改变其他流

[①] Muserref Yetim, *A Bargaining Framework for Explaining International Water Rights Conflicts: The Case of the Euphrates and Tigris*, Austin: Dessertation of the University of Texas at Austin, 2006, p. 33.

[②] 韩叶：《水权的合法性：国际河流水资源分配中的规范竞争》，《外交评论》2014 年第 5 期，第 148 页。

[③] Ayşegül Kibàroglu, *Building a Regime for the Waters of the Euphrates-Tigris River Basin*, London/The Hague/New York: Kluwer Law International, 2002, p. 122.

[④] Ayşegül Kibàroglu, *Building a Regime for the Waters of the Euphrates-Tigris River Basin*, London/The Hague/New York: Kluwer Law International, 2002, p. 123.

域国权利的权力,使其他共同河岸国家在使用共同水资源过程中不得不面对因水量及水质受到影响而致使权利受损这一结果。《耶路撒冷邮报》为此曾进行评论:"1992年,土耳其为其南部地区提供灌溉用水,开始建造使幼发拉底河转向的巨大工程,导致叙利亚饮用水水量大幅减少,以及巨大的水电损失。而这个国家(叙利亚)经常性地停电不断提醒着水的重要性。"① 因而,这种无责任限制的纯粹权利实际上变相地否认,同一流域中共同河岸国家拥有对国际河流水资源平等的共享权利,也否定了流域其他国家对水资源共有权利的合法性。

而处于竞争另一端的共同财产权利规范竭力主张共同资源的使用者更期望与权利相配套的他者的责任,以保护自己权利范围内的收益。在国际河流水资源的使用实践中,流域国家作为流域中共同河岸国家应负有相应的责任,而不应该过多地或是单方面强调作为主权国家的权利。按照此规范的适当性逻辑,为保证相关共同资源所有者对共有资源享有平等的权利,所有者的使用权利必须是经过责任限定后的状态。这就意味着共同河岸国家的身份使所有的流域国家在使用水资源时,尤其是使用其主权范围内的水资源时,须限制其作为主权国家的那部分"主权"的行使,间接地挑战并削弱了其作为主权国家对主权财产的权利合法性。

第三节 水权争议:水资源分配政策偏好的冲突

国际河流水资源分配中,权利规范建构了行为体对水资源分配的偏好,行为体最终会将这些偏好转变为政策实践与行动。各流域依据各自所遵从的规范,制定了对国际河流水资源政策的基本立场。总体上,在事关流量分配时,流域国家基本采取了两种政策立场:河岸权

---

① Steve Rodan, "Strategic Heights, September", *The Jerusalem Post*, September 24, 1993.

和先占权；涉及水资源使用时，一般采取绝对主权完整及绝对领土完整的政策立场。由于规范竞争的社会结构特征，偏好转变为政策后，遂产生了水权争议的结果。

一 水权的基本定义

国际河流具有自然流动的跨境属性，打破了以主权为单位的领土完整性，成为流域内各国共享的水资源。在国际河流水资源的分配中，权利规范建构了流域国家对水资源分配的偏好，偏好主要指因遵从规范而形成的对水的权利的认知，包括如何获得对水的权利及如何行使使用权利的认知。据此，流域国家根据偏好来制定政策及行动方案，并作为处理流域国家间水关系的原则。

国际河流的水权（water rights）研究[1]主要有两个来源：经济学理论及法学理论。其中，经济学理论来源侧重于水权的"产权"属性，通常把财产权作为研究的起点，所有权与分配机制是其研究的核心，旨在通过厘清"谁被授予了使用水资源的权利，以减少不确定性，缓解冲突"。[2] 使用国际河流会产生经济价值，包括粮食、电力能源以及航运等财富价值。相比之下，法学理论来源更强调水权的

---

[1] 在水的权利与发展的研究文献中，研究者通常会区分三个概念，即 "human right to water" "the right to water" 与 "water rights"。根据人权高级专员办公室（the office of the high commissioner for human rights）、联合国人居署（the UN Human Settlements Programme）以及世界卫生组织（the World Health Organization）的联合出版物，前两个概念经常是互换的。"human right to water" 强调了维持生存所需的最小量的水需求，"the right to water" 要比前者范围更广一些，是指一种获取水的权利，权利不会因为不同使用者的能力而受到区别对待。理查德和辛格（Richard and Singh）认为水权（water rights）是一种财产权，主要针对的是生产性用水（比如瓶装水、农业、水电、抽取），在授予获取某个具体水点的许可和容许之前，首先需要法律与经济机制到位。大卫·布鲁克（David B. Brook）也认为水权是指通过法律权威所得到的或应该得到的事物。"the right to water" 更强调水的个体消费，特别是与人的生命中对尊严需求的一面，更关注获取与分配中的道德性。

[2] Sharon B. Megdal, Robert G. Varady U& Susanna Eden, *Shared Borders, Shared Waters: Israeli-Palestinian and Colorado River Basin Water Challenges*, London: CRC Press, p. 57.

"物权"属性,在具体研究水权时,通常更多地涉及水资源的使用权。一般来讲,该来源的水权是指依法对于地面水和地下水取得使用或收益的权利。①

由于上述水权理论来源都是以一国国内为研究范围,这与国际河流的水权研究背景有很大的区别。王志坚在《国际河流法研究》中认为,国家对于水体的权利就是水权。这种界定是来自对境内河水权利属性规定的国内水法,因其所有权属于主权国家,所以水权就是使用权。按此对照,王志坚认为国际水权如果也被界定为使用权的话,就会产生一个问题,即流域内国家只享有使用权,那么所有权又是谁的?② 国际河流水资源的分配实践也表明,水权既缺乏国内规范财产所有权的分配机制,同时又无一部统一的国际"物权法",以作为行为体使用国际河流的法律依据。③ 国际河流的水权呈现出所有权权属不清、使用权争议不断的特征。一般来讲,在国家河流的水权研究中,水权的"权利"通常既含有所有权权利,又包括使用权权利。

本书中,对水权的所有权与使用权进行了分离。④ 一方面,水权作为一项权利,其构成包括三个要件:权利主体、客体和权利内容。本研究中,水权构成中的权利主体均设定为流域内主权国家。但是从权利客体与权利内容角度讲,水权的所有权与使用权是有区别的。权利客体指权利的作用对象,水所有权的权利客体指一定流量、特定

---

① 陶蕾:《"国际河流水权"之于国际水法理论的构建》,见谈广鸣,孔令杰编《跨界水资源国际法律与实践研讨会论文集》,社会科学文献出版社,2012,第146页。
② 王志坚:《国际河流法研究》,法律出版社,2012,第3~4页。
③ 国际法认为水权暗含了两层意思,一是自由,二是权利。具体解释参考 Antonio Embid Irujo, "The Right to Water", in Asit K. Biswas, Elgal Rached and Cecilia Tortajada eds., *Water as a Human Right for the Middle East and North Africa*, London: Routledge, 2008, pp. 59 - 75。
④ 水权这一概念首先出现在国内水资源的利用中。根据一国国内的民法学理论,水权属于水资源所有权的下位权利,仅涉及水资源的使用权或收益权。在国际河流中,国际水法的缺失以及其跨境的自然流动属性,出现了所有权与使用权相分离的实践。一些国际河流流域的水权争议可能只涉及所有权,而另外一些则在使用权上更为突出。因而在本研究中,水权既包括流域各国对共享水资源所有权的权利,又包括对水资源的使用权权利。

的流域面积、一定的期限用水,而基于一定流量、特定的流域面积、一定的期限用水上的特定使用及产生的收益则是使用权的权利客体。权利的第三个要件权利内容,是指权利的结构规范及其细节。[1] 流域国家对所有权与使用权的权利认知来自对不同的权利规范的遵从,因而所有权与使用权的权利内容也不同。在水所有权中,权利主体主要围绕对特定量的水资源应享有的权利提出主张,其结构规范是所有权规范与占有权规范。在水使用权中,其结构规范则是围绕有益用水(beneficial use)而产生的主权财产与共同财产权规范。

另一方面,对水权所有权与使用权分离研究的必要性也反映于实践中。通过对比每个流域水关系会发现,每个流域的水关系的核心问题均有所不同,各有侧重。这从流域内的水谈判实践可以窥得一斑,比如约旦河流域的水谈判中,流域国家水分配谈判主要胶着于所有权的分歧,而两河流域的水谈判则专注于幼发拉底河与底格里斯河水资源的使用权利。

托尼·艾伦(Tony Allan)认为水权的获得分为三个阶段,分别为主张权利(assert right)、水权认可(recognize of right)、获得权利(attainment of right)。[2] 流域国家在国际河流的水资源分配中,对规范遵从的结果形成了两对水权偏好,分别为河岸权与先占权、绝对主权完整与绝对河流完整。这些权利偏好由于内在权利规范结构的竞争性特征,各国的权利主张很难得到流域内其他共同河岸国家的认可。因此,在水权获得的第二阶段,流域国家在将权利偏好转变为行动方案

---

[1] 戴长雷、王佳慧:《国际河流水权初探》,《水利发展研究》2004年第12期,第60页。
[2] David B. Brook, "Human Rights to Water in North Africa and the Middle East: What Is New and What Is Not; What Is Important and What Is Not", in Asit K. Biswas, Elgal Rached and Cecilia Tortajada eds., *Water as a Human Right for the Middle East and North Africa*, London: Routledge, 2008, pp. 216 – 217.

的过程中，自然会产生"谁应该拥有对水资源的所有权及如何行使使用权"的权利合法性之争，① 产生水权争议，阻碍流域内的水资源分配合作。托尼·艾伦通过对 20 世纪末中东地区的分析，认为各国的"权利"规范经常得不到其他共同河岸国家的认可，因此在水权获得的第二阶段会产生"权利"分歧。

二 水量分配的权利争议：先占权与河岸权之争

由于国际河流易受到气候、地形等外部环境的影响，流量会呈现出季节性和不稳定的变化。因而，年径流量分配属于流量分配的一项重要内容。在本书中，从权利的角度来讲，年径流量分配是指权利人引取定量之水与存蓄定量之水的权利。② 那么，如何引取定量之水与存蓄定量之水？根据在于流量分配中的所有权规范对流域国家所有权权利偏好的建构，形成了流域各国在争取水所有权过程中的河岸权（riparian rights）③ 与优先占用权（prior appropriation rights）④ 的偏好。

---

① 韩叶：《水权的合法性：国际河流水资源分配中的规范竞争》，《外交评论》2014 年第 5 期，第 149 页。
② 崔健远：《水权与民法理论及物权法典的制定》，《法学研究》2002 年第 3 期，第 38 页。
③ 国际河流的权利规范研究中，河岸权是很少被提到的一项非主流权利。即使提到，要么与绝对主权规范混为一谈，要么归于绝对河流完整的权利中。河岸权与主权规范有关，但又有区别。二者产生的前提条件都是以一定的地理范围划界，强调对地理范围内自然资源权属的保护，所以都具有排他性的共同特征。区别是河岸权规定，水量丰富时，河岸国家对水量的使用不受限制，但在水资源匮乏时，则强调共同河岸国家合理平等分配流量。而绝对主权权利规范则不受水资源流量多少的限制，突出强调权利的私有属性以及使用的任意性。
④ 优先占用权作为国际河流中的一种权利依据，从河岸结构上讲，一般是下游国家的偏好。但在实践中，两者之间的因果关系并不具有必然性。印度河流域中，上游国家和下游国家在涉及水量分配时均使用了这一权利。1960 年印度河协议达成之前，印度作为一个上游国家，以优先占用权作为对印度河水系六条河流所有权的权利依据。面对巴基斯坦的水权要求，印度解释两国在分离和独立之前，也就是英属印度殖民地时期，印度一直是印度河流域水资源占有和使用的唯一主权国家。分离和独立之后，印度作为主权国家理所当然地继承英属印度时期的水权。而巴基斯坦在独立之前不是一个主权国家，因而无权在独立后对这一流域水权提出权利要求。

河岸权与优先占用权的权利内容均是针对国际河流共同水资源的一定流量、特定的流域面积、一定的期限用水的分配,但二者的规范结构不一样,导致对水资源所有权权利偏好的细节规定也大不相同。

在尼罗河合作框架协议谈判过程中,埃及和苏丹对如何分配尼罗河年径流量分别提出各自的权利主张。按照1959年的《尼罗河水协定》,埃及认为其使用水量超过了55.5亿立方米,坚持已获得的"使用"权利的优先。因而,埃及坚持时间分配标准,形成流量分配的先占权主张。相反,苏丹遵从所有权规范,依据空间配置的标准,形成河岸权的权利主张,坚持18.5亿立方米的水量分配"权利"。可以看出,苏丹对尼罗河流量分配的权利偏好是河岸权,其权利结构规范是所有权权利规范。持河岸权主张的流域国家认为,只要存在河流的天然径流,以及土地所有权人对相邻河岸享有所有权的规定,那么土地所有权人对与其土地相毗邻的河流自然享有所有权,无须经过人为的授权程序。这项权利更强调对水资源的自然权利,坚持水权来源于水出现的地方。[1] 权利的拥有既同权利人是否利用水资源无关,也不需要与使用时间的先后相联系。[2] 然而,对于埃及来讲,所有权属应属于通过改变和开发从而占有水资源的第一个人。[3] 因此,埃及依据占有权规范结构,建构了其对水资源分配中先占权的权利偏好,主张流量分配自然应该以当下需求以及实际使用的时间[4]为标准,先来先得的原则才应该是取得共同河流水资源物权的一种依据。

---

[1] Aaron T. Wolf, "Shared Water: Conflict and Cooperation", *The Annual Review of Environment and Resources*, Vol. 15, No. 14, 2007, p. 9.

[2] 崔健远:《水权与民法理论及物权法典的制定》,《法学研究》2002年第3期,第50~51页。

[3] George A. Gould, "Water Rights Transfer and Third-Party Effects", *Land and Water Law Review*, Vol. XXIII, No. 1, 1988, p. 8.

[4] Mark W. Rosegrant, Hans P. Binswanger, "Markets in Tradable Water Rights: Potential for Efficiency Gains in Developing Country Water Resources Allocation", *Water Development*, Vol. 22, No. 11, 1994, p. 1615.

河岸权与先占权之间的不相容主要体现为二者均具有排他性的特征。先占权通过先来先得的权利（first-in-time，first-in-right）形式，为后来者施加责任，[1] 排除了与任何未来使用者在投资中根据需求分享水资源的要求。[2] 尤其是面临水资源匮乏时，流域国家一般会采用先占权的权利主张。此权利一方面会授予早期占用者，以保护其对水资源的所有权；另一方面在涉及水权争议时，先占权又会通过"历史权利"或"已获得的权利"的方式获得用益物权。先占权不仅保护通过占有方式获得的所有权，更重要的是支持流域内的河岸国家对使用现状的保护。也就是说，某个流域国家所使用的国际河流的流量可以超过与其流域面积对等的份额，尽管超出部分属于其他共同河岸国家所有，但不管共同河岸国家因为何种原因未使用这部分流量，优先占用权都不会予以归还或给予相应补偿。很明显，先占权是具有排他性的一项权利主张。针对先占权通过占有形式、依使用时间的先后来获得流量的方式，河岸权一般会针锋相对地用三原则作为水权归属的依据。简单地讲，河岸权的三原则主要是指水权的取得无须经过人为程序授权、与权利人是否利用水资源无关、与使用时间的先后无关。河岸权的排他性在于过分强调河岸国家对流经自己领土内天然径流量的权利，这些国家可以在其领土内以任何方式随意使用水资源，而不用考虑其使用对其他国家的影响。[3]

---

[1] Erik B. Bluemel, "The Implications of Formulating a Human Right to Water", *Ecology law Quarterly*, Vol. 31, 2004, p. 999.

[2] George A. Gould, "Water Rights Transfer and Third-Party Effects", *Land and Water Law Review*, Vol. XXIII, No. 1, 1988, p. 8.

[3] Thomas Naff, Ruth C. Matson, *Water in the Middle East: Conflict or Cooperation?*, Boulder and London: Westview Press, 1984, p. 165. 对于河岸权的应用，国际河流研究者有不同的意见，但均是截取了河岸权的某个横截面来进行解释。包括奈夫在内的大部分学者认为，这个权利是对国际河流上游国家的权利支持。还有一部分学者认为河岸权更倾向于保护下游国家的权利，比如萨尔曼（Salman M. A. Salman）认为，河岸权更强调下游国家在争取共同水域的权利时，要求上游国家承担不可以打断河流自然流量的责任和义务。

当同时具有排他性的两项权利相遇时，一方的排他性会由于另一项权利同样的特征而面临弱化的危机。然而，排他性的弱化危机并未产生特定的分配秩序，反而刺激了流域国家更加坚持被"弱化"的权利，以平衡对手。如果其中一项权利已经先于另一项权利而成为流域内的"既成事实"，那么根据流域国家是否为国际河流水资源的主要使用者，"既成事实"会产生"先来者"和"后来者"的表象。如果流域中"先来者"在水所有权争议中，使用了先占权，其他共同河岸国家作为"后来者"，通常会使用河岸权，以"平等使用"来平衡对共同水域水资源的所有权。这种情况下，河岸权的排他性会减弱甚至消失。相反，如果使用河岸权的流域国家在权利竞争中处于"先来者"的地位，这时的河岸权具有更强调自然权利属性的排他性。"后来者"所主张的先占权的排他性往往会减弱，这些国家会通过"使用历史"来证明自己对国际河流水资源的权利，以平衡对方的排他性权利。例如，在印度与巴基斯坦对印度河水资源所有权争议的谈判中，印度是流域内的"先来者"。印度坚持，以使用时间的先后来定夺其与巴基斯坦对印度河水资源所有权的争执。此时，先占权比河岸权更具有排他性。巴基斯坦作为"后来者"，用"平等享用"的河岸权来争取自己对印度河的水权。恒河流域中，在印度与另一个共同河岸国家——孟加拉国的水所有权争议中，印度则提出90%的恒河水来源于印度境内，流经印度的土地，是其土地之上的自然资源，主张分配依据应是河岸权。此情境下，河岸权较之先占权，更具有排他性。为平衡印度的权利主张，流域内的巴基斯坦、尼泊尔与孟加拉国则针锋相对地以先占权作为对河岸权的回应。因而，在缺乏主导性分配规范的情况下，所有权与占有权规范的竞争结构建构的是排他性的行为逻辑。排他性本身意味着分配的行为逻辑只能且必须是唯一的，导致流域国家在分配中的行为交集必然是竞争或冲突的非合作性结果。

三 水资源使用分配的权利争议：绝对主权完整与领土完整之争

当流动性的自然资源与主权国家这种具有固定性特征的政治单元相结合时，就会构成一个复杂的问题。除了共同水资源的所有权，国际河流水资源的使用权利也是一个复杂问题。一般来讲，国际河流的使用主要指消费性使用，包括农业灌溉用水以及水电生产。一个流域国家如何使用国际河流，会产生对其他流域国家使用权利的影响，主要体现为两个方面：一是使用是否为有益用水，即流域国家的消费性使用会产生外部问题，减损他国的收益；二是使用所产生的收益在流域国家之间是否能平等分配。长期以来，流域国家在主权财产与共同财产权规范的竞争结构的主导下，对这个复杂问题采取了简单的二分法加以处理。大体上，上游国家认为尽管国际河流具有流动性的特征，但其流域面积是分布在以主权划界的各个政治单元内，坚持对国际河流使用绝对主权完整的权利。与此相反，下游国家则认为，这个复杂问题应首先考虑"国际河流的自然特征，使用时应以绝对河流完整权利"[①]为原则。前者只强调使用的权利特征，而后者偏好界定使用的责任。无论以哪种权利为原则，结果均是一方收益增加的同时，另一方收益减少。由此，在国际河流的使用中形成了绝对主权完整与绝对河流完整的水权偏好，导致国际河流水资源分配中使用权利的水权争议。

绝对主权完整权利完全强调对所有物的使用权利。土耳其总理苏

[①] 在大多数分析国际河流水权争议的研究中，通常把与绝对主权权利的相对权利称为"绝对领土完整权利"。事实上，"绝对河流完整权利"和"绝对领土完整权利"是有区别的。在国际河流水权争议这个语境中，如果将后者作为"绝对主权"权利的相对规范，二者之间的竞争性就会被模糊，因为绝对领土完整实际上也强调以主权作为水资源使用权利的依据。从国际河流中流域国家的权利应用实践来看，主要依据的并非是所谓主权国家领土的完整性，而是国际河流整体性这一意义。

莱曼·德米雷尔（Suleyman Demirel）曾向下游阿拉伯国家表明了其权利立场："他们有什么理由要求对土耳其的水资源行使权利？……上游国家有绝对权利根据自己的需要使用河水。土耳其的水资源不是国际河流。"[①] 当下游国家叙利亚反对其建造安纳托利亚工程时，苏莱曼·德米雷尔再次表示："我们（土耳其）没有要求分享他们（伊拉克与叙利亚）的石油资源，他们也不能要求分享我们的水资源。这是一个主权问题。我们有权利做我们愿意做的一切事情。"[②] 可以看出，土耳其遵从主权财产规范，坚持幼发拉底河—底格里斯河是其主权范围内的财产，并非下游国家所称的国际河流。以此规范为行为的适当性逻辑，土耳其认为自己对两河的使用拥有绝对主权完整权利。[③] 主权国家对领土内的自然资源享有排外性的财产所有权，即一个国家可以不受约束地、以自己认为合适的任何方式处置流经其领土内的国际河流。主权国家有任意使用、处置及用其产生收益的权利。

依照绝对主权完整的权利逻辑，流域国家对使用收益持有如下信念。一方面，如果主权国家 A 想要使用其领土外属于主权国家 B 领土内的国际河流部分，那么因为河流使用而涉及的相关其他财产（比如土地）的行政和司法权都应属于 B。同时，A 国家应向 B 国家支付与使用相关的一切费用，特别是当涉及使用收益分配时，B 国家有权平等合理地与 A 国家分享收益。从 20 世纪 50 年代开始，印度和尼泊尔商讨利用尼泊尔境内丰沛的水资源进行灌溉水渠、防洪大坝、

[①] Jcak V. Kalpakian, *Identity, Conflict and Cooperation in International River Basins*, Virginia: Dissertation of Old Dominion University, 2008, p. 173.

[②] "The Euphrates Fracas: Damascus Woos (and) Warns Ankara", *Mideast Mirror*, July 30, 1992, http://mideast-mirror.net/. （访问时间：2013 年 6 月 9 日）

[③] 从绝对主权完整的含义上看，并非是针对具体的河岸结构进行的权利设计，因此，其推论是主张这项权利的国家同样也无权要求同一国际河流的其他国家保持该国际河流的自然流量。

水电站等水体工程的建设。① 根据绝对主权完整权利，尼泊尔理所当然地认为，在收益分配中应根据流域面积的比例以获得相应的使用收益权利。1954年，双方签订《柯西协议》（The Kosi Project）。但是与印度获得的巨大电力收益相比，尼泊尔仅获得了与其流域面积不相称的土地补偿，以及一小部分灌溉用水的收益。② 尼泊尔认为，《柯西协议》损害了其主权和领土的完整，违背了主权不可分割的原则。

另一方面，绝对主权完整权利将对国际河流的使用权利作为一项天赋权利。在此情境下，使用权利是零义务性质的权利，即不考虑这种使用会给其他国家所造成的损害或负面影响，不承担权利带给其他权利行为体消极性后果的责任。因而，绝对主权完整权利最终成为可以改变流域内收益分配平衡的一项权利。

绝对主权完整的权利逻辑很容易引起下游国家的极大不满，这些国家遵从共同财产权规范，以共同治理为公共资源的使用依据。因而，往往对随意改变规则、破坏收益分配平衡的行为非常敏感。伊拉克是两河流域中的下游国家，两河对于伊拉克的意义犹如尼罗河对埃及一样重要。1974年春天，土耳其建造了凯班大坝，并减少了幼发拉底河进入伊拉克的流量。第二年，土耳其为注满大坝后面的水库，对春季洪水进行了大规模的蓄水，致使流入伊拉克的幼发拉底河从每秒920立方米的流量减少至每秒197立方米。③ 毋庸置疑，对"如果

---

① 恒河流域中有四条主要河流，分别是柯西河、甘大基河、卡尔纳利河（The Karnali）和玛哈卡河，均发源于尼泊尔，流向印度。

② 关于柯西工程协议的争议，参见 Salman M. A. Salman & Kishor Uprety, *Conflict and Cooperation on South Asia's International Reviews*, Washington, D. C.: The World Bank, 2002; Mukund G. Untawale, "The Political Dynamics of Functional Collaboration: Indo-Nepalese River Projects", *Asian Survey*, Vol. 14, No. 8, 1974, pp. 716 – 732; Frank Marty, *Managing International Rivers: Problems, Politics and Institution*, Bern: Peter Lang, 2000.

③ 参见 Thomas Naff & Ruth C. Matson, *Water in the Middle East: Conflict or Cooperation*, London: Westview Press, 1984, pp. 83 – 112; Arun P. Elhance, *Hydropolitics in the Third World: Conflict and Cooperation in International River Basins*, Washington, D. C.: United States Institute of Peace Press, 1999, pp. 123 – 153。

没有两河，可能会变成沙漠的伊拉克"[①] 来讲，土耳其的行为必然减少其依靠使用两河水资源所获得的灌溉收益。伊拉克以绝对河流完整权利予以回击，坚持上游国家的使用权利应是有责任的权利，反对土耳其对国际河流的使用方式。因而，与绝对主权完整的零义务权利逻辑相反，伊拉克坚持绝对河流完整权利，强调对共同流域国家使用权利的责任约束。坚持绝对河流完整权利的下游国家反对绝对主权完整权利只强调国际河流的政治空间特征。这些国家从绝对领土完整论的角度出发，认为既然一国对其境内领土享有完全的主权，那么应享有领土现状（包括河流形态、水量、水质、水流时机等）不受他国改变的权利。[②] 因此当主权和以领土划界的政治单元分割了国际河流的整体性时，有关国家在利用河流时必须考虑流域内其他共同河岸国家的相关权利。

绝对河流完整权利对使用责任的强调，来源于国际河流水资源作为共同财产的非排他性和竞争性的属性。这两个属性意味着，一国对国际河流的消费性使用（consumptive uses）极容易对其他使用者产生伤害。流域国家不加限制地使用以及使用方式会产生诸如流量减少或水质污染等外部性问题，导致使用产生的收益分配可能会以零和结果出现。这样，如何保持国际河流水资源使用中收益分配的平衡，阻止绝对主权完整权利所衍生的改变收益平衡的权力，显得至关重要。

因而，绝对河流完整的权利首先用责任来约束绝对主权完整的权利，这是保证收益分配平衡的前提，核心是"不伤害"原则。1929年《尼罗河水协定》确立了埃及在水分配谈判中的立场，即未经埃及政府同意之前，不得在尼罗河及其支流或其流经的湖泊上，建造任

[①] Arun P. Elhance, *Hydropolitics in the Third World: Conflict and Cooperation in International River Basins*, Washington, D. C.: United States Institute of Peace Press, 1999, p.140.
[②] 王志坚：《从中东两河纠纷看国际河流合作的政治内涵》，《水利经济》2012 年第 1 期，第 26 页。

何从事灌溉和电力生产的工程。尤其是当这些湖泊位于苏丹境内或是在英国管辖的范围内时，这些工程会减少流入埃及的水量或是改变流量流入的日期，引起水位下降。依照绝对河流完整权利，一个河岸国家有权要求从上游国家流入其领土内的国际河流保持自然流量。但是正如萨尔曼的评价，绝对河流完整原则为保护下游国家免于因上游国家使用国际河流所造成的损害，只允许上游国家对水资源使用的最小配额。[1] 很明显，这是为上游国家施加了不能限制流向下游国家的自然流量的义务。

1961年，印度总理尼赫鲁和巴基斯坦总统穆罕穆德·阿尤布·汗（Mohammad Ayub Khan）就恒河水资源的共享问题进行了一系列沟通。在其中一份写给阿尤布的信件中，尼赫鲁表示，"巴基斯坦暗示了下游国家可以有建造水体工程的单边行动权利，却不允许上游国家有此自由。结果，下游国家能建立有利于自己的历史权利，并能随心所欲地扩张此权利，从而完全阻止了上游国家对国际河流水资源的任何发展与使用"。[2] 尼赫鲁对巴基斯坦的质疑表明，绝对河流完整的权利逻辑一方面使下游国家借助单边行动，建立一种"现存使用"的现状。进而，通过获得国际河流水资源使用的历史权利，"拥有对上游国家使用河水的否决权，也包括诸如否决第三方对上游国家（水体）发展进行财政支持"[3] 等行为。另一方面，通过限制上游国家发展和建设水体工程的自由，限制了上游国家对未来水资源的分享和使用。如此一来，就可以阻止绝对主权完整权利改变收益分配平衡

---

[1] Thomas Naff & Ruth C. Matson, *Water in the Middle East: Conflict or Cooperation?*, Boulder and London: Westview Press, 1984, p. 14.

[2] Ben Crow, *Sharing the Ganges: The Politics and Technology of River Development*, New Delhi: Sage Publications, 1995, p. 89.

[3] John Waterbury and Dale Whittington, "Playing Chicken on the Nile? The Implications of Microdam Development in the Ethiopian Highlands and Egypt's New Valley Project", *Natural Resources Forum*, Vol. 22, No. 3, 1998, p. 156.

的机会，创造有利于自己的收益分配情势。

因而，绝对主权完整与绝对河流完整权利是在使用国际河流水资源创造收益的过程中，流域国家为争夺收益分配主导权的水权争议。由于均具有绝对性的特征，处于互相排斥中的权利主体或者只主张绝对的权利享受，或者只过分强调他者责任，使双方陷入无休止的争吵甚至冲突中。

小　结

水权争议是国际河流水资源分配中行动者互动的方式及结果，其形成归因于国际河流水资源分配领域中权利规范竞争这一社会结构的建构。在规范竞争的社会结构中，水资源分配中的两组规范并不是两条泾渭分明的平行线，而是互相交织在一起。流域国家在"如何使用"上所形成的规范竞争首先来自对国际河流水资源所有权权属上的不同认知，这一点从流域国家对国际河流性质的不同界定中可见一斑。主权财产规范的使用权利依据与所有权权利规范下对私有财产的"垄断"密切相关。持此规范的印度就一直认为恒河的所有权权属是明确的，国家主权就是这一权利的明确来源。与此相反，共同财产规范中的"公共资源论"则认为，国际河流的水资源权属是不明了的，所以只能从"共有"的角度认知所有权权属。因此，尽管这一对规范是关于"如何使用"的行为逻辑问题，但形成规范竞争的起点是双方在水资源所有关系上的不同理解。从这点来说，这两组规范之间存在一定的交集，流域国家在如何使用水资源上的权利规范竞争同时伴随着在所有关系上的竞争。[1]

---

[1] 韩叶：《水权的合法性：国际河流水资源分配中的规范竞争》，《外交评论》2014年第5期，第148页。

正如玛莎·芬尼莫尔所说,"国际社会中的规范原则之间的紧张和矛盾意味着并没有一整套能使我们都融合在一起的、理想的政治和经济安排……社会妥协中悬而未决的规范之间的紧张关系,有可能成为日后冲击社会安排的动员力量"。① 本章论及的规范之构成性作用体现为建构了行为体对分配方式及使用方式的偏好,形成行为体行动的动力。更重要的是,构成了行为体对什么是合意的、适当的行为的相互竞争的价值判断和理解竞争。当行动者最终将自己的偏好转变为政策及行动时,规范竞争的社会结构继而会对行动者之间的互动产生因果性影响,并使这种影响主要以非合作的结果出现。本书探讨的四个流域内,这两组分别竞争的规范在塑造流域国家的分配偏好及行为的过程中,产生了权利规范竞争的社会结构。当流域国家将被各自规范塑造的分配偏好转变为对国际河流的水政策时,规范竞争的社会结构使流域国家之间的互动最终以水权争议的方式出现,并因此阻碍了合作。

---

① 〔美〕玛莎·芬尼莫尔:《国际社会中的国家利益》,袁正清译,上海人民出版社,2012,第 127 页。

第二章
国际河流的水权争议：
约旦河流域与两河流域

一个人喝水，另一个人只能看着时，硝烟就会四起！这是一句土耳其谚语，体现了国际河流分配问题的核心是水资源分配。当一个共同河岸国家在未触碰其他河岸国家水资源所有权的情况下，就能满足水需求时，争议不会发生。如若情形相反，那么就会发生土耳其谚语所描述的场景。因此，国际河流水资源分配问题本质是关于水"权利"的问题，分配问题之所以会产生合作困境是源自"权利"之间的竞争。

第一节　约旦河流域水权合法性的竞争

约旦河流域的水匮乏情况在中东地区的三个流域中最为严重。以色列遵从占有权规范，建构了其对流域中水资源所有关系的"先占权"偏好。依据此偏好的核心要素之一"先来先得"，1948~1967年以色列占有了约旦河流域大量的水资源，并由此建立了对占有资源的"历史权利"。1967年后，以色列根据先占权的另一核心要素——

"历史权利"——进一步削弱了阿拉伯国家对约旦河水资源所有权的合法性。

一 约旦河流域的分配现状与分配问题

中东地区有几条重要的国际河流,分别是约旦河、尼罗河和幼发拉底河—底格里斯河。约旦河流域主要由约旦河与雅穆克河构成,处于中东地区水资源最为匮乏的地区。目前,加沙地带与西岸的可用水量低于每人每年 100 立方米的再生性水量,以色列低于 300 立方米,而约旦大约为 100 立方米。①

约旦河流域的水资源由三部分构成,分别为约旦河—雅穆克河流域、山区含水层及加沙地区含水层。② 以色列、约旦、叙利亚、黎巴嫩以及巴勒斯坦均为约旦河流域的共同河岸国家。约旦河的源头由北部支流达恩河(the Dan)、哈斯巴尼河(the Hatzbani)和巴尼亚斯河(the Banias)构成,交汇于胡拉盆地(Huleh Basin),最后注入加利利湖(the Tiberias/Kinneret)。③ 这三条河流每年提供近 5 亿立方米的流量。④ 约旦河的两条支流分别为雅穆克河(the Yarmuk)与扎卡河(the Jajbok)。其中,雅穆克河是约旦河最重要的一条河流,年径流

---

① Anders Jägerskog, *Why States Cooperate over Shared Water: The Water Negotiations in the Jordan River Basin*, Linköping: Department of Water and Environmental Studies, Linköping University, 2003, p. 15.
② Hillel Shuval, "Proposed Principles and Methodology for the Equitable Allocation of the Water Resources Shared by the Israelis, Palestinians, Jordanians, Lebanese and Syrians", in J. Isaac and H. Shuval eds., *Water and Peace in the Middle East*, London/New York: Elsevier Science, 1994, p. 482.
③ Dante A. Caponerra, "The Legal-Instututional Issues Involved in the Solution of Water Conflicts in the Middle East: The Jordan", in J. Isaac and H. Shuval eds., *Water and Peace in the Middle East*, London/New York: Elsevier Science, 1994, p. 163.
④ Tony Allan, *The Middle East Water Question: Hydropolitics and the Global Economy*, London: I. B. Tauris, 2001, pp. 74 – 76.

量为4.75亿立方米。① 但是到2000年,其注入加利利湖的年径流量仅为19世纪50年代的10%。雅穆克河源于叙利亚,从东部高地流下后形成约旦与叙利亚的边界,在东北部与下约旦河汇合,进而形成约旦与以色列的边界。② 流域国家国家包括约旦、以色列和黎巴嫩,而叙利亚和约旦是主要流域国家,这两个国家从雅穆克河抽取的年均水量分别为近2.5亿立方米和1亿立方米。③ 当雅穆克河流入加利利湖时,其流量加上戈兰高地的流量,使流域总体年平均流量达到近8亿立方米。黎巴嫩的水资源主要来自三条河流:凯比尔干河(the El-kabir),其源头在与叙利亚接壤的北部边界;特伦斯河(the Orontes)主要来源于贝塔的蓄水层,向北流入叙利亚;哈巴斯河(the Hasbani)穿过黎巴嫩的南部边界,是约旦河的支流。④ 利塔尼河(the Litani)是黎巴嫩境内最长的河流,以色列一直期望能将其国际化。

据估计,约旦河的自然流量为年均12.5亿~16亿立方米。其中,以色列对约旦河的流量贡献为每年1.55亿立方米,约旦为5.06亿立方米,黎巴嫩为1.15亿立方米,叙利亚为4.16亿立方米,巴勒斯坦为1.48亿立方米。1995年,约旦河流域中各国水资源的使用量为:以色列年均使用8.1亿立方米,约旦3.4亿立方米,黎巴嫩0.05

---

① Dante A. Caponerra, "The Legal-Instututional Issues Involved in the Solution of Water Conflicts in the Middle East: The Jordan", in J. Isaac and H. Shuval eds., *Water and Peace in the Middle East*, London/New York: Elsevier Science, 1994, p. 163.
② David B. Brooks and Julie Trottier, "A Modern Agreement to Share Water between Israelies and Palestinians: The FoEME Proposal", http://aquadoc.typepad.com/files/foeme_water_agreement_final.pdf.(访问时间:2013年6月15日)
③ Tony Allan, *The Middle East Water Question: Hydropolitics and the Global Economy*, London: I. B. Tauris, 2001, p. 76.
④ Ksrim Makdisi, "Towards a Human Rights Approach to Water in Lebanon: Implementation beyond 'Reform'", in Asit K. Biswas, Elgal Rached and Cecilia Tortajada eds., *Water as a Human Right for the Middle East and North Africa*, London: Routledge, 2008, pp. 174-178.

亿立方米，叙利亚 1.65 亿立方米，巴勒斯坦 0.2 亿立方米。[①] 以色列从 19 世纪 60 年代开始把加利利湖变成了蓄水库，抽取了约旦河上游 3.5 亿立方米的流量。1967 年中东战争后，以色列成为约旦河流域水资源使用的主要国家。

山区含水层及加沙地带含水层是约旦河流域中另一个引发水权争议的次流域，以色列与巴勒斯坦共享这部分水资源。山区含水层属于地下水系，位于撒玛利亚和犹大地群山下，分别由东部、西部及北部三个含水层体系构成。山区含水层水资源由撒玛利亚群山的降雨形成，经由地下支流，形成跨越绿线（Green Line，1967 年中东战争前的边界）两边、年均水量为 6 亿立方米的大型含水层。山区含水层是西岸的主要水源，为以色列提供了年均 1/3 的消费用水，也是撒玛利亚和犹大地巴勒斯坦居民全部消费用水的来源。[②] 同时，山区含水层也是以色列最大和最干净的水源，是其 50% 的饮用水来源。1948 年开始，以色列成为山区含水层水资源使用的最大消费国。1967 年之前，阿拉伯人通过钻井在犹大地与撒玛利亚的水资源使用量仅为 5%，以色列的使用量则为 95%。因此，1995 年之前，在整个山区含水层，以色列的用水量为 4.95 亿立方米，而巴勒斯坦则为 1.05 亿立方米，巴勒斯坦的人均消费用水量仅是以色列的 1/3。[③]

从气象学意义上说，整个约旦河流域属于半干旱地区，农业用水占到整个地区水资源的 70%～90%。因此，粮食自给与农村生活用水的安全性是中东地区水政策制定的主要导向。中东地区共同水域的

[①] 以上数据来自 Ziad A. Mimi and Bassam I. Sawalhi, "A Decision Tool for Allocating the Waters of the Jordan River Basin between all Riparian Parties", *Water Resources Management*, Vol. 17, Issue 6, 2003, pp. 447–462。

[②] H. Gvirtzman, "Groundwater Allocation in Judea and Samaria", in J. Isaac and H. Shuval eds., *Water and Peace in the Middle East*, London/New York: Elsevier Science, 1994, p. 205.

[③] 关于山区含水层的水量及分配的数据，参见 J. Isaac and H. Shuval (eds.), *Water and Peace in the Middle East*, London/New York: Elsevier Science, 1994。

国际关系极大地受到地区内大型经济农业共同体需要充足供水信念的影响。① 20 世纪 60 年代，中东地区面临水资源匮乏时，上述信念加强了围绕约旦河流量配额的水权竞争，围绕约旦河上游水资源的冲突随之进入最为严重的十年。1967 年中东战争后，以色列控制了叙利亚的戈兰高地、整个约旦河上游及西岸与加沙地带含水层。而在此之前，以色列仅占有约旦河 3% 的流域面积，② 这一改变"决定了下两个十年——20 世纪 70 年代和 80 年代的水文政治"。③

尽管水资源竞争是一个世界范围的现象，然而冲突最为严重的还属中东地区以色列与阿拉伯国家之间的竞争。从约旦河水资源流量使用数据上可以看出，流域国家对约旦河的贡献率与实际使用率呈现出不成比例的态势，流量分配遂成为约旦河水资源分配问题的核心。分配矛盾主要发生于以色列与约旦，以及以色列与巴勒斯坦之间。根据所有权与占有权规范，各流域国家形成对约旦河流域水资源的河岸权与先占权偏好，并为此展开了夺取水资源的单边行动，产生"谁应该拥有约旦河流量及拥有多少"的水权龃龉和争执，阻碍了流域内的水合作。

二 先占权偏好：以色列水权合法性的建立

以色列水资源政策偏好及实践行动始终遵从占有权规范。从本书研究的时间段（1948~1995 年）来看，这个阶段以色列先占权的水权偏好，对这一阶段约旦河流域的国家关系尤其是水关系产生了至关重要的影响。

---

① Tesfaye Tafesse, *The Nile Question: Hydropolitics, Legal Wrangling, Modus Vivendi and Perspectives*, Munster: LIT, 2001, p. 261.
② Tesfaye Tafesse, *The Nile Question: Hydropolitics, Legal Wrangling, Modus Vivendi and Perspectives*, Munster: LIT, 2001, p. 15.
③ Tesfaye Tafesse, *The Nile Question: Hydropolitics, Legal Wrangling, Modus Vivendi and Perspectives*, Munster: LIT, 2001, p. 77.

（一）建立先来先得的权利偏好：排除阿拉伯国家对约旦河水资源的水权

以色列对约旦河流域水资源的先占权偏好可大致分为两个阶段：夺取水资源（1929~1967年）与控制水资源（1967~1995年）。第一阶段是以色列建国时期，这一时期以色列深信水是构建犹太国家主权和身份的重要因素。在占有权规范的主导下，以色列通过占有的方式获取了约旦河大部分的水资源，同时也开始了去阿拉伯国家水权合法化的过程，使流域内的水关系开始呈现出冲突的性质。第二阶段从1967年的第三次中东战争开始，尽管战争只持续了六天，却改变了中东地区的政治版图，同时也改变了约旦河流域水所有权权属的版图。至此，以色列建立了对约旦河流域水资源的垄断地位，进一步通过将"先来先得"而获得的"历史权利"应用于流域内水关系的处理中。这一过程既使以色列对水的使用现状合法化，又将其他共同河岸国家，尤其是巴勒斯坦及约旦的水权置于"合法性危机"的真空中，最终使这一流域的水权争议日久不休，使约旦河流域在面对严重的水匮乏危机时却无法实现合作的进程。

1917年，《贝尔福宣言》成为以色列与阿拉伯国家水权争议的开端。随后，开始了不断占有约旦河流域水资源的过程。1926年，英国高级委员会准予巴勒斯坦电力公司的品哈斯·鲁坦伯格（Pinhas Rutenberg）对约旦河与雅穆克河水资源为期70年的使用权，确定了以色列对水资源的所有权。同时，这也意味着否定了阿拉伯国家对这些水资源的权利。1948年建国初期，以色列在约旦河流域并不具备任何水文优势。根据1949年停火线，约旦河流域领土划分的结果是约旦河大部分、加利利湖下游都属于约旦。叙利亚则获得了加利利湖东岸，占据了可以控制流入加利利湖及约旦河流量的上游国家的水文地理优势。在约旦河的三条支流中，哈斯巴尼河及巴尼亚斯河的源头分别位于叙利亚及黎巴嫩境内，只有达恩河完全流入以色列境内，但其部分源头位于叙利亚境内。同时，这个时期以色列的地下水资源包括两部分，一部分是海岸含水层（coastal aquifer），另一部分是亚尔孔（Yarkon-Taninim）含水层。因此，到1949年，无论从属于地表水的约旦河，还是从属于地下水的含水层角度界定，以色列在建国初期均是约旦河流域的一个下游国家。[①] 此后，为了实现农业复国以及内各夫沙漠犹太定居点的发展计划，以色列开始通过单边截流、改向、控制等方式，确立了以色列对约旦河流域水资源"先来先得"的权利，同时也逐渐使阿拉伯国家对约旦河流域水资源的共享权利处于"去合法化"状态。

改向约旦河流域内的河流是以色列确立"先来先得"权利的主要方式，此方式也直接导致约旦与以色列在约旦河源头使用上产生严重分歧。在1949年4月以色列与叙利亚的停火谈判中，以色列暗示了对约旦河控制的意向。以色列政府明确了其在加利利湖、约旦河东岸的利益，表示要将这些水资源划于其领土内，以改变与叙利亚对这部分水资源共享权利的现状，从而确保其绝对的控制权。[②] 为控制约旦河水资源，以色列一个重要的水政策就是对约旦河上游及黎巴嫩境内的利塔尼河进行改向。此政策的目的是支持处于流域外的定居点——内各夫——的发展计划。按照约旦水法的规定，禁止这种从一个流域或含水层向另一流域或含水层进行改向或引水的行为。1953年，以色列政府拟定了一份"七年计划"，其主要目标是利用流域内的水资源，着手建立国家输水管工程（national water carrier project）。这一计划实现的关键是对约旦河进行改向。1958年，以色列制定"十年计划"，重提建造国家输水管工程，进一步详细列出对加利利

---

① Julie Trottier, "Hydropolitics in the West Bank and Gaza Strip", Palestinian Academic Society for the Study of International Affairs, 1999, pp. 49－52.
② Rabinovich Itamar, *The Road Not Taken: Early Arab-Israeli Negotiations*, New York: Oxford University Press, 1991, pp. 96－97.

湖以北的约旦河改向，并引至内各夫，且引水量为 4.78 亿立方米的建议。曾经作为 1994 年约旦和平谈判成员的曼达·哈达丁（Mandar Hadadin）博士指责，以色列想要对位于约旦的河流的源头做更多改向的行为，是对国际法与河岸权的违背（ripaian rights）。[1] 担任 1994 年约以谈判中约旦水小组委员会主席的哈斯那·哈达丁（Muthir Haddain）认为，"以色列不断对约旦河改向，更加剧了约旦水匮乏的情况"。[2] 到 1994 年，约旦人均水量为每年 180 立方米，远低于哈达丁要求的 1200 立方米。在双方于 1994 年的谈判中，约旦要求以色列归还其"从北部溪流直到死海的全部约旦河蓄水层以及加利利湖的水权"。[3]

同时，"先来先得"的水权偏好还促使以色列通过毁坏水井或阻碍共同河岸国家对流域内水资源的开发，以保证其对流域内水资源的控制。根据 1949 年停火线，约旦河的主要支流经过约旦控制的西岸后，才会向西流入以色列境内。20 世纪 50 年代早期开始，以色列开始在与叙利亚边界、近约旦河的非军事地带挖壕修建水体工程。叙利亚认为，这是以色列制造既成事实的举动。1967 年之前，以色列士兵经常越过边界线，闯入约旦控制的西岸，炸毁水井，目的是保证约旦河水继续向西流入以色列领土。[4] 同时，以色列根据"优先占用"理论，于 20 世纪 60 年代前期开始从共同含水层抽取基本水量。以色列通过抽取水井的水量并使其干涸的方式，改变了流域的水文形势，引起叙利亚等阿拉伯国家的强烈反对。1964 年在阿拉伯国家首脑会议上，阿拉伯国家决定建立阿拉伯水体工程，计划在雅穆克

---

[1] Michael Widlanksi, "Large PLO Militia Ready to Take over", *The Jersualem Post*, January 12, 1994.
[2] Steve Rodan, "The Ice Cube on Jordan's Team", *The Jersualem Post*, September 23, 1994.
[3] Liat Collin, "Water Rights Negotiations Move along a Very Slippery Road", *The Jersualem Post*, July 29, 1994.
[4] Jonathan Kuttab and Had Ishaq, "Approaches to the Legal Aspects of the Conflict on Water Rights in Palestine/Israel", in J. Isaac and H. Shuval eds., *Water and Peace in the Middle East*, London/New York: Elsevier Science, 1994, pp. 242 – 243.

河上建造两个蓄水库，以从巴尼亚斯河引水至叙利亚和约旦。[1] 以色列担心此举会对其未来水计划构成威胁，尤其是影响其从利塔尼河引水以支持以色列饮水、灌溉和电力生产的计划。[2] 为此，1967年，以色列空军对叙利亚的戈兰高地进行了空袭，以阻止此项水体工程。

1967年，第三次中东战争爆发。战争结束后，以色列拓展了其对约旦河水资源的控制范围，将其延伸到了巴尼斯河、戈兰高地雅穆克北岸的区域、西岸及加沙地带。结果是，以色列获得了约旦河上游三条主要河流中的两条，控制了从源头到与约旦河交汇处的整条巴尼亚斯河。由此，以色列控制了北部的巴尼亚斯河及南部的雅穆克河。[3] 达恩河也完全落入以色列的控制范围，使以色列扩大了对雅穆克河的控制范围，有效地遏制了阿拉伯国家通过改向，减少流入以色列流量的行动。[4] 同时，通过控制西岸，所有水资源也都在以色列军事政府的控制之下，并被宣布为以色列的公共财产，而所有新的水设施建造均需要得到以色列许可。[5] 菲特森（Feitelson Eran）认为，以色列在战争后控制了约旦河42%的流量，而之前仅为25%。包括西

---

[1] Jeffrey D. Dillman, "Water Rights in the Occupied Territories", *Journal of Palestine Studies*, Vol. 19, No. 1, 1989, p. 51.

[2] Aleef Sabbagh, "Conflict over Water in the Middle East: From a Security and Strategic Point of View", in J. Isaac and H. Shuval eds., *Water and Peace in the Middle East*, London/New York: Elsevier Science, 1994, p. 511.

[3] Muhammad Muslih, "The Golan: Israel, Syria and Strategic Calculations", *Middle East Journal*, Vol. 47, 1993, p. 621.

[4] 参见 Munther J. Haddadin, "Water in the Middle East Peace Process", *The Geographical Journal*, Vol. 168, No. 4, 2002, p. 326; Anders Jägerskog, *Why States Cooperate over Shared Water: The Water Negotiations in the Jordan River Basin*, Linköping: Department of Water and Environmental Studies Linköping University, 2003, p. 85。

[5] Jan Selby, "Cooperation, Domination and Colonisation: The Israeli-Palestinian Joint Water Committee", *Water Alternatives*, Vol. 6, No. 1, 2013, p. 7.

岸的含水层在内，以色列控制了（流域内）80%的地表水和地下水。① 同时，以色列占领戈兰高地，终止了阿拉伯国家对约旦河流域水资源的使用，为以色列不断扩大的定居点提供了大量水资源。比如，仅在1987年，戈兰高地的水资源就为以色列提供了35%的水源。② 1967年时，叙利亚在被占领领土上有170个定居点。到1992年，以色列摧毁了其中的160个，并新建以色列定居点34个。1990年，以色列定居点人口共有26000名。为此，以色列通过改向公羊湖（the Ram Lake），使河水能流入以色列定居点。③ 1967年战争期间，以色列还占领了西岸和加沙地带，获得了3.5亿立方米的年径流量。在此之前，以色列只部分享有占领区西部含水层的地下水资源。这样，通过进一步控制西岸的北部与东部含水层，以色列总共获取了6.2亿立方米的可用水资源，相当于1967年前以色列年均水量的一半。可以说，通过1967年战争，以色列获得了约旦河流域几乎全部的地下水资源。这个结果是以色列逐步排除了巴勒斯坦对这些地下水资源的所有权，为巴以水权争议的产生埋下了伏笔。

以色列遵从占有权规范，在流域内水资源所有关系中建构了"先占权"偏好。到1967年战争结束为止，以色列依据"先来先得"偏好，通过截流、改向以及控制等方式使所占有的水资源成为"既成事实"，为其对约旦河流域水资源合法化提供了"历史使用"的依据。从此，以色列确立了其对约旦河流域共同水资源的所有权，逐步建立了对整个流域水资源的控制权，改变了流域内水资源分配的情

---

① Feitelson, Eran, "The Ebb and the Flow of Arab-Israeli", *Water Policy*, Vol. 2, Issues 4–5, 2000, pp. 343–363.
② Julie Trottier, "Hydropolitics in the West Bank and Gaza Strip", Palestinian Academic Society for the Study of International Affairs, 1999, p. 59.
③ Julie Trottier, "Hydropolitics in the West Bank and Gaza Strip", Palestinian Academic Society for the Study of International Affairs, 1999, p. 59.

境，最终使自己由一个不具备水文优势的下游国家成为独占水资源的上游国家。

（二）确立"历史权利"："去合法化"阿拉伯国家对水资源的权利

先占权权利偏好的第二个核心要素是通过"先来先得"的方式，获得已占有资源的"历史权利"，也称为"已获得的权利"。从1967年战争结束直至1995年，以色列通过保护、维持水资源的使用现状，以稳定其对所占水资源的"历史权利"，实践"赢即所有，唯有共享（阿拉伯水资源），和平就会实现"。① 对1967年后以色列在流域内水关系的政策进行分析，其"历史权利"偏好从以下三方面可窥一斑。

第一，通过立法和对占领地实施军事管理的方式，以色列排除了巴勒斯坦对占领区水资源的使用权，并转化为其对占有资源"历史权利"的根据。

几个世纪以来，约旦河流域水资源的获得、分配及使用一直由不成文的制度规范调节。1959年，以色列颁布5719~1959号水法，结束了水是私人物品状态的同时，也终止了其领土内的阿拉伯居民对水资源自由使用的权利。以色列将每一座水井、每一道泉水都纳入水法范围内，对用水资格及期限许可证进行限制。由于占领区西岸和加沙地带的含水层为以色列提供了1/3的水源，以色列采用另一种水资源控制方式，即取消现存水法，代之以89号与158号军事命令。通过军事管理，以色列实现了对占领区水资源所有权与使用权的完全控制。其中，第158号军事命令规定：未经新机构允许，任何人不得建立、拥有或执行一项水制度，包括过去用来抽取地表水或地下水的任

---

① Aleef Sabbagh, "Conflict over Water in the Middle East: From a Security and Strategic Point of View", in J. Isaac and H. Shuval eds., *Water and Peace in the Middle East*, London/New York: Elsevier Science, 1994, p. 512.

何设施以及工厂。新机构有权拒绝申请人的申请,也有权终止或修改其许可证,并无须对此做出解释。分配机构有权搜查和没收任何未经允许而存在的水资源,即使水主确实无罪。[1] 由此,以色列通过废止占领区过去及现存的水资源管理秩序,以新军事秩序取得对西岸与加沙地带水资源的控制。这些控制措施包括:控制已有水井的井深,对阿拉伯水体工程颁发必要的许可证,尤其对巴勒斯坦用于灌溉使用的水井数量进行限制,对抽取水量实施年配额制。1967年战争后,以色列禁止巴勒斯坦人对约旦河任何方式的使用,并摧毁了巴勒斯坦在约旦河峡谷的140条水管线。[2] 因此,1967～1990年,以色列在被占领区仅给巴勒斯坦发放了23个新建水井的许可证,其中只有两个是用于灌溉的水井。[3] 以色列不仅限制巴勒斯坦人挖掘新水井,且修葺旧水井也须取得以色列许可。同时,以色列借用这些监管权力,没收、改向和使用占领区水资源,仅将其提供于以色列平民定居点或用于军事用途。[4] 更甚者,以色列剥夺了离开占领区的巴勒斯坦居民的水权,将其转移和分配给犹太定居者或是以色列居民。[5] 第291号命令则对水争议处理做了规定:所有前定居点关于水争议的安排均已失效,军事委员会对取消任何法律监管有司法权力,有权取消水及土地

---

[1] Julie Trottier, "Hydropolitics in the West Bank and Gaza Strip", Palestinian Academic Society for the Study of International Affairs, 1999, p. 183.
[2] Marwan Haddad, "Politics and Water Management: A Palestinian Perspective", in Hillel Shuval & Hassan Dweik eds., *Water Resources in the Middle East: Israeli-Palestinian Water Issues: From Conflict to Cooperation*, Berlin & New York: Springer, 2007, p. 44.
[3] Julie Trottier, "Hydropolitics in the West Bank and Gaza Strip", Palestinian Academic Society for the Study of International Affairs, 1999, pp. 60 – 61.
[4] Jonathan Kuttab and Had Ishaq, "Approaches to the Legal Aspects of the Conflict on Water Rights in Palestine/Israel", in J. Isaac and H. Shuval eds., *Water and Peace in the Middle East*, London/New York: Elsevier Science, 1994, pp. 245 – 246.
[5] Jonathan Kuttab and Had Ishaq, "Approaches to the Legal Aspects of the Conflict on Water Rights in Palestine/Israel", in J. Isaac and H. Shuval eds., *Water and Peace in the Middle East*, London/New York: Elsevier Science, 1994, p. 246.

之间的转移事项，即使其得到民事法庭的许可。① 这样，以色列通过废除巴勒斯坦普通法对水资源纠纷的裁定权力，进一步剥夺了巴勒斯坦对水资源所有及使用的权利，使以色列在巴以水权争议中处于优势地位。1948～1967 年，山区含水层所在领土的行政管理权属于约旦，水资源的所有权属于约旦与巴勒斯坦。然而 1967 年后，以色列通过军事化手段单方面推进水制度化，并对已占有水资源建立历史权利的进程，同时也中断了巴勒斯坦对这部分水资源的所有权与使用权。很显然，以色列的"历史权利"并不具有合法性。1993 年《耶路撒冷邮报》刊登一份读者来信，信中指出："在目前好战的军事占领状态下，几千巴勒斯坦人无法享有'冲澡'这种权利，这对他们而言是一种奢侈的权利。这项被剥夺的权利与水匮乏无关，部分由战争中（以色列）军事战略对平民的敌对政策所导致……目前，对巴勒斯坦人在水资源上实行的'军事秩序'是对公正与和平的阻碍。"②

以色列单方面对水资源的垄断，意在维护其"已获得的权利"，以此确立以色列对该地区水资源权利的"合法性"。在关于希伯来的水问题与纠纷中，阿拉伯居民认为"希伯来地区阿拉伯居民水供应受到以色列国家水务集团（Mekorot）的控制，导致阿拉伯居民连续几天、几星期甚至是几个月处于严重水匮乏状态。与此相反，镇上的 450 名犹太居民以及附近基亚特（Kiyat）的 6000 名居民却水源充足，既能满足基本需求，还有能游泳的水资源"。《耶路撒冷邮报》在报道中指出，犹太居民的舒适生活是以阿拉伯

---

① Julie Trottier, "Hydropolitics in the West Bank and Gaza Strip", Palestinian Academic Society for the Study of International Affairs, 1999, p. 183.
② David Scarpa, "Words on Water", *The Jerusalem Post*, December 2, 1993.

人的牺牲为代价的。① 因此，巴勒斯坦以河岸权为根据，坚持水权的分配应该与土地保持一致。巴勒斯坦提出，既然山区含水层85%的水量来源于其土地上的降水，巴勒斯坦自然应该享有对山区含水层水资源的合法权利。同时，针对以色列的先占权解释，巴勒斯坦同样认为1967年战争以前，巴勒斯坦的农民也从约旦河抽取大量的灌溉用水，大概为年均3000万立方米，灌溉区域为3000英亩。② 因此，面对以色列抽取了含水层几乎90%的水量的事实，巴勒斯坦根据河岸权，要求取得山区含水层的水量配额。同时指出，以色列在西岸抽取水资源用于平民定居点的任何行动都是不合法的，违反了《日内瓦公约》中关于交战国军事占领权利与义务的规定。③

第二，水资源使用中，以色列为维持权利现状，在使用超出与其流域面积对等的流量份额时，未对相关共同河岸国家进行相应补偿。

1967年后，以色列没收和控制了大部分阿拉伯人的土地和水资源，且禁止占领区的阿拉伯农民尤其是巴勒斯坦农民应用新技术、军事力量或司法程序使用水资源。结果，一直由巴勒斯坦人使用的水资源几乎全部为以色列新定居点以色列农民所有，导致巴勒斯坦农民与以色列农民水消费量的比例处于极端不平衡的竞争中，以色列政府也未对此做出相应补偿。根据1955年约翰斯顿计划，以色列所获得的约旦河年平均流量为3.5亿~4亿立方米。然而，以色列通过单边抽

---

① "The Water Debate", *The Jerusalem Post*, August 21, 1995; "Herbon's Water Problem", *The Jerusalem Post*, August 20, 1995.
② Hillel Shuval, "Meeting Vital Human Needs: Equitable Resolution of Conflicts over Shared Water Resources of Israelis and Palestinians", in Hillel Shuval & Hassan Dweik eds., *Water Resources in the Middle East: Israeli-Palestinian Water Issues: From Conflict to Cooperation*, Berlin & New York: Springer, 2007, p. 5.
③ 巴勒斯坦的指责是根据日内瓦第四公约第四十九条规定，禁止军事占领国强制大规模人口迁出或迁入占领国之领土。相关内容参见 Hillel Shuval, "Meeting Vital Human Needs: Equitable Resolution of Conflicts over Shared Water Resources of Israelis and Palestinians", in Hillel Shuval & Hassan Dweik eds., *Water Resources in the Middle East: Israeli-Palestinian Water Issues: From Conflict to Cooperation*, Berlin & New York: Springer, 2007, p. 6.

取、对巴勒斯坦流量配额的限制以及过度抽取等方式，最终使其获得的年平均流量多出 1.5 亿～2 亿立方米，以色列并未对这些超量使用进行支付或提供补偿。① 同时，以色列对约旦河水资源超份额的使用也是如此。仅 1990～1991 年，约旦与以色列共使用约旦河 15 亿立方米的水量。其中，约旦的使用量仅为 4 亿立方米，其余均属于以色列消费。巨大用水量的差异使约旦人认为，以色列明显具有对约旦的水优越性。双方在 1994 年展开水资源谈判时，约旦谈判者曾表示，"多年以来，以色列获取的水量多于达成的约旦河协议份额"。② 由于这种差异，约旦人经常受到缺水的困扰，不得不执行定量配给的水政策。约旦每晚通过输水车在西阿曼街道上环行，为居民提供现用活水，这已成为约旦人唯一的水来源。③ 从前述以色列针对巴勒斯坦水资源的管制行动也可以看出，1967 年中东战争后，以色列处理水关系的基本立场是维持建立在水资源分配现状基础上的事实，拒绝承认巴勒斯坦对水资源享有较大份额的权利，同时也拒绝对过去不平等的分配结果进行补偿。④ 在任何可能会与巴勒斯坦及其他阿拉伯国家签订的协议中，以色列无意改变水资源分配现状。以色列这一政策成为其与阿拉伯国家水争议的直接原因。约旦人深信，约旦的水匮乏是以

---

① Onathan Kuttab and Had Ishaq, "Approaches to the Legal Aspects of the Conflict on Water Rights in Palestine/Israel", in J. Isaac and H. Shuval eds., *Water and Peace in the Middle East*, London/New York: Elsevier Science, 1994, p. 246.
② Steve Rodan, "Jordan Wants Fair Share of Water Now: Israel Looks Ahead", *The Jerusalem Post*, September 16, 1994. 这里的约旦河协议指 1955 年约翰斯顿水共享分配协议，此协议对流域内对约旦河年均水量的分配方案如下：约旦为 46.7%，以色列为 38.5%，叙利亚为 11.7%，黎巴嫩为 3.1%。
③ Steve Rodan, "Jordan Wants Fair Share of Water Now: Israel Looks Ahead", *The Jerusalem Post*, September 16, 1994.
④ Amjad Aliewi & Karen Assal, "Shared Management of Palestinian and Israeli Groundwater Resources: A Critical Analysis", in Hillel Shuval & Hassan Dweik eds., *Water Resources in the Middle East: Israeli-Palestinian Water Issues: From Conflict to Cooperation*, Berlin & New York: Springer, 2007, p. 18.

色列通过不断改向约旦河所致,从而使这个连"王国的名称都来源于约旦河,且所有土地都通过约旦河来灌溉"①的河岸国家失去了原有的水权,也未获得相应的补偿。因而,在 1994 年以色列与阿拉伯国家的水资源谈判中,阿拉伯人对"以色列偷取阿拉伯水资源言之凿凿,要求其对从 1948 年或至少从 1967 年开始所抽取的水资源进行补偿"。②

巴勒斯坦深信巴以之间的水纠纷源于双方之间水分配的不公平状态。1995 年以巴达成过渡协议之前,巴勒斯坦认为以巴之间的水分配状态,即 80% 与 20% 的比例很不公平,因为流经绿线以色列一方的水流量只有 20%。③ 巴勒斯坦人一直认为,以色列的水资源消费量是巴勒斯坦的 5 倍还多。巴勒斯坦在犹大地及撒玛利亚两地经过许可的用水量只有 2.4 亿立方米,而以色列却是 15 亿立方米。在西岸与加沙地带,巴勒斯坦面临着严重的水匮乏情况。巴勒斯坦水利专家哈比柏(K. Habeeb)认为,巴勒斯坦并未得到能满足其日常生活需求的充足的水资源。④

第三,与阿拉伯国家的水分配纠纷及谈判中,以色列一直坚持"优先使用",即维持现状,拒绝对水资源进行再分配。

20 世纪 90 年代,中东和平谈判进程开始,水问题是其中的一个关键议程。以色列在谈判中坚持维持对已占有资源"已获得的权利",维护以色列对这些资源的优先使用。为此,以色列首先拒绝流域国家依据各自需求重新分配水资源的提议,坚持以现状使用作为流域内水资源分配的基础。以色列大部分学者在涉及与巴勒斯坦关于犹

---

① Steve Rodan, "The Ice Cube on Jordan's Team", *The Jerusalem Post*, September 23, 1994.
② Itamar Marcusa, "Hand on the Faucet", *The Jerusalem Post*, March 30, 1994.
③ Jon Immanuel, "Water Talks with PA Break Down on Day One", *The Jerusalem Post*, July 19, 1995.
④ Steve Rodan, "Water Disbutes: No Immediate Solution on Tap", *The Jerusalem Post*, July 21, 1995.

大地与撒玛利亚山区含水层的权利时,均主张双方之间水资源最合理的分配是建立在尊重相邻国家水资源现状使用的基础上。① 比如,耶路撒冷希伯来大学的海姆(H. Gvirtzman)主张,平等分配的基础是根据争议双方的实际需要,而实际需要的衡量须依赖于流域内水资源使用现状,并取决于过去与当下的使用情况,而非未来及现在的用水需求。按照此立场,以色列首先认为自己应该使用共同水域80%～90%的水资源。同时,以色列援引国际法否认巴勒斯坦的水权,认为巴勒斯坦的主张不符合国际法的精神,因为国际法规定"现存或历史的消费优先于新的(水权)主张"。② 以色列这一谈判立场,实际上是要保护其现状维护者的身份,以避免归还阿拉伯国家的那部分水资源。以色列的立场引起了阿拉伯国家的不满,双方谈判因此胶着水权而无法前行。

其次,为维护其优先使用的权利,以色列拒绝承认其他共同河岸国家对"水权"是"平等公正"分配标准的界定。如何在流域国家之间进行"平等公正"的水量分配是水资源谈判的难点,阿拉伯国家认为,"平等公正"意味着以色列首先要承认阿拉伯人的"水权"。但对以色列来讲,如果承认阿拉伯国家的水权,那就意味着要重新对现有水资源进行分配,将使其面临失去自1967年之后甚至是1948之后通过"先来先得"而获得的大量水资源。早在1955年的约翰斯顿计划中,以色列就坚持约旦河的分配标准应以国家需求而非以流域面积的大小为根据,以实现其在流域外引水的计划。③ 域外引水实质上

---

① H. Gvirtzman, "Groundwater Allocation in Judea and Samaria", in J. Isaac and H. Shuval eds., *Water and Peace in the Middle East*, London/New York: Elsevier Science, 1994, pp. 205 – 218.
② Sharif S. Elmusa, "Towards an Equitable Distribution of the Common Palestinian Israeli Waters: An International Waters Law Framework", in J. Isaac and H. Shuval eds., *Water and Peace in the Middle East*, London/New York: Elsevier Science, 1994, p. 456.
③ 根据习惯法,一个自然水系中,为满足流域国家的使用需求,允许流域国家在流域内进行水资源使用,不能再为流域外使用用途而对国际河流进行域外引水。

表明，以色列可以随意使用流域内的任何水资源，相当于拒绝承认约旦河流域其他国家的权利和需求。到 1995 年底，阿拉伯人表达了对获得山区含水层 5 亿立方米水量使用权利的期望。《耶路撒冷邮报》对此进行评价，认为这"意味着以色列将损失 4 亿立方米的水量，占以色列年均使用量的 25%，相当于整个国家三个月的使用量"。① 同时，也意味着对以色列就约旦河流域大量地表及地下水资源所有权的权属存在"合法性"嫌疑。因此，在涉及水资源谈判的过程中，尽管约旦与巴勒斯坦将"水权"作为水谈判的优先事项，但以色列始终坚持"水资源开发"在谈判中的第一顺位。

1994 年是约旦与以色列就水资源谈判最为密集的一年。谈判中，约旦认为水谈判的优先事项是"水权"，而以色列对此避而不谈，坚持"水资源管理"优先。1994 年 1 月，利库德集团的国家安全专家察希·哈内格比（Tzahi Hanegbi）建议，"以色列应保持对所有水资源的权利，包括水资源使用权利和保护权利"，要求"（以色列）拒绝任何涉及水资源纠纷的国际法"。② 以色列水协会会长吉迪恩·楚尔（Gideon Tsur）也表示，"水问题谈判是约旦与以色列谈判留下的一个最棘手的问题，约旦人与巴勒斯坦人不厌其烦地重复他们对水权的要求"。正如 1994 年时任以色列水多边会谈主席阿弗拉罕（Avraham Katz-Oz）所述："阿拉伯人要求拥有 100% 的犹大地与撒玛利亚地区的水权利。"③ 对此，楚尔表示，"从我的观点来讲，水权是第二位的。拥有水权并不会带来 1 立方米的水。我更愿意看到围绕实际的水资源（情况）进行对话，那意味着（应着手于）创造新的水

---

① Itamar Marcusa, "A Hand on the Faucet", *The Jerusalem Post*, March 30, 1994.
② "Business Briefs", *The Jerusalem Post*, January 13, 1994.
③ Itamar Marcusa, "A Hand on the Faucet", *The Jerusalem Post*, March 30, 1994.

量（以解决水匮乏问题）"。① 因此，对以色列而言，承认约旦与巴勒斯坦的水权，就是对其"历史权利"合法性的否认，直接导致其失去对现有水资源的使用权利。

巴以和平进程谈判中，以色列不仅拒绝承认巴勒斯坦的"水权"，同时为了保证能继续保有山区含水层水源的优先使用权利，拒绝在归还巴勒斯坦领土时也同时移交犹大地与撒玛利亚两地水资源的控制与管理权。巴以关于自治原则的对话与谈判多次陷入僵局的原因之一就是双方关于水资源的控制权问题。比如1995年7月21日，巴勒斯坦要求以色列撤退后，巴方将控制领土上所有的水资源，但以认为水资源的控制权应在以色列手中，巴以之间关于自治原则的第二阶段对话遂陷入僵局。而在此之前，双方在兹伦·雅科夫（Zichron Ya'acov）的会谈也因为水问题而不欢而散，原因同样是巴勒斯坦要求完全控制西岸的水资源，而以色列则反对任何改变水分配现状的安排。以色列断定，如果将水资源控制权交于巴勒斯坦，那么以色列一直以来对巴勒斯坦水井数量的严格控制将成为历史，从而导致以色列的水资源使用量减少。此外，失去控制权还意味着无法对自治区的水质进行监控，污染同样会对以色列水流量产生破坏性影响。在以色列看来，"谁控制了犹大地与撒玛利亚的水泵，谁就决定了流过绿线的剩余水量"。② 这种担心与忧虑促使以色列国内在和平进程谈判期间对水问题表现出高度一致的立场。以色列的专家学者、官员均对维持所占有资源现状的政策进行了话语建构，反对将所占领领土上的水资源控制权交还巴勒斯坦，并表示不管是现在还是将来，都不愿意与巴勒斯坦共享西岸的水资源权利。时任以色列农业部长的楚尔声称："如果在这些地方（犹大地以及撒玛利亚地区的三个含水层）挖井，就

---

① Liat Collin, "Water Rights Negotiations Move along a Very Slippery Road", *The Jerusalem Post*, July 29, 1994.

② Joyce Shira Starr, "Flights for a Fair Share of Water", *The Jerusalem Post*, August 18, 1995.

等于取走了我们的水资源。"巴依兰大学（Bar-llan University）的一名高级讲师曾表示，"这（水资源控制权）是一个零和游戏，有我无你"。① 本－贝拉（Ben-Beir）更是意味深长："一个厨房里无法同时有两位主厨，餐桌上，所有人必须共享水和食物，但厨房的管理必须掌握在一个人手中。"② 而以色列拉宾政府及其前任在谈判初期的水政策也非常坚定，表示"无论是原则上还是数量上，水是政府绝不退让的一个重要问题"，③ 主张"以色列至少应控制对其生死攸关的水资源"。④

最后，为实现保持现状的目标，以色列在谈判中坚持技术性分配是解决流域内水资源匮乏的主要途径。也就是说，在不破坏水资源所有权的现状下，通过创造新水源来进行分配，这属于技术性分配，而非权利的重新分配，以此转移流域国家对以色列水权合法性的关注。

在整个水权争议的互动中，以色列一直追求水问题的政治特征和技术特征相分离的政策。借此，以色列将争议的性质框定为技术性质而非关于权利平等的政治性质，达到只谈技术问题不谈水权问题的目的。1991年，马德里中东和会（Madrid conference）召开，其中一个议程是水问题。在讨论中，以色列明确表示了水资源与安全息息相关，并宣布对约旦河以及流域内主要含水层的控制是对其安全最小程度的保证。⑤ 以色列拥有对约旦河水资源近82%的使用权。如果要保持这个权利现状，势必要使其竞争对手——阿拉伯国家，尤其是巴勒斯坦放弃对平等、公正水权权利的主张。为此，以色列避免以国际法作为解决与巴勒斯坦及其他阿拉伯国家水权争议的依据，急切地希望

---

① Steve Rodan, "Water Dispute: No Immediate Solution on Tap", *The Jerusalem Post*, July 21, 1995.
② Joyce Shira Starr, "Flights for a Fair Share of Water", *The Jerusalem Post*, August 18, 1995.
③ Steve Rodan, "Divided Waters-Part I &Part II", *The Jerusalem Post*, September 1, 1995.
④ "Impasse Over Water", *The Jerusalem Post*, July 19, 1995.
⑤ 参见 Julie Trottier, "Hydropolitics in the West Bank and Gaza Strip", Palestinian Academic Society for the Study of International Affairs, 1999, p. 63。

通过获取新的水资源，解决水争议。比如，通过建立两河流域向约旦河流域的引水工程，向土耳其购买水资源以增加新的水源。同时，还提议其他可能提高约旦河流域水资源可用性的技术性方法，包括通过海水淡化技术提高现有水资源的可用性，或是使用风能等各种生物性能源代替水资源产生的电能。以色列强调唯有此，而不是通过对现有水资源权属的重新分配，才能满足流域各国对水资源的要求。

1992年，第一轮多边会议在维也纳举行。会议中，以色列主张多边会谈的重心应该是地区内水问题的技术性特征，而关于水权的政治讨论应该是双边会谈的主题。以色列的主张引发与阿拉伯国家之间的紧张关系，阿拉伯国家对此持反对立场，坚持除非建立各自清晰的水权，否则不讨论技术合作。

1994年，以色列与约旦的水谈判，水问题成为众多议程中最为棘手一个问题。以色列官员强调"不打算接受约旦重新分配水资源的方案，那样分配的结果会使以色列的水量减少很多"。① 为此，以色列反复多次向约旦提议通过增加水资源的联合项目、建立海水淡化及净化工厂来解决约旦的水问题。

1995年，在以色列与巴勒斯坦谈判中，以色列对解决巴勒斯坦水问题的提议中使用了与约旦同样的方案。1995年7月19日，佩雷斯与阿拉法特及穆巴拉克进行水问题会谈。会后，佩雷斯向记者说明："任何新的水安排将不会以以色列为代价，现状不会有所改变。取而代之，我们应将讨论的重心置于如何创造新水源的努力上。"② 佩雷斯随后对巴勒斯坦水问题提出两个建议，其中之一是接受澳大利亚对巴勒斯坦建立海水淡化工厂的财政援助。

以色列《耶路撒冷邮报》称，水问题是1991年中东和平进程谈

---

① Steve Rodan, "Jordan Seeks Its Own Path to Peace", *The Jerusalem Post*, July15, 1994.
② David Makovsky, Alexandria, "Peres, Arafat Come Closer to Deal on Water", *The Jerusalem Post*, July 20, 1995.

判中最为棘手的一个问题。① 阿拉伯人要求承认"水权"的分配立场与以色列"维持现状"的分配主张针锋相对，致使水谈判屡次陷入僵局。以色列先占权的权利偏好促使其从1948年开始，奉行对约旦河流域水资源"先来先得"的政策。之后，依据"历史权利"，以色列采取维持占有现状的政策立场，确立其对所占有资源的"合法"权利。然而，这一政策的结果是排除了阿拉伯国家对流域内水资源所有权的合法性，造成了流域内水资源分配的不公正。阿拉伯国家相信，流域内水匮乏问题产生的根本原因是以色列对其水权的剥夺。对于阿拉伯国家来说，承认水权就意味着承认阿拉伯人对约旦河流域内共有水资源所有权的合法性，也意味着只有重新分配才是实现公正分配的途径。反过来，如果遵从阿拉伯国家的立场，那么以色列对水资源的所有权必然会失去合法性的基础。因而，在权利规范竞争结构的主导下，约旦河的流域国家因"合法性"问题使偏好具有排斥性特征，最终产生水权争议，阻碍了流域内的水分配合作。

第二节　如何使用：两河流域水资源使用中的合法性危机

与约旦河、尼罗河流域不同的是，两河流域的分配矛盾不是关于"谁应该拥有两河水资源权利"的合法性问题，而是流域国家在使用国际河流时是否符合"合法使用"的问题，这一"合法性"危机因使用权权利规范竞争所导致。在主权财产与共同财产权规范的竞争中，流域国家形成了"绝对主权完整"与"绝对河流完整"的权利偏好之争。随着偏好转变为具体的行动实践，两河流域的水资源使用

---

① "Talks With Palestinians on Water Rights Still Deadlocked", *The Jerusalem Post*, August 4, 1995.

中出现了流量减少和水质污染等外部问题,从而影响到其他共同河岸国家从使用国际河流中获益的可能。因而,两河流域的分配问题围绕使用中是否会对收益产生影响的有益用水争议,引发了河岸国家之间关于"如何使用水资源才是合法的"矛盾。其中,安纳托利亚工程即是土耳其"绝对主权完整"权利偏好转化为行动实践的变现,自然也成为两河流域水资源"合法使用"争议的主要载体。而流域内的水资源谈判是另一个可以具体观察争议双方对"合法使用"权利偏好的场景。

一 两河流域水资源分配现状与分配问题

幼发拉底河和底格里斯河均起源于土耳其东部山脉,流经伊朗、叙利亚和伊拉克后,最后流入波斯湾入海口,是两河流域的两条主要水系。流域内的主要河岸国家包括伊拉克、叙利亚和土耳其。三个国家在水资源分配上的主要矛盾由对两河水资源的使用所引发,具体是指各流域国家在两河水资源使用中产生的外部性问题,导致其他两国使用收益受损。其中,土耳其与其他两个流域国家之间的使用收益争议是矛盾焦点。

一般认为,幼发拉底河与底格里斯河是一个单一的跨界河流体系,阿拉伯河是连接两河的自然水道,伊拉克的塔塔尔运河(Thartar Canal)则是连接两河的人工水道。幼发拉底河长2700公里,是西南亚最长的河流,发源于土耳其东南部。幼发拉底河流域面积达到44.4万平方公里,而位于土耳其的流域面积占总面积的33%。叙利亚与伊拉克的流域面积分别为总面积的19%与46%。[①] 底格里斯河是西南亚第二长的河流,发源于土耳其东部的哈扎尔湖(Lake Hazar)。

[①] Ayşegül Kibaroglu, *Building a Regime for the Waters of the Euphrates-Tigris River Basin*, London/The Hague/New York: Kluwer Law International, 2002, p.162.

底格里斯河形成土耳其与叙利亚32公里的边界，随后流入伊拉克。由于大量的淤泥沉积物，与幼发拉底河相比，底格里斯河的农业重要性相对低一些。伊拉克的阿拉伯河、幼发拉底河与底格里斯河汇合，形成两河流域。

幼发拉底河的年径流量是32亿立方米，其中，土耳其的贡献率为90%，叙利亚为10%。底格里斯河的年径流量为520亿立方米，土耳其的贡献率约为40%，伊拉克与伊朗分别为51%和9%。① 这两条河流加上众多支流后，整个流域的年径流量为680亿~845亿立方米。② 同时，土耳其是上游国家，也是整个中东地区补给水资源的唯一来源，③ 这一情势加强了土耳其在流域内的机动能力。伊拉克和叙利亚是流域内的下游国家，其中，伊拉克和尼罗河的埃及一样，其全部水需求只能依赖幼发拉底河和底格里斯河，因而属于流域中水安全形势最为严峻的国家。

20世纪60年代，两河流域的水问题逐渐成为地区内的一个争议热点。随着土耳其、叙利亚及伊拉克人口的增长，三国开始大规模建造水体工程，导致各国对幼发拉底河与底格里斯河水量抽取急剧上升。由此，两河流域的水供求平衡开始出现危机（见表2-1与表2-2），流域国家间的水权矛盾也随之上升。

20世纪前半期，两河水资源的主要使用形式是建造用以产生灌溉收益的大型水体工程。伊拉克是流域内最早通过水体工程使用幼发

---

① Ayşegül Kibàroglu, "The Role of Epistemic Communities in Offering New Cooperation Frameworks in the Euphrates-Tigris Rivers System", *Journal of International Affairs*, Vol. 61, No. 2, 2008, p. 185.
② Ayşegül Kibàroglu, *Building a Regime for the Waters of the Euphrates-Tigris River Basin*, London/The Hague/New York: Kluwer Law International, 2002, p. 165.
③ Arun P. Elhance, *Hydropolitics in the Third World: Conflict and Cooperation in International River Basins*, Washington, D. C.: United States Institution of Peace Press, 1999, p. 138.

表 2-1　幼发拉底河流域的水供应及河岸国家的需求量

单位：10 亿立方米/年

	土耳其	叙利亚	伊拉克	总计
供应量	28.922	3.213	0	32.135
需求量	18.500	11.500	23.000	53.000

资料来源：Ayşegül Kibaroglu, *Building a Regime for the Waters of the Euphrates-Tigirs River Basin*, London/The Hague/New York: Kluwer Law International, 2002, p.166。

表 2-2　底格里斯河流域的水供应及河岸国家的需求量

单位：10 亿立方米/年

	土耳其	叙利亚	伊拉克	总计
供应量	20.840	0.000	26.571	52.100*
需求量	6.500	3.000	41.800	51.300

资料来源：Ayşegül Kibaroglu, *Building a Rigime for the Waters of the Euphrates-Tigirs River Basin*, London/The Hague/New York: Kluwer Law International, 2002, p.167。

注：其中还包括伊朗 4.689 亿立方米的份额。

拉底河水资源的流域国家，也是第一个大坝建造的先锋者。1913 年，伊拉克建立了欣迪扬大坝（Hindiya Dam），重新恢复了伊拉克中世纪的灌溉体系。20 世纪 50 年代，伊拉克曾修建两个著名的大坝，分别为幼发拉底河大坝（The Euphrates Dam）与底格里斯河上的萨迈拉大坝（The Samarra Dam）。叙利亚是第二个试图控制与使用幼发拉底河流量的国家，其境内最大的河流是幼发拉底河，构成叙利亚 65% 的地表水资源，以及 27% 的土地资源，是三个流域国家中对幼发拉底河水资源最具依赖性的国家。在苏联的援助下，叙利亚建造了奥托克水坝（The Ai-Thawra Dam）。20 世纪 60 年代开始，三个国家均开始将两河水资源发展列入计划。随后，各国在两河展开了大规模的水体工程建设。60 年代早期，叙利亚开始建造幼发拉底河峡谷工程（the Euphrates Vally Project），以灌溉 64 万英亩的土地，并提供城市及工业发展所需要的电力能源。60年代晚期，粮食安全成为伊拉克农业政策的目标。伊拉克宣布扩展灌溉面积的新计划，并相应展开两河上水体工程的建造和维护。[①]

20世纪70年代，叙利亚完成了在幼发拉底河上的塔布瓜大坝（the Tabqa Dam），建造了蓄水库——阿萨德人工湖（Lake Assad），用于灌溉和水电生产。土耳其紧随伊拉克和叙利亚，也于70年代后期，将其在幼发拉底河的工程逐渐扩展成一个庞大的综合发展项目，称为安纳托利亚工程（the Southeastern Anatolis Project，GAP）。土耳其希望通过此工程提高水电生产能力，扩大农业灌溉的面积以及调节幼发拉底河的流量，预防季节性洪水。GAP包括22个大坝，19个水文发电站。阿塔图克大坝（The Ataturk Dam）是GAP的核心工程，也是引发土耳其与叙利亚及伊拉克之间争议的源头。

早期，两河流域使用收益的矛盾主要发生于叙利亚与伊拉克之间。1973年，土耳其凯班大坝和叙利亚塔布瓜大坝开始蓄水，致使下游流量减少。同时，两国水资源使用的单边行动还对两河流域的水质产生了破坏性的影响。叙利亚塔布瓜大坝周围土壤中大量的石膏成分不久就对幼发拉底河形成污染，而过度抽水也引起了土壤盐碱化的问题，最终导致幼发拉底河的灌溉面积由预计的64万公顷锐减为40万公顷。与之相比，土耳其大规模的发电与灌溉工程对两河水量的影响更为严重。仅在塔布瓜大坝和凯班大坝完成后，伊拉克从幼发拉底河获取的流量从每秒920立方米减少到了每秒197立方米。[②] 1974年，叙利亚同意伊拉克的要求，允许从塔布瓜大坝向伊拉克提供每年

---

① 两河流域中三个河岸国家在20世纪前半期水体工程的计划与发展情况的介绍，参见 Ayşegül Kibaroglu, "The Role of Epistemic Communities in Offering New Cooperation Frameworks in the Euphrates-Tigris Rivers System", *Journal of International Affairs*, Vol. 61, No. 2, 2008, p. 186。

② Yonatan Lupu, "International Law and the Waters of the Euphrates and Tigris", *Georgetown International Environmental Law Review*, Vol. 14, No. 2, 2002, p. 353。

为 2 亿立方米的补给水量。第二年，伊拉克表示抗议，声称流量从每秒 920 立方米的正常水平减少到了每秒 197 立方米的水平，并要求阿拉伯联盟进行干预。1975 年 5 月，双方几乎将争议升级为军事冲突。1975 年 6 月，在沙特阿拉伯的斡旋下，双方达成协议，但协议并未公开。伊拉克曾私下表示，伊拉克在协议中向叙利亚提出，叙利亚应保证幼发拉底河在两国边界处 42% 的流量，剩下 58% 的流量给予伊拉克。[1]

20 世纪后期，两河流域使用收益权的矛盾重心转向土耳其与叙利亚及伊拉克之间。土耳其在 70 年代启动 GAP，为流域的水关系制造了紧张的敏感点。GAP 的建成将会减少下游国家的水量，危及水质，对下游国家的灌溉收益形成威胁。甚至有报告认为，如果土耳其的 GAP 完成，并且土耳其的人口稳步增长，那么到 2010 年，幼发拉底河会面临全面的水匮乏危机。[2]

从 20 世纪 60 年代中期开始，三个流域国家开始就两河的使用收益争议进行谈判。1980 年，土耳其与伊拉克签订建立"联合经济委员会"的议定书。1983 年，叙利亚加入。1986 年，土耳其、叙利亚及伊拉克三国领导人举行三边会议，但是几乎没有产生任何成果。1990 年，土耳其阿塔图克大坝关闭闸门，导致幼发拉底河断流 30 天。三国为此举行会谈，仍然无果。海湾战争后的 1992 年，三国再次在大马士革举行会议。土耳其拒绝了伊拉克关于土伊边界幼发拉底河流量的提议，谈判再次破裂。1993 年，土叙展开双边对话，主题是讨论改善双边关系的一系列问题，但是无协议达成。1996 年 2 月，叙利亚和伊拉克建立水合作委员会，讨论关于两河的合作问题。同年 3 月，土耳其向叙利亚建议进行水对话，但因为水争议解决方式的分歧，也没有产生任何成果。

---

[1] Aaron T. Wolf, *Managing and Transforming Water*, Cambridge: Cambridge University, 2009, p. 244.

[2] Yonatan Lupu, "International Law and the Waters of the Euphrates and Tigris", *Georgetown International Environmental Law Review*, Vol. 14, No. 2, 2002, pp. 353 – 354.

二 安纳托利亚工程的合法性之争

安纳托利亚工程（GAP）始于20世纪70年代，是土耳其于两河流域建造的大型水体工程，土耳其计划通过此工程大规模开发利用两河水资源以产生灌溉收益与水电收益。GAP属于国际河流中上游国家通过人为大坝建造、流域内水网建设改向以产生使用收益的工程，通常会引发共同河岸国家关于水资源使用收益的矛盾。

（一）GAP合法性的来源：土耳其"绝对主权完整权利"偏好下的单边行动

GAP从计划阶段到建造过程，直至部分工程完工后，一直遭到下游国家叙利亚及伊拉克的反对。对此，土耳其依据主权财产规范，从绝对主权完整的权利偏好对GAP的合法性进行了建构，主要表现为两方面：一是从水文学角度对两河河流自然属性的界定；二是从土耳其主权国家的身份及对主权国家应享之权利的信念进行建构。

土耳其一直拒绝将两河中的幼发拉底河界定为"国际河流"，明确了"跨界河流"与"国际河流"的区别。土耳其认为，后者是构成两个或多个国家的共同边界，这种形式的界河在河岸国家之间的共享是对等的（equally）；而跨界河流则不属于河岸国家对等共享范畴，而应该是平等（equitable）分配，即按照流域面积大小、贡献率大小等标准进行分配。按照这个区别，土耳其力证两河仅是跨界河流，尤其强调幼发拉底河"跨界河流"的属性。根据土耳其的解释，两河流域整个地表水面积为25.6万平方公里，构成土耳其1/3的地表水面积。[①] 同时，土耳其28%的淡水资源来源于两河流域，两河流域的水资源为土耳其提供了25%的水电开发潜能。最重要的是，土

[①] Ayşegül Kibaroglu, "An Analysis of Turkey's Water Diplomacy and Its Evolving Position vis-a-vis International Water Law", *Water International*, Vol. 40, No. 1, 2015, p. 155.

第二章 国际河流的水权争议：约旦河流域与两河流域 | 103

耳其对幼发拉底河有几乎90%的贡献率。这些基于水文学意义上的"事实"，使土耳其理所当然地认为其对幼发拉底河的所有权是无可争议的。因此，从土耳其的观点来看，幼发拉底河是自己主权范围内的自然资源。土耳其认为，自己开发利用幼发拉底河水资源的任何行动都具有适当性，同时也暗示了幼发拉底河是土耳其的一个自然单位，有权根据需要进行任何改变河流的行动。[1] 对两河自然属性的认知使土耳其认定有权对两河水资源的使用行使主权权利，在幼发拉底河上的GAP也合乎情理。此外，土耳其新的国家身份也加强了其通过GAP行使主权权利的信念。

一战结束后，土耳其在凯莫尔的领导下，建立起一个世俗政权。土耳其的新身份产生了新的政治文化，如何处理与流域其他国家的水权争议也嵌入在新的政治文化中。土耳其的政治文化有两个重要的特征。一是在凯莫尔的改革下，土耳其开始从政教合一的政权形式向世俗主权国家转变。这一权威形式的转变使土耳其对任何可能有损于主权的事物都很敏感，因而在面对流域内的水权争议时，主权原则一直是土耳其处理水权争议的主要原则。二是土耳其的民族国家身份。土耳其是一个多民族混合的国家，库尔德人是土耳其人口最多的少数民族，还包括土耳其人以及占人口少数的犹太人和阿拉伯人。民族认同是建立主权国家身份的核心，而库尔德问题是土耳其主权国家身份建立的最大障碍。一战后土耳其国家身份的转变，使其困扰于民族认同问题、政权合法性问题，这使土耳其更加迫切地希望加强其作为新的"主权国家"身份所应享有的权利。因此，土耳其深信GAP既是其新身份——主权国家所赋予的一种特权，也是巩固其作为主权国家身份象征的符号工程。

---

[1] Leila M. Harris & Samer Alatout, "Negotiating Hydro-Scale, Forging States: Comparison of the Upper Tigris/Euphrates and Jordan River Basins", *Political Geography*, Vol. 29, 2010, p. 150.

GAP 是土耳其在两河流域的一个综合性水资源发展工程，位于土耳其东南部安纳托利亚地区，覆盖了九个省份近 10% 的土耳其人口以及与之相称的陆地面积。安纳托利亚地区属于土耳其最落后的地区，被称为"被遗忘的安纳托利亚"。[1] 库尔德人是此地区的人口主体。在 GAP 所在地区，库尔德人口占 50%，分布于土耳其南部安纳托利亚的六个省份。[2] 该地区的武装冲突长期困扰着土耳其，其产生与该地区社会经济发展滞后密切相关。1990 年，安纳托利亚地区人均 GDP 低于国家平均值，但人口增长率为年均 3.48%，土耳其其他地区则为 2.19%。农业是安纳托利亚地区的主要经济形式，土地不平等分配是主要的经济问题。大部分农民要么无地可耕，要么耕地面积太小。61% 的农民人均只拥有不到 5 英亩的土地，而 10% 的（富有的库尔德）人口却拥有 75% 的土地，社会结构仍然保持着封建时代的特征，富有的库尔德土地主是十几个村庄土地的所有者。[3] 同时，土耳其的经济发展政策重心有着严格的等级分类，地区发展的优先性一直以来都集中于以土耳其人为中心的地区。发展政策不平衡使以库尔德人为主体的安纳托利亚地区长期处于经济落后与贫困状态，成为库尔德问题产生的根本原因，也因此使民族认同难以形成。库尔德问题产生的危机不可避免地影响土耳其的政治合法性、国家安全与统一。以土耳其前总理布伦特·艾瑟维特为代表的一派认为，库尔德问题本质上是经济性质，如果这一地区的不发展状态和封建结构得以

---

[1] A. Bruan, "The Megaproject of Mesopotamia", Centrepiece No. 146, March-April 1994, http://www.greenstone.org/greenstone3/nzdl; jsessionid = 4C822DE4ECFCECA653CA339F0BACD028? a = d&c = hdl&d = HASH0174625936b4. （访问时间：2014 年 1 月 13 日）

[2] Ali Çarkoglu and Mine Eder, "Domestic Concerns and the Water Conflict over the Euphrates-Tigris River Basin", *Middle Eastern Studies*, Vol. 37, No. 1, 2001, p. 49.

[3] A. Bruan, "The Megaproject of Mesopotamia", Centrepiece No. 146, March-April 1994, http://www.greenstone.org/greenstone3/nzdl; jsessionid = 4C822DE4ECFCECA653CA339F0BACD028? a = d&c = hdl&d = HASH0174625936b4. （访问时间：2014 年 1 月 13 日）

改善，那么库尔德的叛乱问题就会得到解决。①

GAP 项目范围涉及幼发拉底河、底格里斯河流域以及上美索不达米亚平原。② GAP 包括 22 个大坝、25 个灌溉工程、19 个水电站。工程总共有 13 组灌溉和水电工程，其中 7 个位于幼发拉底河，6 个位于底格里斯河。③ 最初，GAP 基本上只致力于水电生产。土耳其政府独立后，计划利用两河水资源进行以水电开发为优先目标的水利工程，这也成为 GAP 建立的初衷。到 1989 年，逐渐增长的地区差异性和库尔德问题日益加深了此地区的经济剥夺感，从而推动对 GAP 的重新界定。安纳托利亚地区的角色定位也发生变化，从"仅作为水电开发的中心"开始转变为一个"需要综合性发展的地区"。因此，GAP 的功能也从"最大限度利用两河水资源"的作用转变为"基本消除安纳托利亚地区社会经济不平等及贫困"的作用。据估计，GAP 建成后，其巨大的工农业潜力将使（安纳托利亚）地区收入水平增加五倍。④ 2005 年，（安纳托利亚）地区人口预计会达到 900 万人，而 GAP 将为 350 万人提供就业机会。20 世纪 90 年代，随着 GAP 建设接近尾声，土耳其认为 GAP 带来的繁荣与投资将削弱该地区叛乱的动机，将其与土耳其其他地区整合到一起，从而构建真正意义上的民族认同和国家统一。这个考虑甚至超越了 GAP 的经济收益，GAP 由此被土耳其视为独立行使主权的一个象征，其核心阿塔图克大坝的

---

① Jack V. Kalpakian, *Identity, Conflict and Cooperation in International River Basins*, Virginia: Dissertation of Old Dominion University, 2008, p. 201.

② Ayşegül Kibaroglu, "Water for Sustainable Development in the Euphrates-Tiris River Basin", http://www.gap.metu.edu.tr/html/yayinlar/waterforsustainableAKibaroglu.pdf. （访问时间：2016 年 2 月 8 日）

③ Patrick MacQuarrie, "*Water Security in the Middle East: Growing Conflict over Development in the Euphrates-Tigris Basin*", Thesis, M. Phil International Peace Studies, Trinity College, Dublin, Ireland, 2004, p. 13.

④ Patrick MacQuarrie, *Growing Conflict over Development in the Euphrates-Tigris Basi*, Master Thesis of Trinity College, Dublin, Ireland, 2004, p. 16.

命名来源于现代土耳其的建国之父穆斯塔法·凯莫尔·阿塔图克,承载了"土耳其特质"的象征,标志着土耳其是一个独立的国家,必须独立地决定河流的命运。

新的主权国家身份,以及土耳其对幼发拉底河所有权的认知,建构了其对两河水资源使用的适当性行为逻辑,即主权财产的规范。依据此规范,土耳其在水资源使用中偏好"绝对主权完整"权利。土耳其坚持自己对源于其境内的跨界河流应行使主权的权利,反对下游国家与上游国家共享水资源所有权的主张。[①] GAP对土耳其来说,是其作为一个主权国家充分享受这种权利所衍生的特权的体现,即可以自由地对自己领土内的自然资源行使权利,完全属于主权国家的合法权利。因此,当叙利亚和伊拉克对GAP建造提出反对意见时,土耳其前总统德米雷尔表示:"水是上游的资源,下游使用者不能告诉我们如何使用我们的资源。就如石油是许多阿拉伯国家的资源,我们无法告知它们如何使用这个资源。"[②]

(二)GAP的合法性危机:伊拉克及叙利亚的绝对河流完整权利偏好

对于叙利亚和伊拉克来说,两河流域的幼发拉底河与底格里斯河完全具有国际河流的性质,属于共同财产。这意味着,作为共同财产的水资源在使用中面临收益竞争的特征。也就是说,任何一个河岸国家对任何一部分水资源进行转向或将水质污染时,将会减少其他河岸国家的可用水量,影响其水质。[③] 因而,作为下游国家的叙利亚和伊

[①] Ayşegül Kibaroglu, "An Analysis of Turkey's Water Diplomacy and Its Evolving Position vis-a-vis International Water Law", *Water International*, Vol. 40, No. 1, 2015, p. 159.

[②] Ali Bagis, "Turkey's Hydropolitics of the Euphrates-Tigris Basin", *International Journal of Water Resources Development*, Vol. 13, No. 4, 1977, p. 577.

[③] Eyal Benvenisti, "Collective Action in the Utilization of Shared Freshwater: The Challenge of International Water Resources Law", *American Journal of International Law*, Vol. 90, No. 3, 1996, p. 388.

拉克，遵从共同财产权规范，偏好"绝对河流完整"权利，以保证各自对两河流域水资源使用权利的合法性。然而，土耳其 GAP 的出现却有可能使这两个流域国家失去对两河水资源的使用收益。因此，GAP 尽管对土耳其具有特定的象征意义，是实现其民族认同、激活主权国家身份、行使主权"特权"的象征，但是，于伊拉克与叙利亚而言，GAP 却是两国失去水资源使用收益的标志。

伊拉克利用幼发拉底河灌溉的历史可以追溯到 6000 年以前，并在阿巴斯王朝（Abbasids）时期达到顶峰状态。伊拉克也是三个流域国家中第一个建立大坝的国家，伊拉克在中世纪时水利基础设施便较为发达。粮食安全是伊拉克 20 世纪独立后的主要经济政策目标，1968 年复兴党执政后，更是突出发展农业、建立灌溉工程，为伊拉克的粮食安全提供保障。伊拉克 2/3 的土地属于沙漠地带，尤其依赖两河而获得灌溉用水，年均灌溉用水将近 3940 亿立方米。为实现此目标，伊拉克制定了"革命计划"（Revolutionary Plan），[1] 并开始扩大农业用地。20 世纪 70~90 年代，伊拉克建造了大量的人工蓄水湖，以满足灌溉需求。然而 GAP 的出现，成为横亘在伊拉克粮食安全道路上的最大障碍，而粮食安全则关系到伊拉克的身份问题。

伊拉克对 GAP 的焦虑首先来自幼发拉底河流量的下降以及水质污染的担忧。GAP 成为一项综合性工程后，就不仅局限于水电生产，扩展后的灌溉功能使下游国家开始担心水量与水质问题。GAP 在计划阶段时，有专家学者指出其可能会对下游国家产生消极性影响，包括水流损耗、迂回及污染。[2] 据估计，所有的 GAP 项目完工后，伊拉

---

[1] Ayşegül Kibăroglu, "The Role of Epistemic Communities in Offering New Cooperation Frameworks in the Euphrates-Tigris Rivers System", *Journal of International Affairs*, Vol. 61, No. 2, 2008, p. 186.

[2] J. Kolars, "Problems of International River Managenment: The Case of the Eupurates", in Asit K. Biswas, ed., *International Waters of the Middle East: From Euphrates-Tigris to Nile*, Oxford University Press, 1994, pp. 69 – 70.

克将会失去幼发拉底河80%的自然流量、底格里斯河50%的流量。①随着水量的减少，伊拉克可能会出现农业产量下降、农民收入降低，并导致生活水平下降、城市恐慌等连锁反应，更让伊拉克焦虑的是，GAP的完成可能意味着伊拉克面临国家分裂的合法性危机。伊拉克的农业主体是中部和南部的什叶派教徒，大部分生活于幼发拉底河沿岸。长期以来，以逊尼派为首的复兴党是伊拉克执政党。为获得幼发拉底河什叶派对国家的忠诚及认同，复兴党的政策核心一直致力于提高此地区什叶派居民的生活质量，增加经济财富。耶蒂姆（Müşerref Yetim）认为，尽管伊朗一直在伊拉克内部策动什叶派对复兴党合法性的挑战，然而在两伊战争期间，什叶派仍然效忠于伊拉克政府。耶蒂姆认为这与伊拉克提高什叶派生活质量政策的成功有关，逊尼派复兴党的统治因此在什叶派中具有了合法性基础。② GAP所产生的外部性问题极有可能使伊拉克政治经济及社会稳定陷入混乱，因此，GAP被伊拉克视为引发国内叛乱的不稳定因素。

叙利亚有着和伊拉克相同的困扰。叙利亚经济属于传统的农业经济，农业用水将近95%，农业收入占国民收入的50%，农业人口则占总人口的70%。③灌溉农业及保证国内粮食安全一直在其经济比重中占先。因此，幼发拉底河地区是叙利亚农业经济发展中最为倚重的发展区域。小土地主构成叙利亚对幼发拉底河流域水资源的主要使用者，也一直被视为反对叙利亚阿拉维政权（Alawi-dominated regime）的不稳定因素。叙利亚和伊拉克一样，其执政者的个人形象和合法性

---

① Patrick MacQuarrie, *Water Security in the Middle East: Growing Conflict Over Development in the Euphrates-Tigirs Basin*, Thesis, M. Phil International Peace Studies, Trinity College, Dublin, Ireland, 2004, p. 54.
② Ali Çarkoglu and Mine Eder, "Domestic Concerns and the Water Conflict over the Euphrates-Tigris River Basin", *Middle Eastern Studies*, Vol. 37, No. 1, 2001, p. 64.
③ Patrick MacQuarrie, *Water Security in the Middle East: Growing Conflict Over Development in the Euphrates-Tigirs Basin*, Thesis, M. Phil International Peace Studies, Trinity College, Dublin, Ireland, 2004, p. 28.

依赖于其提供食物、电能和饮用水的能力。叙利亚政府尽力向这些小土地主提供廉价且丰沛的水资源、优惠的土地开垦政策，以换取其对阿拉维政权合法性的政治认同。当然，这部分集团的支持也是维持和巩固新的巴沙尔政权的关键力量。不难想象，就如伊拉克的不安一样，GAP 的建造也带给叙利亚同样的惊恐。如果土耳其完成所有的 GAP 项目，叙利亚会失去幼发拉底河 40% 的流量，这将会极大地缩减幼发拉底河叙利亚流域的灌溉面积。在叙利亚人中间甚至流传着一种说法，认为"只有言称自己是土耳其人的人才可以得到幸福"。[1] 这个流传暗示了，两河流域的阿拉伯国家相信，叙利亚和伊拉克的存在是与土耳其的利益相悖的，这些阿拉伯国家由于非土耳其人这一事实而被剥夺了生活的来源——水资源。叙利亚人认为，土耳其的行为是对伊斯兰法中有关共享水资源规定的直接侮辱。[2] 叙利亚在 1995 年、伊拉克在 1996 年分别就雷塞克大坝（Birecik Dam）向土耳其提出抗议，认为雷塞克大坝减少了幼发拉底河的流量，土耳其灌溉用水由于携带农业化学污染物和杀虫剂，会污染进入两国的河水，成千上万的伊拉克人将因此而被剥夺获得干净水源的权利。[3]

因而，GAP 对于伊拉克与叙利亚而言，就是合法性危机的代名词。一方面，两国认为这是它们对共享水资源使用收益权利合法性的质疑；另一方面，则担心 GAP 对两国粮食安全政策构成威胁，从而触动两国民族认同及政治合法性的基础。GAP 构成对伊拉克和叙利亚的意识形态威胁。[4]

---

[1] Jack V. Kalpakian, *Identity, Conflict and Cooperation in International River Basins*, Virginia: Dissertation of Old Dominion University, 2008, p. 220.

[2] Jack V. Kalpakian, *Identity, Conflict and Cooperation in International River Basins*, Virginia: Dissertation of Old Dominion University, 2008, p. 220.

[3] 英国在 1999 年计划通过其贝尔福·比蒂（Balfour Beattie）公司在底格里斯河上建立伊犁苏大坝（Ilisu），叙利亚以及代表伊拉克的约旦向英国外交部提出抗议。

[4] Ali Çarkoglu and Mine Eder, "Domestic Concerns and the Water Conflict over the Euphrates-Tigris River Basin", *Middle Eastern Studies*, Vol. 37, No. 1, 2001, p. 66.

三　两河流域水分配谈判：合法性分歧的升级

从20世纪60年代开始，两河流域开始了关于水资源使用权的谈判。谈判中，上游国家与下游国家依据各自的偏好，对水权争议的性质及如何解决水分配问题分别形成了不同政策主张。由于权利偏好本身的冲突性，按照上游流域国家的政策主张，下游国家对两河的使用权利必然会受损，反之亦然。这个结果削弱了双方在谈判中进行妥协、让步的希望，阻碍了流域内在水分配问题上的合作。

关于水分配争议的性质，土耳其一开始就坚持将水谈判框定为技术性谈判。这意味着水分配谈判不涉及水资源的使用收益权利问题，不属于水权争议，而是如何通过技术性途径解决两河流域水资源可用性问题的谈判。土耳其的主张源于其"绝对主权完整"的权利偏好，即两河仅为跨界水道，而非国际河流，土耳其对两河有完全的主权权利，流域内其他流域国家对两河水资源不具有对等（equal）的权利。因此，在谈判与对话中，土耳其从来都只使用"跨界水道"，而非"共享国际河流"来描述使用权问题。[1] 在涉及河流的流量问题时，使用的是"分配"而非"共享"的专业词。[2] 同时，按照土耳其的偏好，既然争议的性质是技术性的，那么流域内的分配问题自然应该根据"需求"而非"权利"来解决。

基于此，土耳其首先认为争议谈判应在将幼发拉底河和底格里斯河作为一个自然整体的基础上展开。在与伊拉克的谈判中，土耳其就提出应以两河作为单一的跨界河流，强调根据客观需求来分配

---

[1] 请参阅 G. E. Gruen, "Turkish Waters: Source of Regional Conflict of Catalyst for Peace", *Water, Air, and Soil Pollution*, Vol. 123, 2000, pp. 565 – 579。

[2] Ayşegül Kibaroglu, "Water for Sustainable Development in the Euphrates-Tiris River Basin", http://www.gap.metu.edu.tr/html/yayinlar/waterforsustainableAKibaroglu.pdf.（访问时间：2016年2月8日）

水资源。① 这样一来，底格里斯河的流量是幼发拉底河的 1.5 倍，如果将两河作为一个整体，土耳其是贡献率最大的国家，大约为 52.9%。如果分开对待两河，土耳其只是对幼发拉底河贡献率最大的国家，而对底格里斯河的贡献率仅有 40%。这样，贡献率为 60% 的伊拉克理所当然地对底格里斯河拥有优先使用权利。② 其次，在土耳其提出的三阶段计划中，重申应以科学理性原则为基础，秉持最优化、平等及合理使用幼发拉底河和底格里斯河流域跨界水资源的原则，通过技术性的方法解决流域内的分配问题。如果以技术性方法作为三边分配谈判的基础，土耳其可以转移叙利亚对幼发拉底河的权利要求，而将双方的争议框定在一个技术性问题的框架内。同时，作为一个整体，土耳其在对叙利亚的谈判中，就可以用底格里斯河的"过剩"流量来弥补幼发拉底河流量的"不足"。

土耳其的这个计划几乎同时遭到伊拉克与叙利亚的反对，双方均认为土耳其的计划将使两国的农业扩展计划因此而不具备可行性，这意味着两国将失去对两河水资源使用收益权的有效性与合法性。在水权争议中，如果一方感知自己的权利合法性处于危险状态，那么当事者会发出对权利规范遵从的连续一致的动机信号。正是在这种情况下，伊拉克与叙利亚各自产生了对所持有规范的连续一致的动机。叙利亚和伊拉克坚持幼发拉底河是国际河流，认为土耳其不能忽视两国尤其是伊拉克对两河几千年的使用历史以及由此获得的"历史权利"。两国均认为，幼发拉底河与底格里斯河水资源分配的关键是"资源共享"，谈判是政治性质，而非技术性质，其核心是水权问题。

---

① Ayşegül Kibaroglu & Waltina Scheumann, "Evolution of Transboundary Politics in the Euphrates-Tigris River System: New Perspectives and Political Challenges", *Global Governance*, Vol. 19, 2013, p. 286.
② 请参阅 L. Harris, "Navigating Uncertain Waters: Geographies of Water and Conflict, Shifting Terms and Debates", in Colin Flint eds., *The Geography of War and Peace: From Death Camps to Diplomats*, New York: Oxford University Press, 2005, pp. 259 – 279。

水权问题既包括两河流域内共同河岸国家对共有水资源的权利共享，还包括针对土耳其水资源使用中有益用水的责任共享。伊拉克与叙利亚一致认为，土耳其对两河的使用属于非有益用水，使两国使用收益权利受到损害，减损了两国灌溉使用收益的获得。伊拉克是流域中的下游国家，两河对于伊拉克的意义犹如尼罗河对埃及一样重要。如果没有两河，伊拉克可能会变成沙漠。[1] 伊拉克认为，国际河流的使用应该根据绝对河流完整权利，坚持上游国家的使用权利应是有责任的权利。为此，伊拉克曾反对叙利亚对两河非有益用水的使用方式。相对于伊拉克来讲，叙利亚属于流域内的上游国家。叙利亚建造了塔布瓜大坝，叙利亚为注满塔布瓜大坝后面的水库，对春季洪水进行了大规模的蓄水，减少了幼发拉底河流入伊拉克的流量。凯班大坝与塔布瓜大坝投入使用致使流入伊拉克的幼发拉底河从每秒920立方米的流量减少至每秒197立方米。[2] 伊拉克认为此举对伊拉克的两河用水造成重大损害，双方关系剑拔弩张。伊拉克威胁叙利亚，将采取一切必要的行动以确保幼发拉底河的流量。[3] 到80年代，土耳其GAP进入施工后，土耳其成为叙利亚和伊拉克要求"责任共享"的主要对象。1992年，土耳其为发展东部地区而建立GAP时，两个下游国家均向土耳其总理苏莱曼·德米雷尔表示，GAP否认它们公正使用两河水资源的权利。然而，土耳其总理对此却坚持土耳其对两河水资源拥有绝对主权的权利。因此，土耳其"绝对主权完整"的权利偏好使叙利亚和伊拉克意识到，最上游的国家掌握了两河的水龙头不

---

[1] Arun P. Elhance, *Hydropolitics in the Third World*: *Conflict and Cooperation in International River Basins*, Washington, D. C.: United states Institute of Peace Press, 1999, p. 140.

[2] 参见 Thomas Naff & Ruth C. Matson, *Water in the Middle East*: *Conflict or Cooperation*, London: Westview Press, 1984, pp. 83 – 112; Arun P. Elhance, *Hydropolitics in the Third World*: *Conflict and Cooperation in International River Basins*, Wshingtong, D. C.: United States Institute of Peace Press, 1999, pp. 123 – 153。

[3] Thomas Naff & Ruth C. Matson, *Water in the Middle East*: *Conflict or Cooperation*, London: Westview Press, 1984, p. 94.

是一件让人接受的好事。[1] 据此，叙利亚和伊拉克认为水分配应以每个国家所要求的水权为依据，在三方之间签订一个即时的共享性水协议。双方都主张，在幼发拉底河的年径流量为每秒1000立方米时，土耳其只能使用1/3的流量，而其余的2/3的流量则应该留给叙利亚和伊拉克。[2]

从20世纪60年代早期开始，两河流域尝试孕育以对话及信息交换为主的一系列技术性谈判。1964年，土耳其和伊拉克就土耳其在幼发拉底河的凯班大坝举行了第一次谈判。土耳其提议建立一个联合技术委员会，目标是决定河岸国家的水和灌溉需求。伊拉克坚持，应该先签订分配流量及两河水资源共享的协议。1965年，土耳其、叙利亚和伊拉克举行三边谈判，土耳其提议从底格里斯河进行引水，以补充幼发拉底河水量不足。叙利亚和伊拉克强烈反对这个提议，坚持分开谈判两河的使用权问题。80年代初，争议中的各方又展开新一轮谈判。会后，流域内建立了新的永久性联合技术委员会。在此框架内，伊拉克和叙利亚再次要求签订关于水配额的三边协议，坚持土耳其阿塔图克大坝贮水时长应为两周。土耳其却认为，阿塔图克大坝贮水是在两国水需求量最低时进行，不会影响两国的灌溉用水，拒绝了伊拉克及叙利亚的要求。

20世纪80年代初，两河流域国家尝试建立了地区性的水机制——两河联合技术委员会。土耳其又一次运用"绝对主权完整"权利，坚持两河是土耳其的财产，所以联合技术委员会的性质应该是一个咨询性质而非分配性质的机构，只能作为一个讨论水问题的

---

[1] Arun P. Elhance, *Hydropolitics in the Third World: Conflict and Cooperation in International River Basins*, Wshington, D. C.: United States Institute of Peace Press, 1999, p. 145.
[2] Ayşegül Kibaroglu & Waltina Scheumann, "Evolution of Transboundary Politics in the Euphrates-Tigris River System: New Perspectives and Political Challenges", *Global Governance*, Vol. 19, 2013, p. 286.

"论坛"① 而存在。相反,叙利亚和伊拉克则将委员会的未来角色界定为一个分配性而非咨询性的机制。由于土耳其和其阿拉伯邻居在联合技术委员会性质上产生严重分歧,此委员会不久便夭折。1989年,土耳其宣布将从1990年1~2月开始改向幼发拉底河,叙利亚和伊拉克对此强烈反对。叙利亚指责土耳其使用水资源作为其政治优势,而伊拉克则认为土耳其违反了国际法的相关规定,即未提前通知流域内邻国。1990年5月,土耳其总理访问伊拉克。两国在举行会议期间,伊拉克坚持应签订一个关于幼发拉底河的三方协议,将叙利亚的流量增加到每秒700立方米。土耳其坚持其立场,认为在有效使用的条件下,1987年协议中规定的水量(每秒500立方米)是公正的,并且可以满足叙利亚和伊拉克的需求。② 1991年,GAP的一个主要大坝阿塔图克大坝完工,大坝最初只限于水电生产,后来拓展了灌溉使用的功能,用水量将达到全部水资源的80%。这个事实意味着,土耳其的水资源使用方式将使叙利亚和伊拉克农业计划的可行性面临威胁。两国断定,阿塔图克大坝及GAP项目是土耳其"水帝国主义"的象征。

直到1993年,三国共举行了16次会议。在此期间,流域国家对委员会的目标始终未达成一致。争议中,土耳其避免谈及其他两国对两河使用权的问题,始终坚持水资源的分配应该建立在对各方灌溉用水需求的体系评估上。土耳其提议通过科学研究,决定每个流域国家的实际水需求,以实现一个平等、理性及最优的水资源使用结果。③

---

① Jack V. Kalpakian, *Identity, Conflict and Cooperation in International River Basins*, Virginia: Dissertation of Old Dominion University, 2008, p. 190.
② Muserref Yetim, B. A., M. A., *A Bargaining Framework for Explaining International Water Rights Conflicts: The Case of the Euphrates and Tigris*, Austin: The University of Texas at, 2006, p. 70.
③ Ali Çarkoglu and Mine Eder, "Domestic Concerns and the Water Conflict over the Euphrates-Tigris River Basin", *Middle Eastern Studies*, Vol. 37, No. 1, 2001, p. 56.

叙利亚和伊拉克质疑土耳其这个技术性解决幼发拉底河分配的提议，认为最优使用水资源只不过是土耳其转移对"水权"问题注意力的伎俩。[1] 20世纪80年代，GAP目标重新被界定，更加深了叙利亚与伊拉克对土耳其拒绝承认其水权意图的怀疑。1996年，两个流域国家向土耳其建造比勒西克大坝（Birecik Dam）未提前通知的行为提出数次抗议，仍然无果。1997年，叙利亚和伊拉克邀请土耳其参加叙利亚—伊拉克的联合会议，讨论水资源在三方之间的分配问题，土耳其拒绝参加。

在有关两河流域水权问题上，从20世纪60年代开始技术性谈判到80年代围绕GAP的谈判，持续三十年，却无任何结果。谈判陷入僵局的主要分歧是双方对两河性质的框定，以及幼发拉底河与底格里斯河是否应该分开谈判。这两个分歧本质上是对彼此权利合法性的否认，尤其是土耳其对其他两个流域国使用收益权利的否认。土耳其回避伊拉克与叙利亚水共享的权利敏感点，将争议性质框定为技术性问题，使谈判无法产生合作性政策调整。结果，各方继续在两河流域内进行水体发展以及不合作的单边行动，进一步使水争议升级，并导致一系列围绕国际河流水资源发展和使用的外交危机。

小　结

本章以约旦河流域与两河流域为例，详细分析了流域国家的两种水权争议。其中，在约旦河流域内，所有权权利规范竞争的结构产生了流域国家关于水资源所有权的争议，表现形式是国际河流水资源的流量分配，核心是"谁应该拥有国际河流水资源的权利以及拥有多

---

[1] Ali Çarkoglu and Mine Eder, "Domestic Concerns and the Water Conflict over the Euphrates-Tigris River Basin", *Middle Eastern Studies*, Vol. 37, No. 1, 2001, p. 57.

少"。两河流域水资源使用权的争议则由主权财产与共同财产权规范的竞争结构所致,其表现形式是国际河流水资源的使用收益分配,核心是"如何使用国际河流水资源"。尽管水权争议的内容不同,但两个流域均通过规范竞争的结构,建构了流域国家关于水权的不同偏好,导致在流域国家之间生成"权利合法性"危机。合法性危机终成为各流域国家做出政策调整的约束,致使流域内各国在分配问题的合作上止步不前。

国际河流中水权所有权权属不清、使用权争议不断的特征,为实践中行为体界定各自对国际河流水资源的所有权与使用权,预留了进行社会建构的空间。也就是说,当国际河流中的共同河岸国家在使用和分配这种经济资源时,其过程不只是单纯地将水资源作为一种商品和财产来对待,还涉及一个社会建构的过程。在这个过程中,水域的生态性和社会性共同建构了一个具有象征性和价值性特征的复杂现实,而非一个只具有自然属性的实践,从而建构了群体身份。这一实践中所反映出的文化意义从规范与价值方面对行为体身份中的理性计算产生影响。比如,对水资源的人权所反映出来的独特的价值取向(比如生命、尊严等)往往会发生聚合,建构出群体身份的某种文化特征。所以,水权虽然是起始于水资源的经济财富特征,但是在行为体要求各自的水权时,已经为最初的理性考虑与计算加入了纷繁的规范取向,使其在发展过程中不断融合积淀形成了形式一样而内在不同的各种"权利"规范。

在恒河流域中,1996年,印度与孟加拉国终于签订了流量分配协议,而印度与尼泊尔也在经历了三十多年的收益争议后,签订了使用玛哈卡利河(The Mahakali River)收益分配的协议。同时,以色列与约旦、以色列与巴勒斯坦之间也分别就约旦河水资源签订协议。然而,尼罗河与两河流域仍然徘徊在所有权与使用权的规范竞争中,分配合作始终没有进展。从第三章开始,本书将致力于解释这个现象,说明在权利规范竞争主导国际河流水资源分配问题的情况下，合作何以能出现，从而为"在什么条件下，分配问题会产生合作"提供答案。马克斯·韦伯（Max Weber）认为"社会学本身只有沿着一个或多个独立个体的行动才能前进，因而需严格地采纳个体主义的方法"。卡尔·波普尔（Karl Popper）同样强调个体主义方法论研究的重要性，也认为"所有社会现象，尤其是所有社会制度的功能应该被理解为是人类个体的决定、行动与态度等的结果"。[①] 因而，上述问题也许会从社会结构与行动者互构理论中的另一个研究取向中寻找答案，即规范竞争从何而来？进一步，行动者是如何建构规范竞争这一社会结构的？

[①] 参见 Colin Wight, "They Shoot Dead Horses Don't They? Locating Agency in the Agent-Structure Problematique", *European Journal of International Relations*, Vol. 5, No. 1, 1999, pp. 109 – 142。怀特分析行为体与结构的关系时借用了史蒂文·卢克斯（Steven Lukes）对马克斯·韦伯与波普尔有关个体主义研究方法必要性的阐释。

第三章
国际河流的分配合作：
关系情境与情境敏感

20世纪90年代，国际河流水资源分配争议的发展出现了不同的趋势。恒河流域、约旦河流域的水关系不约而同出现了由冷淡到缓和的新发展，以色列、印度在同流域其他国家的水分配问题上进行政策调整，争议开始出现合作的迹象。然而，在尼罗河与两河流域的水分配争议中，争议各方的水关系依然呈现出冷淡的特征。

为什么恒河与约旦河流域的水权分配争议会有所突破，而尼罗河及两河流域依然裹足不前？在什么情况下，水权争议中的各方会妥协自己坚持的规范立场，从而做出朝向合作的政策调整？也就是说，当权利规范竞争主导着国际河流水资源的分配时，在什么条件下，流域国家会在分配问题上进行合作？

权利规范竞争产生本质上是流域国家之间权利合法性的竞争。流域国家对各自权利合法性的理解形成于流域内特定的水关系情境，这个特定的关系情境一方面通过"水"建构了流域国家的身份，使行动者（流域国家）形成对特定权利规范的遵从；另一方面，水关系情境又建构了自我与他者的"水"交往实践，二者的互动使自我身份的稳定性与权利合法性面临被解构的威胁。因此，水关系情境建构了权利"合法性"问题，权利"合法性"解释了流域国家为何执着于对国际河流的特定权利，本书将其称为水权敏感源。在随后的水权争议对话和谈判中，流域国家会根据水权敏感源，提出一个具体而明确的水权分配要求，与竞争对手展开对话和谈判。本书将这些具体而明确的水权分配要求定义为水权敏感点，水权敏感点表明了流域国家对国际河流水资源分配的态度和立场，同时也体现了流域国家对水权的要求是基于某种特定的信念与认知。因而，情境敏感机制能否产生就在于权利规范竞争中，各方如何对待彼此的水权敏感点，而情境敏感机制能否产生则决定了国际河流分配争议的变与不变。

本章首先分析流域的水关系情境，以了解关系情境如何建构流域国家对特定规范适当性和权利合法性的理解。在此基础上，本章分别对各流域内可能存在的水权敏感源的种类进行概括分析，解释流域国家对规范形成稳定遵从的原因，以及权利规范竞争及权利合法性产生的背景。随后，本章通过"情境敏感"机制，解释20世纪90年代后国际河流分配问题出现合作的原因。

第二章从方法论整体主义的角度定位，分析了国际河流分配中社会结构（规范竞争）对行动者及行动者互动方式（水权争议）的建构。然而，这一单线逻辑无法解释20世纪90年代后分配争议的变化以及变化是怎样发生的。事实上，当深入分析国际河流的事实时，发现权利规范竞争是嵌入在每个流域内的水关系情境中的。比如水在流域国家历史形成中的神秘学，水的宗教意义，水与主权国家身份的关系。这些情境嵌入性的特征形成并加强了行动者对各自权利规范的稳定遵从，本书称为规范遵从的连续一致的动机（consistent incentive）。由此假定，水关系情境是介于行动者与社会结构之间的一个层次，借此以更好地理解国际河流分配中的社会结构—规范竞争的发生，变化是怎样受限于流域内的水关系情境。这一章首先对中层理论的研究意义和在国际河流分配研究中的应用做简单评价。

第一节 中层理论在国际河流分配研究中的应用

国际河流水资源分配中，中层理论的应用大都集中在流域国国内政治经济与水权争议的因果关系研究。从流域内的水关系诸如文化关系、宗教关系等分析分配问题的产生及合作的研究寥寥无几。本书以几位颇具代表性学者的研究为主，介绍目前从流域内水关系来研究水分配问题合作的研究，了解中层理论在国际河流水资源分配问题研究中的应用情况。

一部分致力于国际河流治理研究的学者以水对行为体的文化意义为分析起点，对水的各种"意义"及其产生的结果进行了深入剖析，并将其应用于国际河流治理政策的形成中，建立了意义及结果与行为体身份、偏好形成及变化的分析框架。尽管这一分析框架不是只针对分配领域，但其研究主体——行为体是跨越个体甚至是跨越国家的一些知识共同体，因此也属于中层理论在国际河流研究中的应用。此类理论研究视角的主要代表人物是约阿希姆·布莱特（Joachim Blatter）与海伦·英格拉姆（Helen Ingram），[①] 她们指出在国际河流中，水不仅是作为具有经济价值的商品或财产，而且还承载着政治与社会意义。英格拉姆主张应通过话语分析和沟通交流分析来研究国际河流政策，以获知水政策形成过程中的规范价值和所建构的偏好模式。比如，个体层次的行为体及群体层次的行为体对适当性行为的期望是什么，关于水的共有观念是什么，如何形成，有什么不同？约阿希姆·

[①] 约阿希姆·布莱特与海伦·英格拉姆的主要代表作：Joachim Blatter &Helen Ingram, *Reflections on Water*: *New Approaches to Transboundary Conflicts and Cooperation*, Houndmills, Basingstoke, Hampshire; New York, NY: The MIT Press, 2001。

布莱特与海伦·英格拉姆认为，水在实践中所反映出来的文化意义成为建构各种"水共同体"身份的共有知识，并形成这些共同体的偏好与水治理政策。但是英格拉姆并未分析不同的政策偏好在同一国际河流流域内出现会产生什么结果。不同的社会建构下产生的不同政策偏好有可能意味着竞争和冲突，导致争议产生。因而，英格拉姆的研究停留在水的社会建构对个体作用的结果分析上，缺失对不同的社会建构之间的互动会对分配问题的形成产生影响以及影响机制的进一步分析。

以哈该·埃里奇（Haggai Erlich）为代表的学者则致力于特定流域内的文化关系研究，认为流域内的水权争议是由流域内特定的文化关系所决定，比如宗教关系，并指出，分配问题产生合作的关键是在流域内创造和发展合作型的文化关系。他细致深入地分析了尼罗河在流域各国流域身份形成中的意义。[①] 在此基础上，他得出结论：流域各国的历史记忆、宗教文化、互动关系形成了对尼罗河意义的不同建构和解释，形成各国对尼罗河的水权认知，并决定了特定时期内流域各国在尼罗河水资源分配中的互动模式是冲突还是合作的结果。而以居伊·奥利维耶·富尔（Guy Olivier Faure）为代表的学者，主要致力于文化与水争议谈判之间的关系，认为水争议的谈判嵌入在文化的历史情境中。[②] 谈判者所处的文化情境（比如信念、观念、语言、习惯、规则等社会现象），尤其是通过水与谈判者的身份、政治文化、历史记忆互联而建构的各种象征意义，深嵌于谈判者的谈判战略及结

[①] 参见 Haggai Erlich and Israel Gershoni, *The Nile: Histories, Cultures Myths*, Boulder, Colo.: Lynne Rienner, 2000; Haggai Erlich, *The Cross and The River: Ethiopia, Egypt, and the Nile*, Boulder, Colo.: Lynne Rienner, 2002; Aron T. Wolf, "Healing the Enlightenment Rift: Rationality, Sprirituality and Shared Waters", *Journal of International Affairs*, Vol. 61, No. 2, 2008, pp. 51–73。

[②] 参见 Guy Olivier Faure & Jeffrey Z. Rubin, *Culture and Negotiation: the Resolution of Water Disputes*, Newbury Park, Calif.: Sage Publications, 1993。

构中，影响了谈判过程与结果。因此，水争议实质是关于身份、宗教等文化的争议，由此阻碍了谈判结果的达成。当然，这两位学者也指出，尽管流域内的某种文化情境——对手文化（adversary culture）——会阻碍水争议谈判，但是如果发展出反思性文化（reflective culture）和整合性文化（intergrative culture），分配问题也会从争议转向合作。

另一位国际河流的研究者沃尔夫，也从类似的角度分析了分配争议形成的原因。沃尔夫认为，流域国家在水认知形成过程中，会经历四个知识阶段，分别为物质型、情感型、知识型和精神型知识。水权谈判中，如果流域国家的水认知不是处于同一知识阶段时，争议继续，谈判无果。比如约旦河流域以色列与巴勒斯坦的水权争议中，巴勒斯坦对水的认知还处于"情感型"知识阶段，而以色列则已经进入"知识型"阶段。不同的知识阶段导致水权谈判嵌入于对手文化中，使谈判未能产生任何结果。[①]

唯一不足的是，以上研究未对分配争议在时空上有何变化以及在什么条件下会产生变化做过多的分析。比如哈该·埃里奇与居伊·奥利维耶·富尔并未继续分析在什么情况下，一个深嵌入对手文化的水争议情境会转向反思性文化，进一步再转向整合性文化情境。尽管沃尔夫乐观地指出，当流域分配争议的过程沿着对手文化—反思性文化—综合性文化—行动文化前进时，分配争议转向合作也就指日可待。但是每一个文化之间如何实现跨越，沃尔夫并未给予明确清晰的答案。

本书认为国际河流的分配问题本质是水权争议，水权争议是由流域国家之间的权利规范竞争所引发。权利规范竞争的核心是关乎

---

① 参见 Aaron T. Wolf, "Spiritual Understandings of Conflict and Transformation and Their Contribution to Water Dialogue", *Water Policy*, Vol. 14, 2012, pp. 73 – 88; Aaron T. Wolf, "Healing the Enlightenment Rift: Rationality, Spirituality and Shared Waters", *Journal of International Affairs*, Vol. 61, No. 2, 2008, pp. 51 – 73。

国际河流水资源"权利合法性"的问题，其产生则源于各流域内特定的水关系。本章以中层理论为分析架构，首先详细分析各流域内的水关系情境。流域国家在长期以共同水域为生产、生活的活动实践中，与国际河流以及流域内其他国家产生互动，形成水关系情境。流域国家在关系情境中生成了对自己与国际河流关系的信念和信条，同时也形成了对自我和他者身份的界定。因而，水关系情境成为流域国家对国际河流水资源权利合法性的认知来源，也是流域国家对某种权利规范形成稳定遵从的原因。正是因为如此，流域国家才会对国际河流某种水权权利的拥有或失去十分敏感，本书将水关系情境所产生的"合法性"认知称为水权敏感源。从水权敏感源出发，流域国家会在争议谈判中提出一个具体而明确、可代表其对国际河流合法权利要求的主张，即水权敏感点。那么如何对待彼此的水权敏感点是解释 20 世纪 90 年代后，四个流域分配问题产生合作与否的关键。在此过程中，情境敏感机制的产生是推动合作的关键。

第二节　水关系情境的社会建构作用

流域内的水关系情境具有社会建构作用，其形成源于流域国家与国际河流的互动，以及以水为介质而形成的流域国家之间的互动。流域国家在长期以国际河流为生产生活中心的过程中，对"水"的意义及重要性形成不同的感知，并反过来对流域国家的行为产生建构作用，形成了流域国家对自我身份的界定。同时，在与流域其他国家围绕水的互动中，本书所研究的四个流域均不同程度地形成了一个消极的流域水关系实践及历史记忆，最终建构出权利规范竞争的结构。因此，水关系情境的社会建构作用既导出了国际河流水分配争议的原因，又为争议的解决提供了分析基础。

一　国际河流的意义认知："自我"身份的形成

流域国家与国际河流的密切关系，使水在流域国家的生活方式和生产实践中形成了不同寻常的意义。这种意义自然而然地建构了"流域国家"对自我身份认知的信念，根据这些信念，流域国家理所当然地认为这是其拥有或使用国际河流并获得收益权利的合法性来源。

（一）国际河流对国家"流域"身份的文化建构

信念（beliefs）是指尽管未经证实但行动者仍然持之为真的一组假设，民族（国家）的神秘学是信念最典型的表现形式。信念是行动者依据长期的历史实践，经过知识的累积过程，使行动者赋予所面对的特定环境或事物以连续一致的意义，并成为其认知和采取行动时优先考虑的观念倾向。行动者在认知和行动时，通常会将信念作为信息过滤器，忽视或抗拒与其持有的信念所相反的"现实"或"事实"。

本研究中，信念主要是指那些与流域国家建构、维系或加强其流域身份相关的假设。身份的假设通常来源于流域国家对其与国际河流关系的特定认知，即国际河流本身对其生活方式产生的影响。国际河流一般均是流域国家进行长期生产和生活实践的场域，长期的历史实践使流域国家极容易形成对国际河流某种特定的感知。比如经尼罗河洪水冲击而成的尼罗河三角洲孕育了埃及文明，埃及视尼罗河为生命线。日久天长，在埃及人眼里，尼罗河就是埃及的尼罗河。因而，最让埃及在意的是"尼罗河国家"这一身份。相反，尼罗河对于埃塞俄比亚来讲，其重要性主要体现于维系宗教身份的纽带。这些对于国际河流特定的感知和意义，逐渐累积成"国际河流的存在本身就代表了流域国家某种生活方式"的信念，遂成为流域国家证明其流域身份合理性和权利合法性的标志。根据这些信念，流域国家会形成对国际河流性质的固定认知。并且，对自己应该对国际河流拥有何种权利深信不疑。同时，也会在对如何使用国际河流水资源方面有不同于其他流域国家的认知。在此，简单地以印度河和约旦河为例，说明国际河流与流域国家的关系是如何建构流域国家对自我身份的认知的。

印度始终坚持自己是恒河唯一的流域国家，这与恒河对印度身份的意义建构有相当大的关系。阿伦·埃尔汉斯（Arun P. Elhance）认为，世界上任何一个国际河流都未曾像恒河那样，如此密切地与宗教神秘和仪式实践相连，成就了印度数以百万的人的主要宗教信仰——印度教。在印度教教徒的生活中，恒河承载了巨大的心理、宗教及文化意义。恒河的神秘与日复一日的习惯，使河水与印度教教徒的身份、精神生活、信仰和文化深深地交织在了一起。[①] 水在印度教中的神圣与神秘让印度人相信，水是神赐予的，是不可以被买卖的，所有人都可以平等使用。在这种信念的影响下，印度自然会认为自己拥有对恒河的所有权及使用权。当尼泊尔与印度在玛哈卡利河流量上发生分歧时，尼泊尔认为印度的流量使用超过了其流域面积的比例，因而提出通过收税将其未使用的那部分流量卖给印度。印度人反对，理由是（恒河）水不是商品，不能用来买卖。

犹太宗教法规哈拉卡（Halachah）以及伊斯兰宗教法规沙里亚（sha'aria）中都记载了对"水权利"清晰的规定。两种宗教法规在"水权利"优先授予的规定上基本相同，在第三层次水权利适用范围的规定中，双方有所不同。第一层次的水权利首先属于人类；第二层次的水权要给予家畜，并给予即使是不友好的外来者或访客；第三层次的水权是应用于洗涤（适用于哈拉卡法规）或灌溉（适用于沙里

[①] Arun P. Elhance, *Hydropolitics in the Third World: Conflict and Cooperation in International River Basins*, Washington, D. C.: United States Institute of Peace Press, 1999, pp. 155 – 189.

亚法规）。① 托尼·艾伦认为，中东传统的文化与宗教，坚持水是可以自由获取的物品，因而是低成本的。② 这意味着每一个流域国家都有自由与权利使用约旦河水。在这种传统信念的影响下，形成了水是"共同财产"（common property）或是"公共物品"（public property）的隐性规范，成为中东国家水资源政策制定的基本指导原则。

流域国家在与国际河流的互动中，形成对水的意义的各种认知，并将这种认知嵌入其特定身份的建构中，本书暂且将其称为"流域国家"的身份。这一特定的身份包含了特殊意义，即国家存在与国际河流存在必然是一体的。正如埃及几千年来常常用"尼罗河国家"对其身份进行阐释一样，国际河流作为水的载体，成为流域国家的信仰构成、民族起源与形成中的一部分，重要且不可缺失。

（二）国际河流对流域国家政治合法性身份的建构

流域国家与国际河流的互动中，国际河流不仅是流域国家长期从事生产和生活实践的场域，还是流域国家寻求政治合法性的介质。流域国家在某个阶段，通常会将拥有或使用国际河流视为建立某种政治秩序的象征，比如取得国家认同的政治合法性、实现主权独立与领土统一等。这些期望往往会通过对国际河流持有的信条来进行表达。典型的代表是以色列的"让沙漠开花"，它反映了以色列期望通过约旦河实现建立国家的政治目标。

信条（doctrines）是特定意识形态的表现形式，多是从宗教和政治意义上来讲，尤其是用来指框定政治行动目标和解释现实的一套清

---

① David B. Brook, "From the Middle Human Rights to Water in North Africa and the Middle East: What is New and What is Not; What is Important and What is Not", in Asit K. Biswas, Elgal Rached and Cecilia Tortajada eds., *Water as a Human Right for the Middle East and North Africa*, London: Routledge, 2008, p. 24.

② 从国际法的角度，水权暗含了两层意思，一是自由，二是权利。具体解释参考 Antonio Embid Irujo, "The Right to Water", in Asit K. Biswas, Elgal Rached and Cecilia Tortajada eds., *Water as a Human Right for the Middle East and North Africa*, London: Routledge, 2008, pp. 59–75。

晰的原则。与信念不同的是，信条大多包含了行动者对所面临的环境及事物的某种期望，并据此作为判断和认知现实的知识框架。信条有时会以标语或口号形式作为标志，"新秩序""世界革命"等均是耳熟能详的标语，反映了行动者对某种秩序的期望，同时也会据此对从外部世界传入的信息赋予某种意义，或根据其提供的定义进行解释。因此，信条是一种比较具体地指导行动者认知和行动的观念体系。

在国际河流水资源的分配中，信条对于特定共同知识的建构主要来自流域国家对国际河流政治意义的认知。其中，国际河流对国家生存与发展的意义最为典型，比如如何分配国际河流的流量可能暗示了流域国家主权独立与领土完整的忧虑，国际河流的使用方式则可能是流域国家彰显国家形象的符号象征。阿斯旺大坝的政治意义更胜于其水文学意义，因为埃及视阿斯旺大坝为树立"反对殖民主义"的国家形象、建立"阿拉伯埃及"的象征。恒河水资源如何分配与使用则关系到孟加拉国、尼泊尔对主权可能被侵犯及独立被破坏的担忧与恐惧。

约旦河的意义就嵌入在犹太人与阿拉伯人建立国家梦想的竞争中，约旦河流域的权利规范竞争主要以以色列为一方、阿拉伯国家为另一方，也是犹太人与阿拉伯人建立国家梦想的竞争。双方对于约旦河的共同知识都深深地嵌入在"巴勒斯坦问题"中，巴勒斯坦的土地怀揣了双方的生活、梦想和记忆，而水则是土地的延伸。以色列对约旦河流域水资源的认知最早起源于犹太主义的土地情结，犹太人一直相信唯有通过与土地和土壤有关的劳作，才能达到个体的救赎。[①]而二战期间，犹太人颠沛流离的历史记忆更是让犹太主义者坚信土地

---

① Clive Lipchin, "A Future for the Dead Sea Basin: Water Culture among Israelis, Palestinians and Jordanians", in Hillel Shuval & Hassan Dweik eds., *Water Resources in the Middle East: Israeli-Palestinian Water Issues: From Conflict to Cooperation*, Berlin & New York: Springer, 2007, p. 93.

的重要性。其中，以色列想要通过约旦河水资源获得政治合法性身份的过程尤为典型。种族与宗教迫害的记忆使犹太人决心建立安全地带，保护犹太人的土地，实现种族融合。因而，建立一个"可触摸的家园"，[①]推动一个主权国家的建立是犹太人获得国家身份的希望。土地是实现这个可触摸家园的关键，而依赖于土地的农业经济是以色列保证国家生存的安全阀，具有防御性意义。20世纪30年代开始，"农业意识形态"成为以色列社会党的信条。水作为农业的基本要素，更多地通过意识形态、经济、政治或与安全有关的认知而被重视，水资源遂成为以色列国家建设的核心资源。犹太人的农耕精神与文化特征深深地影响了以色列对约旦河水资源的认知，建构了约旦河对建立国家身份的意义。

1948年，以色列建国。对于以色列来说，约旦河水资源尤为重要，因为只有充足的水资源，这个新生国家的生存、安全与发展才有意义。没有充足的水资源，一个犹太国家在巴勒斯坦土地上生存与发展简直不可能。[②] 以色列前总理列维·艾希科尔（Levi Eshkol）将水描述为"穿过国家动脉的血液"，水不仅是可以实现以色列变革与繁荣的自然资源，而且是其意识形态的一部分。以色列的国家梦想及国家发展离不开被其视为"梦想家园"的土地，而水在这个梦想中发挥着最重要的作用。然而，水资源匮乏这一自然条件成为以色列完成国家建设的一个障碍。干旱与半干旱的气候条件让以色列对水匮乏的事实形成"自然化"认知，即水资源匮乏是先天不足，对以色列来讲，更重要的是如何选择对水资源与土地的控制方式。以色列认为，必须牢固地建立对国家水资源与领土资源的财产权与主权，除此之外似乎别无选择。

[①] Guy Olivier Faure & Jeffrey Z. Rubin, *Culture and Negotiation: The Resolution of Water Disputes*, Newbury Park, Calif.: Sage Publications, 1993, p. 165.

[②] Francesca de Chtel, *Water Sheikhs and Dam Builders: Stories of People and Water in the Middle East*, London: Transaction Publisher, 2007, pp. 111 – 112.

霍梅尔·阿拉托特（Samer Alatout）认为，以色列 1948 年建国后的 40 年代末到 50 年代这段时期内，以色列官方对水的认知基本上都建立在对主权和领土的叙事基础上，其来源是犹太主义观念中土地对犹太人生活的意义。在这种叙事框定下，以色列官方与各种非政府环境组织开始建构水与主权和领土的联系。由此，运用主权权利实现对水资源的控制，成为以色列国内水政策制定中的主导性话语。直到 60 年代中期，在农业复国意识的影响下，水已成为与领土、主权息息相关的问题，是国家精神（气节）的象征。这一时期，以色列水资源发展是国家建设的重心，并促进了犹太人国家身份的形成。随后，第一次阿以战争结束，以色列获得了约旦河上游较大的流域面积，包括呼勒湖（Huleh lake）与太巴列湖（Tiberias lake）以及部分死海西岸。[1] 到 1967 年前，以色列遵从占有权规范，主张先占权权利。六天战争结束后，以色列夺取了戈兰高地，成为约旦河上游国家，接着实现了对西岸与加沙地带的控制。以色列宣布对占领地带的水资源实行国有化，属于其军事管辖范围内。表面上，选择哪种权利规范似乎是以色列遵从后果性逻辑的结果。实际上，无论选择哪种规范，都与以色列国家生存与安全相关，是取得政治合法性的一种表述。

中东地区是世界上水匮乏比较严重的区域，恶劣的自然条件加之水在此地区所承载的特殊精神价值，"水"不仅在以色列人的叙事中被视为"创物主"的地位，流域其他国家对水也具有同样的情怀。比如《古兰经》也将水视为创造万物的来源，而在《美索不达米亚史诗》中，水在创造万物中发挥的作用被描述为"两河冬季的洪水退去后，孕育了第一朵盛开的鲜花，带来了第一个春天"。[2] 当中东

---

[1] Guy Olivier Faure & Jeffrey Z. Rubin, *Culture and Negotiation: the Resolution of Water Disputes*, Newbury Park, Calif.: Sage Publications, 1993, p. 160.

[2] Francesca de Chtel, *Water Sheikhs and Dam Builders, Stories of People and Water in the Middle East*, London: Transaction Publisher, 2007, p. 26.

地区各流域国家纷纷步入现代民族国家的进程时，国际河流的"水"又被赋予了新的叙事意义。在很多流域国家看来，水与建立民族、国家身份，实现民族、种族认同，维护国家安全，保障国家建设与发展紧密关联。因此，国际河流的"水"犹如镌刻历史的时钟，被流域国家认为是其特定身份的符号，是规范与权利合法性生成的来源。

二　历史记忆：他者对自我身份、规范及水权合法性的解构

规范竞争的本质是流域国家对分配行为适当性的期望，流域国家以此来判定谁的水权利具有合法性。所以，规范竞争的核心是权利的合法性问题。水关系情境通过流域国家与国际河流的互动，建构了流域国家对"自我"身份的认知，形成规范遵从的动机，随之确立了自我对水权合法性主张的来源。然而，水关系情境还包括另一个互动过程，即流域国家之间通过他者身份与自我身份进行的互动。这一层次的互动中，他者与自我以共同水域为参照物，产生了主体间性的特征，由此形成流域国家间的交往实践，本书暂且将其称为国家间的"水"关系。

就本书研究的四个流域，他者与自我的"水"关系整体上表现出矛盾或冲突的互动特征，他者的存在往往使"自我"通过国际河流的意义所建构出的"稳定"身份及"合法"权利面临着被解构的威胁。比如尼罗河流域的埃塞俄比亚作为他者，经常通过威胁掐断尼罗河源头的方式，成为埃及"尼罗河国家"身份的解构者。两河流域中，伊拉克对两河流域河水使用几千年的历史使其建构了对两河的水权合法性。然而，土耳其在两河建立安纳托利亚工程，使伊拉克认为"合法"的使用收益权利随时面临失去的危险。当二者这种冲突性质的互动进一步发展成为惯习，那么往往会在流域内建构出他者或自我对"水"交往实践的特定的历史记忆。在这个特定的历史记忆中，他者往往被自我认定为是其身份的解构者，使自我的水权合法性处于不稳定、丧失甚至被剥夺的处境中。于是，由于自我的身份受到

质疑，自我所遵从的规范也会遭遇同样的处境，最终促使自我更加强化对特定规范的遵从，以维护其权利的合法性。为此，自我与他者的互动便在确立合法性与去合法性的对峙中展开，规范竞争的结构由此生成。而这个结果意味着他者对自我，或是自我对他者的权利无法给予认可，权利合法性危机产生，水权争议形成。

约旦河流域中，以色列与阿拉伯国家在"水"互动中形成的具有敌对性的历史记忆较为典型。巴勒斯坦对以色列的历史记忆最初始于以色列对巴勒斯坦领土的占领，为此，巴勒斯坦一直深深地陷在通过领土表达国家归属感的各种新旧身份叙事中。[①] 巴勒斯坦认为，在一个主权的世界中，自己却由于不存在主权国家的身份，而无法找到国家归属感。对于巴勒斯坦来说，所有的生活质量问题与威胁都源于领土与主权权利的缺失。巴勒斯坦人相信这是由犹太人占领和巴勒斯坦人被驱逐而形成的领土关系所造成。有研究者认为，仅在1920～1939年，犹太人获取了巴勒斯坦最肥沃的土地，达到453140杜纳姆（dunum），由此导致产生了一个无地的阿拉伯农民阶层。[②] 1948年战争后，土地被占领、人口被驱逐，大部分巴勒斯坦人因此而成为难民身份的事实占据了巴勒斯坦全部的历史记忆。1967年西岸被占领后，留给巴勒斯坦人的依然是挥之不去的土地没收、人口驱逐、种族清洗的恐惧。因而，巴勒斯坦相信，所有问题的解决首先需要建立在巴勒斯坦的财产权与领土主权上。水问题，尤其是水匮乏形成的原因也在于巴勒斯坦没有主权国家的身份。这一切都源于犹太人在巴勒斯坦土地上建立国家，剥夺了巴勒斯坦的领土及主权权利，也由此剥夺了巴

[①] Samer Alatout, "Towards a Bio-territorial Conception of Power: Territory, Population, and Enviromental Narratives in Palestine and Israel", *Political Geography*, Vol. 25, Issue 6, 2006, p. 616.

[②] 1杜纳姆等于1/4英亩或1000平方米，参见Julie Trottier, "Hydropolitics in the West Bank and Gaza Strip", Palestinian Academic Society for the Study of International Affairs, 1999, p. 44.

勒斯坦对其自然资源的所有权，限制了巴勒斯坦建立适当的环境制度和有效监管资源使用的能力。

巴勒斯坦深信，以色列夺取了巴勒斯坦的水资源，导致其失去对约旦河水资源的合法权利。1922 年，平哈斯·鲁坦博格（Pinhas Rutenberg）在英国托管地巴勒斯坦建立巴勒斯坦电力公司，所有权归犹太人。1926 年，英国授权巴勒斯坦电力公司为期 70 年的约旦河和雅穆克河电力生产使用权。这意味着未经公司许可，阿拉伯农民无权对约旦河和雅穆克河交汇处上游的水资源进行任何性质的使用。巴勒斯坦对水权的认知由此开始与国家身份相连，这类似于以色列建国早期的认知。1967 年以色列对西岸的军事占领政策更加强了巴勒斯坦的这个认知。以色列规定，所有挖井取水必须取得以色列的许可证。1967~1990 年，以色列允许巴勒斯坦建立 23 口水井。1995 年，巴勒斯坦使用了西岸 18% 的水量，而以色列的使用量则为 82%。[1] 巴勒斯坦认为，巴勒斯坦的水井要比以色列的水井陈旧浅显，并且小得多。不仅如此，以色列的水井还过度抽取日益干涸的地下水，同时也抽干了约旦河峡谷的自流井泉水。最终，巴勒斯坦的媒体、政治家与民众对以色列窃取巴勒斯坦水资源，使巴勒斯坦遭受贫困的认知深信不疑。

正是出于对约旦河水资源权利合法性的追求，巴勒斯坦对于公正承认其"水权"有着强烈的情感需求，尤其是关于山区含水层的地下水，这关系到巴勒斯坦能否成为一个国家的未来。在巴勒斯坦寻求获得国家身份和建立主权国家的过程中，水权回归被视为和土地回归一样重要的问题。

本书涉及的四个流域都处于干旱与半干旱的气候地带，水资源不足、匮乏被视为对传农耕生活方式和粮食安全的一个极大威胁。严峻

---

[1] Anders Jägerskog, "*Why States Cooperate over Shared Water: The Water Negotiations in the Jordan River Basin*", Department of Water and Environmental Studies, Linköping University, 2003, pp. 86–95.

的自然水文条件加之流域内本来复杂的政治、文化关系历史,使流域国家经常将在其他情境下形成的消极互动的关系夹入水关系互动中。弗朗西斯卡·德·夏泰尔(Francesca de Chtel)曾经对中东地区的水共享做过田野调查,认为地区内水资源共享不仅仅是政治问题,更是与地区内深刻的愤怒、不信任的情感交织在一起。[1] 历史上,当埃塞俄比亚的基督教教徒与埃及的伊斯兰教教徒发生冲突时,埃塞俄比亚经常使用改向尼罗河作为威胁埃及的武器。两河流域中,叙利亚与土耳其的水争议中,也夹入了库尔德问题。因此,流域内的水关系很容易和水安全挂钩,流域国家往往会形成对流域水关系是零和性质的历史记忆。总体上讲,流域国家和国际河流的关系是建构流域国家某种身份的基本来源,是流域国家确信其对国际河流某种水权合法性的身份证。然而,流域国家间的水关系实践和历史却又常常会解构这种合法性,使其丧失对国际河流水资源的特定权利。

流域内的关系情境既是流域国家引经据典以解释规范适当性、捍卫权利合法性的主要来源,也是解构流域国家规范适当性、去其合法化对水资源权利的来源。水关系情境为流域国家的水权建构了一种患得患失的状态,最终解释了流域国家为何会敏感于拥有、维护或失去特定权利的原因。因此,本书将流域内水关系情境进行社会建构而产生的某种"权利合法性"诉求称为水权敏感源。水权敏感源解释了行动者的行动方向,即规范遵从的原因,也说明了社会结构产生的原因,即规范竞争从何而来。水关系情境为将要解释的争议变化提供了分析的基础,在这样的情境下,分配争议的解决取决于他者(自我)对自我(他者)权利合法性的对待方式。本书认为,如果他者(自我)以回避的方式对待自我(他者)对权利合法性的特

---

[1] Francesca de Chtel, *Water Sheikhs and Dam Builders: Stories of People and Water in the Middle East*, London: Transaction Publisher, 2007, p. 125.

定诉求，那么会加强自我（他者）对具有竞争性特征规范遵从的动机。此时，自我（他者）做出朝向合作性政策调整的空间几乎为零。反之，如果他者（自我）以回应的方式，认同自我（他者）对权利合法性的诉求，水分配中争议的特征会弱化，合作的倾向会加强。

第三节 情境敏感与政策调整

在国际河流的水权分配中，水并不是一种外生于社会的资源，而是具有社会意义的概念。① 流域内的水关系情境建构了每个流域国家的水权敏感源，流域国家会依据水权敏感源，在对话及谈判中提出最能代表权利合法性诉求的、具体而明确的权利要求。在本研究中，将其称为水权敏感点，情境敏感产生的关键是对水权敏感点的反应方式。

一 水权敏感源

流域国家的水权竞争不仅是行动者进行有用性思考的结果。实际上，每个流域的共同水域或多或少都对身在其中的流域国家赋予了某种象征性的意义，成为流域国家某种生活方式、某种身份或是某种文化甚至文明的符号。这种特定的情境倾向逐渐使流域国家对共同水域权利的认知超越有用性的思考，不再把水单纯作为一种经济资源来认知与对待。正如沃尔夫所讲，流域国家会赋予水某种情感或是精神意义，使水权表达的不仅是基于物质利益的权利，诸如经济权利，还包含了对特定伦理、价值或文化意义的追求。

沃尔夫认为国际河流水资源谈判中，谈判者思考问题的思维方式与对世界的认知有关，大致分为四类：物质型、情感型、知识型及精

---

① Stephan Stetter, Eva Herschinger, Thomas Teichler &Mathias Albert, "Conflicts about Water: Securitizations in a Global Context", *Cooperation and Conflicts*, Vol. 46, No. 4, 2011, p. 447.

神型。① 在谈判过程中，当谈判者分别处于不同认知模式时，谈判很难达成理想的结果。水关系情境建构了流域国家对自我身份及权利合法性的认知来源，他者与自我的互动又会解构这种认知。因而，正是水关系情境这种建构与解构并存的特征建构了规范竞争的结构，使"合法性"问题成为流域国家之间在水分配中的敏感源。比如，在四个流域内的谈判中，很多流域国家一直坚持水权获得的谈判立场，这一现象实际上就是自我希望获得他者对权利合法性的承认，从而解除自我权利合法性被解构的威胁。因此，许多水问题不仅仅是一个技术性问题，还是带有价值取向，解决路径也远远比一个简单的技术性"定位"复杂得多。②

正是由于敏感源的存在，流域国家对水资源分配问题的性质、解决方式及互动关系的认知和框定处于不同的层次、不同的理解。流域国家也会很自然地将其带入水权争议谈判的过程中，并会据此判断在争议谈判中从哪个角度提出何种具体的权利要求，以对当下的或是手边的水问题进行相应的界定。也正是水权敏感源的存在，使以权利为争议的竞争已经不仅限于水资源经济利益所引起的纷争。因而，规范竞争主导下的分配争议如果要有所突破，需改变对所持规范遵从的连续一致的动机。那就意味着竞争中的各方要正视彼此对共同水域权利的合法性。也就是说，在以竞争为互动形式的流域关系中，倾向于合作的政策调整需要在流域国家之间产生正确对待对方权利的"情境敏感机制"。

---

① Aaron T. Wolf, "Spiritual Understandings of Conflict and Transformation and Their Contribution to Water Dialogue", *Water Policy*, Vol. 14, 2012, pp. 73 - 88; Aaron T. Wolf, "Healing the Enlightenment Rift: Rationality, Spirituality and Shared Waters", *Journal of International Affairs*, Vol. 61, No. 2, 2008, pp. 51 - 73.

② Clive Lipchin, "A Future for the Dead Sea Basin: Water Culture among Israelis, Palestinians and Jordanians", in Hillel Shuval & Hassan Dweik eds., *Water Resources in the Middle East: Israeli-Palestinian Water Issues: From Conflict to Cooperation*, Berlin & New York: Springer, 2007, p. 88.

二 水权敏感点

水权敏感点是流域国家在谈判中,依据水权敏感源提出的具体而明确的权利要求。这个权利要求被流域国家视为能够认同其对国际河流某种权利是合法的表现。通过这个权利敏感点,流域国家一般会在谈判中向竞争对手明确表示自己对国际河流水资源分配中水权的态度,同时,也向对方传达一个信号,即流域国家对问题性质的框定与解决方式的偏好。如果流域国家的敏感源是安全问题,那么流域国家的水权敏感点会置于水资源共享上,可能会把水争议框定为事关政治权利的问题,因此会期望问题解决是有关权利平等与公正等政治性质的内容。如果流域国家的敏感源是国家身份问题,流域国家的水权敏感点可能是水可用性问题,那么流域国家会主张通过各种技术性方法而非重新分配权利来解决水权争议。在水权争议的对话和谈判中,水权敏感点不一样,双方对于争议的性质、解决方式、权利的框定会有不同的偏好(见表3-1)。

表3-1 流域国家的水权敏感源与敏感点

权利合法性的敏感源	敏感点	争议性质	解决偏好	代表国家	权利分配角色
主权独立与安全	水共享收益共享	政治	权利平等、公正	尼泊尔、孟加拉国、巴勒斯坦、约旦、埃塞俄比亚	权利现状的改革者
政治合法性	水共享	政治	权利平等、公正	伊拉克、叙利亚	
流域国家	水可用性	技术	技术	以色列、埃及、土耳其	权利现状的维护者
主权完整	双边	技术	双边	印度	

资料来源:作者自制。

以巴勒斯坦为例，分析其在水资源分配争议中的水权敏感点、敏感源以及对应的解决方式的偏好。对于巴勒斯坦来说，主要的问题是无法获得适当的水权。水权与土地问题紧密相关，承载了巴勒斯坦人关于主权国家身份的情感，控制水或取得对水的所有权是巴勒斯坦建立梦寐以求的国家的重要象征。以色列对西岸实行占领政策后，长期否定巴勒斯坦自治权利，也否认其发展和管理自然资源的权利。这一事实加强了巴勒斯坦重视水权的信念，以色列是巴勒斯坦水权问题的来源也主导着巴勒斯坦内部的话语权。各种学术团体、专家以及媒体甚至政府官员都相信，以色列剥夺了巴勒斯坦的权利和自治，并把主权描述为一个"对于任何国家来说，完成可持续发展和合理的环境管理的基本条件"。[1] 在"巴勒斯坦没有主权和缺失边界划定的情况下"，[2] 可持续的环境与经济政策注定无法取得成功。在巴勒斯坦，水资源不公正的分配已经超越了个人的政治或宗教信仰，几乎成为巴勒斯坦人的普遍认知。以传统农耕为主要生活方式的巴勒斯坦人坚信，水权必须是任何水资源谈判的出发点。巴勒斯坦的水议程谈判代表在与安德斯·耶格斯科格（Anders Jägerskog）的私下交流中，明确水权是讨论其他问题的前提，巴勒斯坦谈判立场的核心就是获得水权。[3]

巴勒斯坦以水权为主要立场，希望能就水量、水质和主权与以色列在水谈判上达成关于政治和法律的一致性理解。巴勒斯坦的水谈判目标是接受国际法和联合国的决议，获得巴勒斯坦对使用和控制水资

---

[1] Samer Alatout, "Towards a Bio-territorial Conception of Power: Territory, Population, and Enviromental Narratives in Palestine and Israel", *Political Geography*, Vol. 25, Issue 6, 2006, p. 617.

[2] Samer Alatout, "Towards a Bio-territorial Conception of Power: Territory, Population, and Enviromental Narratives in Palestine and Israel", *Political Geography*, Vol. 25, Issue 6, 2006, p. 617.

[3] Anders Jägerskog, "Why States Cooperate over Shared Water: The Water Negotiations in the Jordan River Basin", Department of Water and Environmental Studies, Linköping University, 2003, pp. 132 – 133.

源的主权。巴勒斯坦认为，以色列应该承认水资源控制和使用对巴勒斯坦造成的损害和损失，并必须为此进行补偿。此外，巴勒斯坦是约旦河的河岸国家，根据国际法，巴勒斯坦应平等地参与对约旦河的使用和管理。在巴以谈判中，针对以色列所提议的寻找新的"补给水资源"的合作方式，巴勒斯坦坚决拒绝，坚持任何谈判必须以确定水权为起点。

1953年，约翰斯顿作为美国总统的特使，率代表团四次赴中东，试图在约旦河流域各国之间达成水资源使用的"统一计划"（unified plan）。1955年，该计划经过修改后，被称为"约翰斯顿计划"（The Johnston Plan）。1953~1955年，双方关于约翰斯顿计划的分歧基本集中在流域外引水与加利利湖作为流域蓄水库的问题上。以色列和阿拉伯国家均拒绝接受此计划，以色列认为计划应包括地区内所有的水资源，意在共享以色列领土外的水资源，以满足其流域内的灌溉需求。同时，以色列反对将加利利湖作为整个流域的蓄水库，坚持整个加利利湖只能供以色列使用。[①] 阿拉伯国家则对雅穆克河在加利利湖的蓄水以及对以色列的高额配额持高度关注，反对以色列的域外水资源使用意图。双方由于对水资源分配和流域外引水持不同意见，计划失败。1955年，计划修改后，仍然没有被付诸实施。尽管约翰斯顿计划事实上在以色列与约旦之间进行了水量分配，但约旦认为90年代早期，以色列对雅穆克河水资源的年均抽取量为7亿~9.5亿立方米，远远高于约翰斯顿计划中以色列2.5亿立方米的年均抽水量配额。[②] 约旦在谈判前认为，以色列超过约翰斯顿计划分配份额的那部分

[①] Munther J. Haddadin, "The Jordan River Basin, Part I: Water Conflict and Negotiated Resolution", UNESCO: IHP-VI \ Technical Documents in Hydrology \ PC→CP Series \ n°15, 2003, p.14.

[②] Munther J. Haddadin, "Water in the Middle East Peace Process", *The Geographical Journal*, Vol. 168, No. 4, 2002, pp. 326-327.

使用应归还约旦，实现水平衡分配。因此，约旦的水权敏感点也同样是先谈判约旦河水资源共享问题。巴勒斯坦认为，水资源分配应该满足其最根本的需求，要求获得山区含水层80%的地下水，而这些地下水位于以色列领土内的深井中。[1] 因此，约旦河流域的阿拉伯国家非常期望，和平谈判进程能实现它们增加水资源所有权份额的要求。

三　稳定的规范遵从：连续一致的动机

当不同类型的行为体被历史、地理或是偶然性聚集在一起时，合法性变得尤为显著。[2] 国际河流水资源分配领域中权利规范竞争包括所有权和使用收益权的竞争，是关于规范适当性的竞争。本质上，它是围绕对共同水资源所有权和使用收益权权利的合法性竞争。因而，竞争中的各方围绕"谁的权利具有合法性"，致力于寻求可以证明为什么"我的权利具有合法性"的证据。水关系情境的存在使流域国家围绕权利合法性展开两个层次的互动：一方面是自我如何认知其对国际河流的权利；另一方面则是竞争各方如何认知和对待相互的权利合法性诉求。通过与国际河流的长期互动，竞争双方纷纷建立了水与各种关键因素的互联性（interconnectedness），[3] 比如水与宗教、国家身份、国家生存或某种（农耕）文化的互联，试图以此证明自己对水资源所有权或使用收益权的合法性。

然而，"合法性"本身就是一个嵌入互动意义的过程，其成立不仅限于自我的解释与证明，还需他者给予承认。按照托尼·艾伦的解

---

[1] Hillel I. Shuval, "Approaches to Resolving the Water Conflicts between Israel and Her Neighbors: A Regional Water-for-Peace Plan", *Water International*, Vol. 17, No. 3, 1992, pp. 133 – 143.

[2] Thomas Naff & Ruth C. Matson, *Water in the Middle East: Conflict or Cooperation?*, Bouler and London: Westview Press, 1984, p. 189.

[3] 互联性是奈夫在分析中东地区决策者的认知图对水冲突关系的作用时提到，具体请参阅 Thomas Naff & Ruth C. Matson, *Water in the Middle East: Conflict or Cooperation?*, Bouler and London: Westview Press, 1984, p. 185.

释，水权获得需要经过三个阶段，即主张权利（assert right）、获得认可（recognize of right）及取得水权（attainment of right）。其中，第二阶段是流域国家进行频繁互动的平台，也是争议与矛盾发生的源头。因而，水关系情境建构了可以证明自我权利合法性的依据，使自我形成对规范遵从连续一致的动机。但由于水关系情境还包括国家之间特定的水交往实践及历史记忆，这使行为体是否具有对水资源权利的合法性也需要得到他者的承认。由此，权利获得进入到第二阶段时，自我权利的合法性常常被竞争中的他者否认。在这种情况下，自我会将其框定为权利合法性危机。无论何时，只要其权利合法性处于危机状态，流域国家就会固执地遵从特定规范，以保护自己的权利。为此，流域国家对规范的遵从会出现连续一致的动机（incentive consistency）。[1] 也就是说，流域国家很难改变在权利规范竞争中的立场，同时也会对对方权利合法性的问题予以否认或规避。在此种情况下，彼此都会加强对各自规范遵从的连续一致的动机，分配问题上的合作因此而难以成行。

水权分配争议性质的框定是流域国家对规范遵从形成连续一致动机的一个典型表现。本书所研究的四个流域中，竞争中的流域国家在进行水资源分配谈判时，一方往往会把争议性质框定为技术性问题，极力避开将争议性质判定为与水权息息相关的政治问题。这意味着，流域国家否认了对方对共同水域水资源权利的合法性。1967年，以色列从叙利亚和黎巴嫩手里夺取了约旦河，获得上游国家的身份，开始用所有权规范来解释自己对约旦河的权利合法性。以色列认为，"约旦河事关国家与民族生存和安全"，并不断向外界发出各种信号，解释对于犹太人来说，水承载的是观念的（ideological）力量，从来

---

[1] John Waterbury, *The Nile Basin National Determinants of Collective Action*, New Haven and London: Yale University Press, 2002, p. 47.

都不仅仅是一种经济资源。① 1967 年六天战争结束后，以色列占领了西岸与加沙地带，使以色列与巴勒斯坦对水资源的共同依赖更加复杂化。其中，双方共享的山区含水层体系为以色列提供了 40% 的淡水资源补给源，同时也几乎是西岸巴勒斯坦人全部的水消费来源。② 由于山区含水层处于以色列的军事管辖范围内，只有为数很少的巴勒斯坦人被允许挖井取水，以色列因此成为巴勒斯坦的主要水供应者。长期以来，巴勒斯坦一直在寻求以色列对其水权的认可。

当巴以约旦河西岸水资源分配争议开始谈判时，巴勒斯坦提出，根据需求，巴方应获得西岸大部分共同水资源的水权，并坚持此权利来自历史情境和国际法，坚持建立在权利基础上的水资源分配原则。以色列由于担心承认巴勒斯坦的水权会牺牲自己的水权，削弱其权利的合法性，因而拒绝承认巴勒斯坦获得山区含水层水资源的权利和要求。以色列通过将争议性质去政治化，否认争议与水权及国际法相关。谈判中，以色列将约旦河水资源分配争议的性质框定为技术性质而非事关水权的政治性质，拒绝承认巴勒斯坦的基本水权利，否认巴勒斯坦水管理的历史实践。最终，权利规范竞争中的自我与他者之间无法生成缺少情境敏感（context sensitivity），③ 使另外一方产生了防御性、不信任以及对进一步讨论的消极性。"你占了我们的资源或是你否认了我们权利的合法性"等负面的感知充斥阿拉伯国家。阿拉

---

① Thomas Naff & Ruth C. Matson, *Water in the Middle East: Conflict or Cooperation?*, Bouler and London: Westview Press, 1984, p. 187.
② Karin Aggestam & Anna Sundell-Eklund, "Situating Water in Peacebuilding: Revisitong the Middle East Peace Process", *Water International*, Vol. 39, No. 1, 2013, p. 15.
③ 凯琳·阿格斯坦（Karin Aggestam）在分析以色列与巴勒斯坦有关西岸山区含水层的谈判中，用"context sensitivity"解释谈判失败的原因。本书将其译为情境敏感，即以色列是用技术性战略来对待双方争议的，偏离了争议是关于水权的政治问题。凯琳·阿格斯坦把这个过程界定为缺乏"情境敏感"。具体参见 Karin Aggestam & Anna Sundell-Eklund, "Situating Water in Peacebuilding: Revisiting the Middle East Peace Process", *Water International*, Vol. 39, No. 1, 2013, pp. 10 – 22。

伯国家更加视以色列为其文化、价值、财富的威胁，进一步生成受伤害、不安全及不信任的情感。面对权利合法性危机，阿拉伯国家加强了对规范遵从的连续一致的动机。循环往复，争议中的双方只能不断地坚定对各自所持规范的遵从，使双方做出政策调整的空间和机会几乎为零。

按照上述分析，国际河流水分配争议中，处于特定水关系情境中的流域国家 A 依据对所属国际河流意义的解释和建构，产生规范遵从动机。但在与共同流域国家 B 的交往中，A 的水权合法性可能会被 B 拒绝承认，结果促使 A 产生对规范形成稳定遵从的连续一致的动机，以避免使自己的权利合法性受到损害。巴以水争议中，巴勒斯坦对争议政治性质的界定，本质上是巴勒斯坦要求以色列承认巴对西岸水资源的权利合法性。而以色列仅将其框定为建立在理性基础上的技术问题，忽视了争议过程中水文政治在解决争议中的影响，只关注水文学与工程学在解决争议中的作用。结果，由于忽视争议的政治性质，拒绝承认竞争中他者的权利合法性，反过来加强了他者对所持规范遵从的连续一致的动机。在这种情况下，由于可以产生规范融合或妥协的情境敏感机制无法形成，政策调整难以成行，争议也难以有所突破。

20世纪90年代之前，恒河流域与约旦河流域的水权争议中均缺失情境敏感，循环在规范遵从的连续一致的动机中，导致合作性的政策调整无法进行。而在尼罗河与两河流域中，这种情况则一直延续到90年代以后。

四　情境敏感机制：回应或回避水权敏感点

在本书所研究的四个流域中，水资源权利分配基本呈不平衡现状。从本书的研究范围来讲，国际河流权利分配现状大致可以划为权利现状维持者与改革者。权利既得者会因为担心失去权利，而重新陷入身份、信仰或生活方式被破坏的担忧中。处于不平衡另一端的流域国家同样以"合法性"为相同的问题分析起点,认为只有争取到水权权利或是更多的权利,似乎才可以恢复失去的身份、信仰或生活方式。这种情况类似于因相对收益而产生的竞争关系,零和性质难以避免地成为权利规范竞争的关系特征,并成为如何认知和对待彼此权利的主导性思维范式。权利规范竞争由此嵌入在互相拒绝和否认彼此权利合法性的情境中,每个流域国家只在意自己的权利,而在对待对方的权利要求时,会表现出避而不谈或视而不见的态度。因此,国际河流水资源分配争议的深层次原因是水权现状维护者和改革者之间关于"谁的权利"是合法的竞争。

因此,本书假设1:如果流域国家是流域内权利现状的改革者,争议谈判中一般会以积极的形式传达自己的水权敏感点,那么,权利现状的维护者如能对此进行积极回应,则情境敏感机制会产生,合作可能出现;反之,流域国家会加强对规范遵从的连续一致的动机。

水权敏感点是流域国家向对方传递了某种信息或信号的载体,传递形式通常会以两种方式出现:消极和积极的形式。积极的形式表明这个水权敏感点是向对方传递了建立合作的条件,提醒对方不仅应该重视并尊重,而且还要做出变化。一般来讲,权利现状改革者会以积极的方式传递敏感信息。以恒河流域为例,孟加拉国是流域内的权利现状改革者,在水权争议谈判中一般会积极表示其水权敏感点是关于共同水资源分配中的平等、公正的权利,目的是提醒流域内的权利现状维护者——印度——给予积极回应。这意味着印度需要识别对方的权利敏感点是什么,以了解对方对问题性质的框定方式,同时也会获取孟加拉国对解决方式的偏好信息。在识别这些水权敏感点后,接受者会进行相应的反馈。流域国家进行反馈的方式会根据水权敏感点的两种传递形式来进行。如果对方传递的水权敏感点是以积极信息形式，接受者也以理解、同情、积极的姿态立场进行对待，本书称之为回应。相反，则意味着反馈的方式是回避。情境敏感机制产生的关键是，处于竞争中的他者在谈判中采取回应而非回避的反馈方式。

一直以来，约旦河流域中，以色列和阿拉伯国家的水权敏感点胶着于未来水资源"分配"与"权利"上。以色列坚持只谈判关于每个河岸国家未来需求的水分配，认为巴以谈判应以巴勒斯坦未来的"水需求"为出发点，回避巴勒斯坦提出的对现有"水权"分配的敏感点。① 相反，阿拉伯国家则坚持只有解决了与水权相关的物理性和情感性的历史问题，才会谈判"未来分配"这一问题。因此，坚决拒绝进行任何会放弃其水权权利的水权争议解决方案。

然而，1994年以后，作为权利维护者的以色列开始对阿拉伯国家的水权敏感点进行有限的积极回应，而非一味规避。由此，情境敏感机制有了建立的可能性，流域内开始出现了缓慢的合作迹象。20世纪90年代，约旦与以色列之间的沟通开始缓慢进行，约翰斯顿计划第三方调解发挥了作用。通过与美国代表的直接接触，双方的官员逐渐彼此了解对方及对方观点。② 米特尔·哈达丁（Munther Haddadin）③ 甚至认为，彼此之间的情感是理解1994年以色列和约旦协议的关键。双方开始对彼此的水权敏感点做出有限的理解，1992年的一次谈判中，以色列表示理解约旦水需求，约旦代表也做出相应的表态，表示尊重以色列的地区电力及环境合作提议。

---

① Amjad Aliewi & Karen Assal, "Shared Management of Palestinian and Israeli Groundwater Resources: A Critical Analysis", in Hillel Shuval & Hassan Dweik eds., *Water resources in the Middle East: Israeli-Palestinian Water Issues: From Conflict to Cooperation*, Berlin & New York: Springer, 2007, p. 27.
② Munther Haddadin, "Cooperation and Lack Thereof on Management of the Yarmouk River", *Water International*, Vol. 34, No. 4, 2009, p. 423.
③ 哈达丁曾任约旦水利与灌溉部部长。

进入20世纪90年代，约以谈判为了突破僵局，提出了结合"未来水资源分配"与"权利"的新表述——"公正的分配"（rightful allocations）方案，以处理"分配"与"权利"的关系。1994年，以色列与约旦签订《以色列与约旦哈希姆王国和平条约》。条约第6条第1款阐明，根据已同意接受的原则，双方互相认可约旦河、雅穆克河以及地下水在它们之间公正性的分配。沙米尔（Uri Shamir）认为，"公正的分配"既为"权利"提供了一个心理上的依据，同时协议本身又为分配提供了具体的标准。[1] 第2款进一步规定，双方认可在解决水问题上寻求实践、公正和均可接受的方式是必要的，并有责任确保一方任何形式的水资源管理和发展不会对另一方的水资源造成伤害。因而，"公正的分配"不仅是语言上表述，而且双方可以借这个桥梁，传达和交流对"什么是适当分配"的态度与理解，是"历史权利"与"未来目标"的结合。[2]

同时，以色列与巴勒斯坦之间的合作也有所突破。1995年8月20日，以色列农业部长与巴勒斯坦就两个问题（two-sentence）达成一份协议，以色列承认巴勒斯坦在西岸的水权。1995年9月28日，以色列与巴勒斯坦签订《巴以临时协议 II》（Israeli-Palestinian Interim Agreement）。此协议是以色列与巴勒斯坦之间第一个有关含水层的共同管理协议，双方一致同意，根据本款中的原则展开西岸水资源和污水的合作管理。附录3第40条关于"水与污水"的规定中阐明，以色列承认巴勒斯坦在西岸的水权，将在永久性谈判中进行谈判，并在永久性协议中解决各种相关水资源问题。双方均认可发展

---

[1] Uri Shamir, "The Jordan River Basin, Part I: The Negotiations and the Water Agreement between the Hashemite Kingdom of Jordan and the State of Israel", UNESCO, IHP－VI \ Technical Documents in Hydrology \ PC→CP Series \ n°15, 2003, p.11.

[2] Aaron T. Wolf, "Healing the Enlightenment Rift: Rationality, Sprituality and Shared Waters", *Journal of International Affairs*, Vol. 61, No. 2, 2008, p.69.

具有多种用途的"补给水资源"的必要性。1995年协议中，以色列同意向巴勒斯坦提供每年 2.86 亿立方米的额外水量，以满足巴勒斯坦未来每年 7 亿~8 亿立方米的水需求。尽管此协议仅授予巴勒斯坦极其微小的水共享份额，但是水权的认可表明巴勒斯坦当局在西岸水利发展中可以发挥国家的角色作用，有利于其建立制定水利发展政策的责任。

尽管以色列与巴勒斯坦之间的这个协定被一些学者诟病为"话语合作"，而非制度性或是物质性质（material）的合作，① 然而，面对以色列这样强硬的谈判对手，即使只表现为言语上的合作，也非一件易事。

假设 2：如果流域国家是流域内权利现状的维护者，争议谈判中通常会以消极的形式表明自己的水权立场，那么权利现状的改革者如能对此进行适当规避，则情境敏感机制会产生，合作可能出现；反之，规范遵从的连续一致的动机强化，合作难以成行。

消极的形式一般在谈判或是对话中向对方明示或暗示，所提之水权主张是产生冲突的核心，提醒对方不要碰触。从四个流域的情况来看，权利现状维持者反馈时一般会以消极的方式传递水权敏感点。再以恒河流域为例，印度对恒河的水权敏感点通常以消极的方式表示，即拒绝将恒河的水权争议置于多边或第三方调解的背景下。如果是以消极的形式传递信息，那么孟加拉国作为信息接收者，如能采取适当回避方式，避免碰触对方的敏感点，则情境敏感机制建立，合作生成的可能性增加。

在四个流域的水权争议谈判中，通常会出现水权现状维护者只谈技术问题不谈权利问题的倾向，而水权现状改革者则坚定地坚持先谈

---

① Jan Selby, "Dressing Up Domination as 'Cooperation': The Case of Israeli-Palestinian Water Relations", *Review of International Studies*, Vol. 29, Issue 1, 2003, p. 137.

水权，再谈其他问题。最终，情境敏感机制无法形成，流域国家难以做出具有合作倾向的政策调整。

小　结

权利规范竞争的本质是流域国家之间关于权利合法性的竞争。本章使用结构—行动者互构理论，从行动者这一个体层次为切入点，建立了水关系情境与权利合法性关系的分析框架。通过这一框架，获悉了流域国家遵从特定规范、坚持特定水权的原因，由此也了解了流域国家为何对特定权利的合法性如此敏感的原因。因此，本书将流域国家之间的水权争议判定为一个"如何认知和对待彼此权利"的解决过程。基于此，本章分别分析了各流域国家的水权敏感点，即被流域国家视为能代表其权利合法性的明确而具体的水权立场、原则。在此基础上，尝试建立了解决水争议、实现流域内水分配合作的条件假设，即"情境敏感机制"。处于争议中的流域国家在互动中，如果一方对另一方的水权敏感点回之以适当的反馈方式，使其松缓对规范遵从的连续一致的动机，那么情境敏感机制就可能产生，解决争议谈判的协议就会达成。

20世纪90年代后，在国际河流的分配争议中，尼罗河流域和两河流域仍然没有出现合作性政策调整。恒河流域和约旦河流域则发生变化，争议中的流域国家做出合作性政策调整。情境敏感机制解释了这个"变"与"不变"发生的原因。第四章以尼罗河流域水关系情境为分析起点，解释水关系情境如何建构流域国家的水权敏感源和敏感点，并分析埃及与土耳其分别如何对待竞争对手的水权敏感点，从而使流域国家形成遵从权利规范的连续一致的动机。第五章以恒河水关系情境为分析起点，分别分析争议中各流域国家的水权敏感源与敏感点。同时通过分析印度、孟加拉国分别对竞争对手水权敏感点的反馈方式，说明情境敏感机制的产生是实现分配合作的条件。如何判断情境敏感机制是否产生，主要是通过流域国家在争议谈判中，是否有对对方的水权敏感点进行前文所述的"回应"或"回避"的反馈言论或行动。同时，协议中是否有类似表述的内容也是重要的判断依据。

第四章
连续一致的动机：尼罗河的水资源分配争议

尼罗河流域水权分配争议一直未出现合作性政策调整的迹象，流域中竞争方——埃及、苏丹与埃塞俄比亚——依然纠缠于殖民地时期两个条约的效力问题与彼此的权利合法性问题。这一章主要分析尼罗河流域中，流域国家的权利规范竞争是如何深嵌于流域内的水关系情境中，并形成权利规范产生的敏感源及水权敏感点的。在双方围绕水权分配争议的互动中，任何一方对对方的水权敏感点均未予以适当回应或回避，因此无法培育建立情境敏感机制的环境。最终，连续一致的动机主导着竞争过程，流域国家在水权争议上依然互不相让，尼罗河水资源分配问题的合作基本没有进展。

第一节　身份问题：尼罗河流域的水权敏感源

尼罗河中权利规范竞争的对象主要是尼罗河的流量分配，竞争双方以埃及为一方，另一方则是以埃塞俄比亚为代表的东非国家。双方展开规范竞争的依据分别是所有权与占有权规范，在此过程中，埃及是否能对埃塞俄比亚的水权敏感点做出回应是流域中能否产生情境敏感机制的关键。

到目前为止，1902年、1929年以及1959年的尼罗河水协议是该流域流量分配的主要依据。上述三个条约由于均在殖民地时期签订，且仅是在埃及和苏丹之间达成的意向，因此成为规范竞争的主要争议来源。埃及坚持，未来任何水争议谈判都须以上述三个条约的内容为依据，尤其是1959年条约。根据此条约，埃及以占有权规范为依据，确立了对尼罗河"已获得权利"的合法地位。然而，上游的东非国家则认为此条约是在殖民地时期签订，本身就不具有合法性，否定了此条约赋予埃及和苏丹对尼罗河水资源的权利。

一 尼罗河流域各国的水关系情境

尼罗河不仅是一个自然地理单元，而且是一个产生了大量文化多样性、意义、话语以及叙事的"文本"。[①] 水分配争议不只是针对水本身，更多地反映了流域国家对争议对象的某种认知，而这种认知则形成于特定的文化和历史情境。

（一）尼罗河的水文特征

美国的一位自然主义者曾经说过，"如果这个星球上存在奇迹，那么非流动的水莫属"，[②] 而世界上没有哪条河流会比尼罗河有更多的奇迹。尼罗河是非洲一条重要的河流，其源头位于热带和近赤道地区。在注入主要支流喀土穆河后，尼罗河的年径流量大约为10亿立方米。流域内，湿润气候带的年平均降雨量超过了1000毫米，而占流域面积一半的干旱地带几乎没有降雨量。北部苏丹的纳赛尔湖（Lake Nasser）与南部的埃及是尼罗河水蒸发最严重的地区。由于每

[①] Israel Gershoni & Meir Hatina, *Narrating the Nile*: *Politics*, *Culture*, *Identities*, Boulder, Colo.: Lynne Rienner Publishers, 2008, p.3.

[②] Robert O. Collins, *The Nile*, New Haven: Yale University Press, 2002, p.1.

年潜在的蒸发率过高，整个非洲依赖于降雨量实现经济产出的效率非常低。上述环境因素共同促使尼罗河成为一条世界最长但流量较低的国际河流。

尼罗河的两条主要支流是青尼罗河（the blue Nile）和白尼罗河（the white Nile），白尼罗河对尼罗河的贡献率远远低于青尼罗河。青尼罗河是埃及与埃塞俄比亚水权争议的主要来源，发源自埃塞俄比亚高原海拔 6000 英尺处，其源头是一股泉水，被埃塞俄比亚东正教视为神圣之地。埃塞俄比亚称青尼罗河为大阿巴伊河（the Great Abbai），作为尼罗河下游的主要水源，青尼罗河从埃塞俄比亚流出后，有 4/5 的水量流入埃及。

尼罗河一共有 11 个流域国家，其中埃及和苏丹是下游国家。苏丹是尼罗河流域面积最大的国家，约 190 万平方公里，其次是埃塞俄比亚，流域面积为 36.8 万平方公里，埃及流域面积最小，为 30 万平方公里。[1] 然而，尼罗河上游水资源的分配在空间上并不均衡，[2] 上游国家（坦桑尼亚、卢旺达、布隆迪、肯尼亚、乌干达以及刚果民主共和国）仅使用尼罗河 0.05 立方千米的流量。[3] 尼罗河 95% 的流量来自埃塞俄比亚，但埃塞俄比亚的使用量仅为 0.6 立方千米。尼罗河是埃及唯一可依赖的水系，是埃及将近 90% 的人口日常用水的唯一来源，因此，埃塞俄比亚未来对尼罗河上游的开发是下游国家埃及的主要焦虑。

源于埃塞俄比亚的索巴特河（the Sobat）、青尼罗河以及阿拉

---

[1] Tesfaye Tafesse, *The Nile Question: Hydropolitics, Legal Wrangling, Modus Vivendi and Perspectives*, Munster: LIT, 2001, p. 29.

[2] O. Okidi, "History of the Nile and Lake Victoria Basins through Treaties", in P. P. Howell eds., *The Nile: Sharing a Scarce Resource: A Historical and Technical Review of Water Management and of Economic and Legal Issues*, Cambridge: Cambridge University Press, 1994, p. 321.

[3] Z. Abate, "The Integrated Development of Nile Basin Waters", in P. P. Howell eds., *The Nile Sharing a Scarce Resource: A Historical and Technical Review of Water Management and of Economic and Legal Issues*, Cambridge: Cambridge University Press, 1994, p. 236.

巴特河（the Atbara）共同汇入尼罗河，对于下游国家埃及的农业生产弥足珍贵。经过几千年的冲刷，这些洪水泛滥的河流从上游携带了大量营养丰富的积淀物，形成淤泥土壤，创造了一个肥沃的泛滥平原，支撑了埃及五千年的繁荣。[①] 如果没有尼罗河河水，生活在沙漠中的埃及人和北部苏丹人在一个只有岩石、沙子和狂风的环境里根本无法存活。尼罗河流域国家对此均感同身受：对尼罗河河水的需求和依赖主导着流域内所有国家的过去、现在和未来。

（二）尼罗河文明：埃及与埃塞俄比亚权利合法性的建构

权利规范的产生首先与流域国家所在的地理位置和自然环境有极大关系。如果国际河流的气候条件属于干旱类型，而流域国家在流域内又不具有地理优势，水资源匮乏就会成为这些国家面临的最大难题。尤其是以灌溉型农业为主要经济形式时，先占权一般会成为流域国家对国际河流水资源的权利主张，埃及即是这样一个典型。尽管埃及经常被誉为尼罗河文明的发祥地，但从河岸结构上讲，埃及是国际河流中实实在在的下游国家。也就是说，尼罗河流经 11 个流域国家，从尼罗河的源头排起，埃及在河岸结构上属于尼罗河流经的最后一个国家。就像约翰·沃特伯里的评论：世界上主要的河流中，没有哪一个流域像尼罗河那样，由众多的自治行为体所共有；同时也没有一个像埃及那样的下游国家，其生计只能依赖于尼罗河。[②] 埃及人生活在一个单一而又得天独厚的地理空间——尼罗河峡谷中，尼罗河沿岸的居民构成了埃及人口的主体。棉花种植和夏季农作物耕种是埃及主要的农业形式，也是其经济收入的主要来源之一。

[①] Robert O. Collins, *The Nile*, New Haven: Yale University Press, 2002, p. 5.
[②] John Waterbury, *Hydropolitics of the Nile Valley*, Syracuse, N. Y.: Syracuse University Press, 1979, p. 63.

尼罗河被誉为埃及的生命线。埃及一直认为，尼罗河使埃及具有了"尼罗河国家"[①]这一流域身份。然而，这一身份的稳定性却经常面临无法实现完全掌控尼罗河水资源这一事实的挑战。埃及人深信，尼罗河洪水对建构其"尼罗河国家"这一身份至关重要，而尼罗河上游的埃塞俄比亚是影响其维系身份的重要因素。埃塞俄比亚年复一年的洪水所携带的淤泥积淀物，经过八千年的冲积，形成当代埃及尼罗河峡谷与尼罗河三角洲。埃及人相信这是尼罗河赋予他们的"礼物"，是埃及的生命，是埃及曾经的文明、现在的基础以及未来财富的象征。[②] 和流域内的其他国家相比，埃及更强烈地认同于埃及是尼罗河创造的一个共同体。这种尼罗河国家身份的认同感将叙利亚人、土著法罗因人、贝都因阿拉伯人、阿尔巴尼亚人、努比亚人、柏柏尔人、土耳其人和吉卜赛人联结到一起。如果没有尼罗河，埃及可能会由于宗教、语言及种族而骤然分裂，是尼罗河的泥浆与水将其连为一体。[③]

尼罗河洪水的神秘与变化莫测超出古代埃及人的控制能力。无法完全预测尼罗河洪水流量一直是古代埃及人最大的困扰，洪水流量的充沛与不足完全决定了埃及人的生活状况。尤其是当尼罗河洪水没有如期到来时，干旱与饥荒必然出现。随之，经济衰退、政治混乱，社会开始出现动荡，外部入侵也如影随形。古埃及王朝的繁荣与衰落总是与尼罗河洪水的充沛与不足相生相伴。历史上，埃及王朝时代一共经历过三次"黑暗时期"，[④] 黑暗时期

[①] Haggai Erlich, *The Cross and the River: Ethiopia, Egypt, and the Nile*, Boulder, Colo.: Lynne Ridnner Publishers, 2002, p. 60.

[②] Jack V. Kalpakian, *Identity, Conflict and Cooperation in International River Basins*, Virginia: Dissertation of Old Dominion University, 2008, p. 92.

[③] Jack V. Kalpakian, *Identity, Conflict and Cooperation in International River Basins*, Virginia: Dissertation of Old Dominion University, 2008, pp. 140–141.

[④] 参见 Robert O. Collins, *The Nile*, New Havern: Yale University Press, 2002, pp. 11–26。

的到来意味着尼罗河洪水进入了低流量时期，也预示着王朝内部会陷入混乱。当王朝权力再次达到顶峰时，那也就表示尼罗河水在这期间属于丰沛充盈期。因此，埃及王朝的繁荣与法老的成功不仅取决于其军事力量与治理能力，还依赖于尼罗河洪水的如期而至。即使在公元7世纪，阿拉伯人入侵埃及后，阿拉伯统治者也和其前任法老们一样，同样关注尼罗河洪水对其治理的决定作用。当公元967年尼罗河洪水的流量再次进入低迷时期，阿拉伯统治者的权力也未能逃脱衰落的命运，内乱与外侵依然如期而至。尼罗河的神秘在埃及人的灵魂中生根发芽，让埃及人时常处于害怕失去的焦虑与担忧中。尼罗河洪水的变幻莫测，尤其是其低流量使埃及人产生了一种偏执的信念：居住在上游的人们能控制下游人的生命。[①] 只是在20世纪之前，埃及人一直无法探知尼罗河的源头究竟在哪儿，也就未将此信念与埃塞俄比亚联系起来。

  尼罗河洪水对维护埃及人生活方式的重要性是埃及先占权的信念之源。从这个角度讲，尼罗河为埃及身份的建立提供了一种近似于物质性的支撑。相比埃及对于"尼罗河国家"身份的执着，埃塞俄比亚更看重其基督教的宗教身份。埃塞俄比亚在尼罗河流域中具有得天独厚的条件，发源于其境内的青尼罗河对尼罗河的贡献率约为84%。但对于中世纪的埃塞俄比亚来说，尼罗河更多的是信仰的神圣之地，是基督教身份的载体。这样的信念首先来源于尼罗河的源头塔纳湖的宗教意义。青尼罗河的源头塔纳湖，是埃塞俄比亚历史悠久的朝圣之地。圣经中，小阿巴尼特河是从亚当花园流出的四条河流其中的一条，河水是圣水，不仅可以洗涤看得见的污垢，还可以洗净看不到的污秽，具有消除罪孽、拯

[①] Robert O. Collins, *The Nile*, New Havern: Yale University Press, 2002, p.22.

救灵魂的力量。[①] 在青尼罗河的源头塔纳湖的周边与湖中的小岛上，布满了基督教教徒在中世纪建立的教堂和修道院。[②] 因此，对青尼罗河的所有权不仅意味着是获得生存权与生命权的物质性资源，或是意味着某种生活方式的延续，更多的是埃塞俄比亚维系其基督教身份的精神支撑。

二 围绕尼罗河的互动：埃及与埃塞俄比亚的水关系

尼罗河文明分别建构了埃及与埃塞俄比亚国家身份与宗教身份的合法性。然而在几个世纪的水互动中，双方屡屡使彼此的身份合法性面临着被解构的威胁，使彼此对尼罗河水资源的权利合法性受到质疑与挑战。

（一）20世纪前：埃塞俄比亚改向的威胁与埃及的身份合法性危机

埃及对尼罗河水权的敏感离不开水文地理的物质性环境，恶劣的物质条件也同时造就了"埃及是尼罗河的礼物，尼罗河是埃及的信念"。这个信念长长久久地指导着埃及与尼罗河流域中其他流域国家尤其是与埃塞俄比亚的水关系。

尼罗河不仅是埃塞俄比亚宗教信仰的发源地，也为埃塞俄比亚人维系基督教身份提供了武器。长期以来，埃及一直是埃塞俄比亚基督教宗教身份合法性的认证者。从教阶上来讲，埃及的基督教与埃塞俄比亚的基督教是上下级的关系。由埃及派遣主教到埃塞俄比亚是其获得身份认同的主要途径，尼罗河则成为埃及基督教传教士通往埃塞俄比亚的主要通道，也是联结埃及与埃塞俄比亚基督教的宗教纽带。公元 7 世纪阿拉伯人统治埃及后，埃及的基督教时常受到伊斯兰教的冲

[①] 参见 Haggai Erlich and Istael Gershoni, *The Nile*: *Histories*, *Cultures Myths*, Boulder, Colo.: Lynne Rienner Publishers, 2000, pp. 153–170。

[②] Haggai Erlich, *The Cross and the River*: *Ethiopia*, *Egypt*, *and the Nile*, Boulder, Colo.: Lynne Ridnner Publishers, 2002, p. 42.

击。尽管埃塞俄比亚不需要像埃及那样，对尼罗河所有权充满紧迫感，但是如果失去尼罗河，埃塞俄比亚相信会失去对付埃及伊斯兰教威胁的天然屏障，也丢失了可以维系其宗教身份的外交王牌。每当感受到埃及伊斯兰教对基督教的威胁时，埃塞俄比亚会经常利用其掌握尼罗河源头的优势，以及埃及对埃塞俄比亚改道尼罗河能力的担心与恐惧，进行反击。

尽管来自埃塞俄比亚的威胁从未在实践中付诸实施，但在埃及形成了各种关于埃塞俄比亚威胁的故事与传言。埃及人相信，埃塞俄比亚会随时控制或至少干预埃及对尼罗河河水已建立的权利[1]。而埃及的统治者们则坚信，失去尼罗河水尤其是尼罗河洪水，埃及政府与社会必然会陷入混乱。这个信念逐渐与蔓延在埃及人中的种种传言与故事相融合，建构成埃及对尼罗河权利规范的敏感源，即埃塞俄比亚时常改向尼罗河水道的传言与现实威胁，埃及由此产生了恐惧与担心[2]。对此，埃及相信，唯有坚定不移地保护其对尼罗河的水资源，尤其是尼罗河上游水资源使用的历史权利，才是可以消除埃塞俄比亚威胁的对策。因此，对埃塞俄比亚控制尼罗河水资源的"担忧"成为指导埃及在19世纪和20世纪早期水文政策的依据。

中世纪以后，埃及的伊斯兰教统治者开始寻找办法，想要摆脱丧失"尼罗河国家"身份的梦魇。穆罕默德·阿里开启一系列水利工程建设的进程，包括建造大坝、蓄水库和灌溉水渠。建立各种蓄水设施，尤其是确保夏季农作物栽培用水的水体工程，是埃及尼罗河水资源使用历史中的主要实践。埃及试图通过建立与上游国家苏丹的合

---

[1] Robert O. Collins, "In Search of the Nile Waters, 1900－2000", in Haggai Erlich and Istael Gershoni eds., *The Nile*: *Histories*, *Cultures Myths*, Boulder, Colo.: Lynne Rienner Publishers, 2000, p. 259.

[2] 这部分内容，可参见 Haggai Erlich and Istael Gershoni eds., *The Nile*: *Histories*, *Cultures Myths*, Boulder, Colo.: Lynne Rienner Publishers, Inc., 2000。

体——尼罗河峡谷统一体（Unity of the Nile Valley），确保其对尼罗河水资源所有权，进而保障其使用权的安全。通过合并苏丹，埃及控制了青尼罗河与白尼罗河的交汇处，成功消除了阻碍其"身份"稳定化的障碍，由此建立了埃及对尼罗河"自然与历史权利"的基础。然而，埃及并未因此摆脱对埃塞俄比亚"野蛮、魔鬼、异类"[1]这一敌人身份的负面认知，埃及依然沉浸在"这个敌人可能会改变尼罗河水水道的恐惧中"。占有水资源，只是在其先占权权利建构的历史上，前进了一小步而已。

（二）20世纪后：埃及占有尼罗河与埃塞俄比亚的权利合法性危机

埃及的农耕主要受益于尼罗河的水资源，以及来自埃塞俄比亚的洪水冲积物所形成的肥沃黑土。进入20世纪后，埃及的统治者们逐渐意识到，居住在上游控制尼罗河洪水的那群人正是埃塞俄比亚人，尼罗河洪水是源于埃塞俄比亚的礼物。[2] 埃及人笃信，尼罗河洪水的丰沛与否取决于埃塞俄比亚的喜好，埃塞俄比亚与埃及能否在尼罗河上生存有着密切的关系。埃塞俄比亚成为具有改道并阻碍尼罗河流向下游的神秘国家，强化了埃及对流入其境内的尼罗河自然流量被损害的担忧与恐惧。古老的历史记忆调和新的恐惧，使埃及人相信，唯有获得尼罗河水资源所有权才是挣脱梦魇的唯一方式。与埃塞俄比亚的"水"关系被埃及人视为维系其"尼罗河国家"身份合法性的决定因素，而如何摆脱"被埃塞俄比亚控制的命运"，成为埃及建构占有权权利规范的基础。埃及开始将"优先占用"作为对尼罗河水资源的主导政策，以排除任何一个上游国家对尼罗河河水的使用，从而损害埃及的水权。1902年、1929年、1959年的尼罗河水条约是埃及实现

---

[1] Haggai Erlich and Istael Gershoni eds., *The Nile*: *Histories*, *Cultures Myths*, Boulder, Colo.: Lynne Rienner Publishers, 2000, p. 10.
[2] Haggai Erlich, *The Cross and The River*: *Ethiopia*, *Egypt*, *and the Nile*, Boulder, Colo.: Lynne Ridnner Publishers, 2002, p. 3.

"优先占用"政策的结果，改变了埃及与埃塞俄比亚在长达几个世纪的尼罗河竞争中的势力对比，最终使埃及摆脱了尼罗河梦魇的威胁，奠定了其对流域内水资源使用的权利优势地位。

1902年，英国工程师威尔科克（Willcocks）为埃及在尼罗河建造了第一座大坝，以在旱季储存洪水。同一年，埃及与英国签订尼罗河条约，条约中规定：埃塞俄比亚"在未经英国政府和苏丹政府的同意下，不得在青尼罗河、塔纳湖或索巴特河上建造任何阻止、拦截尼罗河河水的工程，或获得建造权的许可"。尽管条约签订于殖民时期，但埃及认为其是条约理所当然的继承者，有权反对埃塞俄比亚在未经埃及许可前建造任何工程。[1] 随后，埃及撇开上游国家，与英国于1929年再次单独签订尼罗河水协定，确定了埃及对尼罗河河水及其支流的"自然和历史的权利"。埃及作为协定一方，更是明确了"未经埃及政府同意，不得在尼罗河及其支流以及流经的湖泊上，建造任何进行灌溉和电力生产的工程"。埃及据此获得了每年对尼罗河水480亿立方米的权利。[2] 此协议也成为埃及在后来尼罗河水分配争议中主要援引的历史法律依据。1929年的条约确立了埃及对尼罗河的水权三原则——"基本需求"、"优先使用"及"已获得的水权"，并影响了大部分埃及人的思维与认知，认为这个高度不平衡的殖民地条约是指导尼罗河（水分配）的合法原则。[3]

1941年埃塞俄比亚独立，基督教身份逐渐与其新的主权国家身份融合在一起。这一新的身份使埃塞俄比亚开始强调其作为东非

---

[1] Salman M. A. Salman, "The Nile Basin Cooperative Framework Agreement: A Peacefully Unfolding African Spring?", *Water International*, Vol. 38, No. 1, 2013, p. 18.

[2] 参见 Trferi Mikonnen, *The Blue Nile Issue: A History of Hydropolitics, 1884 – 1974*, Saarbrücken: VDM Verlag Dr. Müller, 2011; John Waterbury, *Hydropolitics of the Nile Valley*, Syracuse, N. Y.: Syracuse University Press, 1979, p. 66。

[3] Arun P. Elhance, *Hydropolitics in the Third World: Conflict and Cooperation in International River Basins*, Washington, D. C.: United States Institute of Peace Press, 1999, p. 70.

国家，同时也希望以东非国家的身份发挥地区领导作用。埃塞俄比亚认为，尼罗河是实现这一身份的关键，通过反对埃及对尼罗河的霸权，重新要求共享对尼罗河水资源的权利，可以为埃塞俄比亚提供建立东非国家身份的平台，并由此建立其在东非国家中的领导地位。埃塞俄比亚提出青尼罗河计划（the blue Nile plan），重新要求对尼罗河水资源进行平等分配。这个要求再次勾起了埃及梦魇般的记忆，引发了埃及的担心与疑虑。1941年，埃及驻英国大使提醒英国政府："必须在短期内承认埃及对塔纳湖和青尼罗河的权利。"[1] 同时在此期间，埃及为保证其继续拥有对青尼罗河的权利，从内部和外部双管齐下，建构否认埃塞俄比亚对青尼罗河权利合法性的环境。

在国内，埃及通过各种渠道重新加强对埃塞俄比亚负面身份的认知（perception），再次建构了国内对埃塞俄比亚改道尼罗河的恐惧。由恐惧而生的对权利的坚持与保护，已成为一种具有符号性质的记忆，而非战略性利益的需求。从历史记忆中产生的信念，常常在埃及的权利合法性遭到质疑时复活，生成连续一致的动机，即对已获得的历史权利紧抓不放。从这个意义上讲，它已经超越了仅是某个时期国家政治经济发展的战略需求和利益诉求。"要么占领埃塞俄比亚，将其伊斯兰化，要么让其陷入混乱和痛苦"，[2] 遂成为埃及保护对尼罗河权利、消除埃塞俄比亚对埃及威胁的另外一种方式。然而，埃及占领埃塞俄比亚不仅没有成功，反而让埃及颜面尽失。埃及开始用埃塞俄比亚和东非国家的争议，来牵制埃塞俄比亚对尼罗河的关注。比如埃及利用埃塞俄比亚与厄立特里亚的矛盾，干扰埃塞俄比

---

[1] 转引自 Teferi Mekonnen, *The Blue Nile Issue: A History of Hydropolitics, 1884 – 1974*, Saarbrücken: VDM Verlag Dr. Müller, 2011, p. 82。

[2] Abadir M. Ibrahim, "The Nile Basin Cooperative Framework Agreement: The Beginning of the End of Egyptian Hydro-Political Hegemony", *Mo. ENVTL. L. & REV.*, Vol. 18, No. 2, 2011, p. 291.

亚内部政局的稳定，使埃塞俄比亚无暇顾及尼罗河水资源的分配现状，以保证自己无限制地使用尼罗河。1952年埃及革命后，"自由军官"组织宣布控制尼罗河。同时，埃及新的国家领导人纳赛尔做出了在尼罗河上修建阿斯旺大坝的决定。1959年，埃及与苏丹签订新的尼罗河水协定，此条约批准了埃及在青尼罗河建造阿斯旺大坝的计划。1971年建成的阿斯旺大坝，与50年代后复活的"尼罗河峡谷统一体"相呼应，成为埃及国家身份的象征。阿斯旺大坝进一步排除了重要的上游国家埃塞俄比亚对尼罗河水资源的合法权利，正如埃里奇的评价，"1959年协定至今仍然有效，相当于宣布埃塞俄比亚是一个无关紧要的国家"，[1]"基本上改变了尼罗河与埃及的关系"。[2]

对于埃及来说，阿斯旺大坝的建立将其从长期以来对上游国家的恐惧幻想与现实中释放出来。而对于埃塞俄比亚来说，则意味着丢失了其对尼罗河河水的权利。为了削弱埃塞俄比亚提出的"平等公正地使用尼罗河"的权利要求，阻止埃塞俄比亚在青尼罗河的流域发展计划，埃及再次使用破坏埃塞俄比亚和平与稳定的战略，为反埃塞俄比亚的内部和外部力量提供道义和物质上的帮助。与此同时，埃及竭力激化埃塞俄比亚内部基督教教徒—伊斯兰教教徒的身份对峙，使埃塞俄比亚陷入无休止的内战。

面对埃塞俄比亚的水共享权利要求，埃及认为，继续维系其尼罗河国家身份的前提是拒绝任何流域国家对尼罗河水分配现状的改革。对于埃及来说，在不得不面对争议谈判时，最好将问题界定为技术性而非政治性质。因此，在谈判中，埃及的水权敏感点是水可用性，即

---

[1] Haggai Erlich, *The Cross and the River: Ethiopia, Egypt, and the Nile*, Boulder, Colo.: Lynne Ridnner Publishers, 2002, p. 133.
[2] Francesca de Chtel, *Water Sheikhs and Dam Builders: Stories of People and Water in the Middle East*, London: Transaction Publisher, 2007, p. 87.

通过技术性的方法解决流域内水资源匮乏的问题，而回避重新分配水权的要求。

围绕尼罗河形成的历史文化关系，最终产生了埃及与埃塞俄比亚各自对尼罗河水资源权利归属的信念体系。此信念体系基本上包括两部分：一是通过尼罗河定义自我的身份；二是通过尼罗河另一个国家的身份，定义自我与他者的关系。这个信念体系在双方的水权互动中嵌入一种零和性质的关系，双方均相信，每一方权利合法性和所遵从规范的适当性意味着另外一方权利的不合法和遵从规范的不适当。在面对水权争议时，早已形成的信念体系使任何一方都对另一方处于戒备状态，循环往复，逐渐成为常态，生成遵从各自规范的连续一致的动机。在这种情境下，双方的互动就表现为：每一方在认知和对待另一方的权利要求时，常常执着于自己过去的经验、历史记忆等信念情境，并对此保持高度的敏感，以支撑自己权利的合法性。

第二节　埃及与埃塞俄比亚的水权互动：连续一致的动机

埃及与埃塞俄比亚在围绕尼罗河的水权互动中，埃及是权利现状的维护者，其水权敏感点是水可用性，而埃塞俄比亚则是权利现状的改革者，其水权敏感点是水共享。然而，在尼罗河的水资源分配争议中，埃及对尼罗河水外交的指导精神一直是控制和占有尼罗河，而非调控或合作。[1] 因而，埃及始终采取的是回避而非回应埃塞俄比亚水权敏感点的方式。

1929 年与 1959 年的尼罗河水协议是尼罗河流量分配的主要条

---

[1] Abadir M. Ibrahim, "The Nile Basin Cooperative Framework Agreement: The Beginning of the End of Egyptian Hydro-Political Hegemony", *Mo. ENVTL. L. & REV.*, Vol. 18, No. 2, 2011, pp. 288–289.

约，但这两个协议仅在埃及与苏丹之间对尼罗河水流量进行了分配。1929年协议不仅未考虑埃塞俄比亚这个流域面积最大（其流域面积是尼罗河流域总面积的4/5）国家的水权，还否定了其他赤道河岸国家共享"甜饼"的合法权利。[①] 1959年，埃及与苏丹重新签订水资源分配协议，依旧排除了所有上游国家的自然权利。埃及把这个双边条约作为流域内具有法律约束性的条文，坚持未来流域内的任何合作须以此协定作为谈判基础。根据这两个协议，埃及每年从尼罗河获得555亿立方米水，苏丹获得185亿立方米水，两国合计用水量占尼罗河全部水资源的90%。[②]

这两个协议遭到了流域内其他国家，尤其是上游国家的反对。上游的东非国家在20世纪60年代后独立成为主权国家，因而对主权规范非常珍视，并运用到对自然资源的权利主张中。包括埃塞俄比亚在内的上游国家国内政治经济均不稳定，缺失国家治理能力，同时在流域内水关系中均处于权利劣势。与下游国家埃及与苏丹相比，这些国家在使用国际河流水资源的时序和年限上要晚一些。为了平衡下游国家在国际河流分配中的优越现状，重新获得对尼罗河水资源的所有权，上游国家更倾向于使用河岸权的主张。1955年东非尼罗河合作委员会建立，成员包括乌干达、肯尼亚与坦桑尼亚。谈判中，该委员会的第一项行动就是宣布对尼罗河水资源的三项权利，分别为对共同水域的"内在和无可争议的权利"，[③] 共享在其领土内建立水体所产生的收益，以及对"补给水资源"（additonal

---

[①] Tesfaye Tafesse, *The Nile Question: Hydropolitics, Legal Wrangling, Modus Vivendi and Perspectives*, Munster: LIT, 2001, p. 81.

[②] 参见《尼罗河水资源分配之争难解》，http://news.xinhuanet.com/world/2010 - 06/28/c_12273130.htm.（访问时间：2010年6月28日）

[③] P. Howell, "East Afria's Water Requirements: The Equatorial Nile Project and the Nile Waters Agreement of 1929: A Brief Historical Review", in P. P. Howell, J. A. Allan eds., *The Nile Sharing a Scarce Resource: A Historical and Technical Review of Water Management and of Economic and Legal Issues*, Cambridge: Cambridge University Press, 1994, p. 81.

water）的绝对权利。与此同时，下游国家埃及和苏丹是尼罗河水资源的最大使用者，依据占有权规范的"自然及历史权利"，坚持对尼罗河"已获得的权利"。① 1961 年，坦桑尼亚提出著名的"尼雷尔定律"（the Nyerere Doctrine），得到埃塞俄比亚、肯尼亚，乌干达等国的支持。一方面，尼雷尔定律本质上反映了东非大湖区国家对流经其境内的国际河流属于主权财产的信念，即主权国家有权对流经其境内的国际河流行使所有权的权利。另一方面，此定律反对 1929 年由英国、埃及和苏丹签订的尼罗河水协议，并提出对尼罗河的水权要求。坦桑尼亚总统尼雷尔坚持坦桑尼亚有权根据自己的意愿发展其境内的水资源，而无须征得其他国家的同意。1995 年，坦桑尼亚在尼罗河会谈的第三次会议上明确坚持其对尼罗河水资源的平等权利（equtiable entielement），正式向埃及的"历史需要及已建立的权利"提出挑战。②

青尼罗河是尼罗河的两个重要支流之一。据统计，86% 的青尼罗河水起源于埃塞俄比亚高原，而在洪水泛滥季节，95% 的尼罗河河水发源于埃塞俄比亚。③ 埃塞俄比亚遵从所有权规范，坚持尼罗河水资源分配中的河岸权权利。从 1957 年开始，埃塞俄比亚多次在国际论坛上提出对青尼罗河的水权。1952 年，埃及计划建立阿斯旺大坝时，埃塞俄比亚就对此项目持保留意见。1957 年，埃塞俄比亚表示，工程建设中所需的尼罗河水资源源自埃塞俄比亚境内，

---

① O. Okidi, "History of the Nile and Lake Victoria Basins through Treaties", in P. P. Howell, J. A. Allan eds., *The Nile Sharing a Scarce Resource: A Historical and Technical Review of Water Management and of Economic and Legal Issues*, Cambridge: Cambridge University Press, 1994, p. 333.

② Robert O. Collins, "In Search of the Nile Waters, 1900 – 2000", in Haggai Erlich and Istael Gershoni eds., *The Nile: Histories, Cultures Myths*, Bounder, London: Lynne Rienner Publishers, Inc., 2000, p. 264.

③ John Waterbury, *Hydropolitics of the Nile Valley*, Syracuse, N.Y.: Syracuse University Press, 1979, p. 23.

斥责埃及对埃塞俄比亚水所有权的漠视。1977年，在阿根廷马德普拉塔的联合国水会议上，埃塞俄比亚强烈要求能独立发展青尼罗河的权利。

20世纪70年代后，尼罗河流域国家开始了断断续续的水权分配谈判。埃塞俄比亚在分配争议谈判中，以其对尼罗河的贡献率为依据，证明埃塞俄比亚享有尼罗河所有权及使用权的正当性。以此为基础，埃塞俄比亚提出应改变1959年尼罗河水协议所框定的水分配现状，坚持应签订新条约以取代1929年条约，嵌入"平等"与"合理"使用流经各自领土内（尼罗河）水资源①的表述。埃塞俄比亚认为下游国家不仅应该理解这个立场，而且还应该积极努力地去创造和推动水资源分配上的合作。然而，埃及拒绝了埃塞俄比亚的要求，也未对其立场表示理解。面对上游国家的水权所有权规范依据，埃及和苏丹则以占有权规范为基础，拒绝承认东非国家对任何尼罗河水资源的权利。这两个国家援引1929尼罗河水协定，阐明了"东非国家仅能对下游国家不使用的那部分剩余水量行使权利，而这部分剩余水量并不存在，因此东非国家无权拥有任何尼罗河的水资源"。② 埃及更是以对尼罗河河水的使用历史为由，拒绝承认任何国家对尼罗河水资源的权利要求，以及会引起现状改变的任何变化。1997年，针对《华尔街日报》倡导建立尼罗河流域水分配机制的提议，埃及《金字塔》（AL-Ahram）报编辑拉什迪（Dr. Rushdie As'id）表示强烈抗议，并声称（尼罗河流域的）其他国家对尼罗河水没有任何权利。拉什迪认为，直到20世纪初期，尼罗河完全是埃及的河流。埃及的公共工程部（the Public Works Ministry）一直承担着对尼罗河的研究及使

---

① Terje Tvedt, *The River Nile in the Post-Colonial Age: Conflict and Cooperation among the Nile Basin Countries*, London: I. B. Tauris, 2010, p.174.

② Jack V. Kalpakian, *Identity, Conflict and Cooperation in International River Basins*, Virginia: Dissertation of Old Dominion University, 2008, p.73.

用计划的职责。1929~1959年，随着阿斯旺大坝的建造，埃及和苏丹达成水分配协议。埃及坚持，未来任何新协议的谈判须以肯定埃及已获得的权利为基础。此外，埃及还表示，由于尼罗河水资源并没有可替代性的资源，上游国家应限制新的消费使用。[1] 尼罗河水资源分配谈判应以拓展补给水资源（additional water）而非以分配现有水资源为目标。

埃及暗示，争议的解决方式关键在于如何从技术上开发、增加新的水资源，而不是上游国家所提出的改变权利现状、重新分配资源的要求。很明显，埃及否定上游国家对尼罗河水资源所有权的合法性。上游国家，包括苏丹在内，开始不同程度地质疑埃及寻求理解、合作的意图。[2] 1978年2月，埃塞俄比亚总统门格斯图·海尔·马里亚姆（Mengistu Haile Mariam）表示：如果萨达特因为水事关其人民之生命而保护尼罗河，他必须知道他想要毁灭的埃塞俄比亚是尼罗河源头之一。正是从这里，埃及的农民获得了至关重要的黑土。同样，埃塞俄比亚人民的生活也一样重要。[3] 同年3月，埃及总统安瓦尔·萨达特（Anwar el-Sadat）表示：尼罗河是埃及生存之全部依赖，如果任何人在任何时候想要剥夺这个生存来源，埃及会毫不犹豫地（为之战斗），因为它事关生死。[4] 谈判没有任何进展，双方在各自的权利立场上坚定不移地坚守着，水权争议甚至朝更加消极的方向发展。尼罗河所有权争议中的主要相关方——埃塞

---

[1] Terje Tvedt, *The River Nile in the Post-Colonial Age: Conflict and Cooperation among the Nile Basin Countries*, London: I. B. Tauris, 2010, p. 175.
[2] John Waterbury, *The Nile Basin: National Determinants of Collective Action*, New Havern: Yale University Press, 2002, p. 86.
[3] Robert O. Collins, *The Nile*, New Havern: Yale University Press, 2002, p. 213.
[4] John Waterbury, *Hydropolitics of the Nile Valley*, Syracuse, N.Y.: Syracuse University Press Syracuse University Press, 1979, p. 78.

俄比亚与埃及为造成既成事实（facts on the ground），[1] 分别在尼罗河流域展开单边行动。埃及利用高坝增加对尼罗河水的配额，60 年代的阿斯旺大坝、1997 年的新谷工程项目（the new valley scheme）都是具有代表性的单边行动。埃塞俄比亚独立后，极力反对有利于埃及的尼罗河水资源分配现状，开始沿尼罗河修建了大量小型水库。此种情境非但无法培育产生情境敏感机制的平台，反而通过单边行动加强了权利合法性的竞争。1993 年，埃及宣布在位于尼罗河西部埃及境内的一块绿洲上开拓新的农业用地，意味着结束了这期间几乎不明显的合作气象。

1997 年，埃及的新谷工程项目计划对尼罗河进行域外水流转向。在没有经过共同水域中其他流域国家的同意下，国际河流的流域外引水在世界上只有为数不多的几个例子，[2] 埃及便是其中一例。此外，埃及计划铺设两条输水管道：一条输水管道通向西奈河（the Sinai），储水量为 4 亿立方米；另一条则从纳赛尔湖通向西南沙漠地区，储水量为 5.5 亿立方米。这些单边计划均遭到埃塞俄比亚的反对，埃塞谴责这些计划通过创造新的"已获得权利"，对上游国家造成重大伤害。[3] 同年，尼罗河倡议计划公布，倡议的目标是建立一个由所有流域国家组成的尼罗河流域委员会，[4] 形成一个合作性框架。但尼罗河流域倡议前景堪忧，达成一个被共同接受的法律性的制度框架仍然充满了困难。埃及一方面许诺通过提升效率、保护、循环使用及去盐化

---

[1] John Waterbury and Dale Whittington, "Playing Chicken on the Nile? The Implications of Microdam Development in the Ethiopian Highlands and Egypt's New Valley Project", *Natural Resources Forum*, Vol. 22, No. 3, 1998, p. 156.

[2] Tesfaye Tafesse, *The Nile Question: Hydropolitics, Legal Wrangling, Modus Vivendi and Perspectives*, Munster: LIT, 2001, pp. 54–55.

[3] John Waterbury, *The Nile Basin: National Determinants of Collective Action*, New Haven and London: Yale University Press, 2002, p. 85.

[4] John Waterbury, *The Nile Basin National Determinants of Collective Action*, New Haven and London: Yale University Press, 2002, p. 80.

技术，提升水资源的可用性，似乎是接受了平等分享尼罗河的观念；但另一方面，埃及又寻求永久化历史遗留的水机制，[①] 因而遭到以埃塞俄比亚为代表的东非国家的反对。

1999年，尼罗河流域谈判重新开始，上游国家继续坚持一个新的框架必须放弃排除上游国家的提议。埃塞俄比亚坚持，作为尼罗河的发源地与主要贡献者，埃塞俄比亚有权利平等享有尼罗河水，以及保留对尼罗河水的使用权。[②] 下游国家则针锋相对地表示，新的协议必须包括早期的协议。到现在为止，无论是在次流域内还是在整个尼罗河流域范围内，尼罗河水资源分配没有任何法律性或是制度性的安排，也无任何可以调解流域内水资源使用和管理、可共同接受的习惯性程序。[③] 埃及的很多项目在计划时，并没有提前咨询其他共同河岸国家。因而，各流域国家在尼罗河流量分配上，未出现合作性的政策调整，以达成任何协议。

1999年，《尼罗河流域倡议》建立，其目标是达成一项合作性框架协议。埃及和苏丹依然坚持对尼罗河河水现存的使用权利，并将其作为任何谈判的基础。而以埃塞俄比亚为代表的上游国家坚持要求获得平等公正的水权。最终，此倡议在徘徊十多年之后，还是未出现任何合作成果。2010年上游国家在签订尼罗河流域合作框架协议时，着重强调上游国家使用尼罗河水资源的权利，同时申明此协议的价值不在于其具有国际法的工具性，而是其政治和反霸权的价值。[④] 与此同时，埃及的水资源与灌溉部长则斥责，上游国家间达成的这个协议

[①] Okbazghi Yohannes, *Water Resources and Inter-Riparian Relations in the Nile Basin: The Search for an Integrative Discourse*, Albany: State University of New York Press, 2008, p. 53.

[②] Cleopatra Msuya, Prime Minister, Tanzania, "Review of International Laws on Nile River Waters Urged", Xinhua News Agency, Item No. 0214130, February 14, 1995.

[③] Terje Tvedt, *The River Nile in the Post-Colonial Age: Conflict and Cooperation among the Nile Basin Countries*, London: I. B. Tauris, 2010, p. 176.

[④] Abadir M. Ibrahim, "The Nile Basin Cooperative Framework Agreement: The Beginning of the End of Egyptian Hydro-Political Hegemony", *Mo. ENVTL. L. & REV.*, Vol. 18, No. 2, 2011, p. 284.

相当于要求埃及"放弃文明,到沙漠中生活"。①

萨尔曼认为,尼罗河上游国家的目的,更多的是想要获得对其共享尼罗河水资源权利的承认,对权利合法性的关心超过了这些国家对水资源的实际使用。② 然而,埃及根深蒂固的历史信念让其无法放手对尼罗河已获得的权利,相信只有通过拒绝承认上游国家水权的合法性才能维护自己的权利合法性。因而,埃及在水权谈判中,一直否定争议是有关"权利"的政治问题,结果,上游国家也用相同的方式固守着自己所遵从的权利规范,致使谈判无法产生沟通与妥协的余地。最终,连续一致的动机占了上风,情境敏感机制在争议互动中无法产生,自然也未能出现突破分配争议的合作性政策调整。

小　结

国际河流的水权争议不仅仅是涉及技术分配的一个水文科学事实,更多的是关于"谁的权利及拥有多少权利"的水文政治。简单地说,水文政治就是指水不仅是一种自然资源,而且行动者会在不同的社会、文化和历史中,将其建构成具有不同意义的"水"认知,最终成为具有政治敏感性的信念。玛丽·道格拉斯(Mary Douglas)认为,那些被认知为"威胁"的问题是否被重视,取决于从文化中产生的制度,并为行动设置了限制。③ 尼罗河流域中,流域国家分别从流域内的水关系情境出发,塑造了流域国家对权利合法性知识的特定理解与期望。据此,在谈判中提出了可以代表合法性的具体权利要

---

① Abadir M. Ibrahim, "The Nile Basin Cooperative Framework Agreement: The Beginning of the End of Egyptian Hydro-Political Hegemony", *Mo. ENVTL. L. & REV.*, Vol. 18, No. 2, 2011, p. 301.
② Salman M. A. Salman, "The Nile Basin Cooperative Framework Agreement: A Peacefully Unfolding African Spring?", *Water International*, Vol. 38, No. 1, 2013, p. 25.
③ 参见 Mary Douglas, *Risk and Blame: Essays in Cultural Theory*, London and New York: Routledge, 1992。

求。如果在以争议为主要形式的互动中，竞争各方对对方的水权敏感点无动于衷，就会使行动者持续产生自己权利处于危险当中的信念，因此会更坚定对规范遵从的连续一致的动机，使促进合作的政策调整难以出现。本研究将这个过程归结为规范竞争中无法产生情境敏感机制，导致积极的政策调整走向失败。

第五章
情境敏感与国际河流分配争议的转机

20世纪90年代,国际河流的水分配争议在一些流域中出现了新的转机。在约旦河和恒河流域中,权利规范竞争的水关系开始出现了缓慢合作的迹象。

1994年10月,以色列和约旦签订和平条约——《华盛顿宣言》,条约中双方就约旦河和雅穆克河的水量分配达成一致。[①] 1995年,以色列和巴勒斯坦达成了奥斯陆 II 过渡协议,以色列承认了巴勒斯坦的水权。1996年,以色列、约旦和巴勒斯坦签署了联合发展水资源的原则宣言。此宣言规定,约旦河流域水资源分配的重心由对现存水资源的分配转向发展新的水资源。

1996年,在恒河流域,印度与孟加拉国在持续20多年的谈判后,终于就恒河旱季的水分配达成了为期30年的恒河水协议。在此之前,印度坚持恒河非国际河流的立场,拒绝与孟加拉国就恒河水分配达成长期的协议。1996年的协议中,印度首次用"水共享"(water-sharing)一词代替"释放流量"(release flow),承认孟加拉国

---

① 约旦河和以色列关于约旦河水资源分配的内容收录在《华盛顿宣言》的序言和关于"水及环境"的附录中。

是恒河共同河岸国家。同年，尼泊尔与印度就玛哈卡利项目（mahakali project）达成协议，意味着双方之间的水权使用权争议开始进入合作阶段。

通过第三章的分析，国际河流水权分配争议的水关系情境建构了流域国家水权分配的敏感源，使水权问题已经不仅仅是一个只关乎自然资源匮乏的水文学或是经济学问题，更多的是一个政治问题。本章以恒河流域为例，通过"情境敏感"机制，分析恒河流域水资源分配中，规范竞争何以能产生合作性的政策调整。

第一节　收益共享：印度与尼泊尔水争议的转机

印度是恒河流域中水资源权利现状的维护者，而孟加拉国与尼泊尔则是主要的权利现状改革者。本节的分析重心是，在这种水权权利结构中，主要流域国家的水权敏感源及敏感点是如何形成的？在识别水权敏感点后，进一步分析印度与孟加拉国及尼泊尔之间的情境敏感机制是如何产生的？

一　收益共享：尼泊尔的水权敏感点

流域的水资源分配争议主要发生于印度与其邻国之间。其中，最为突出的两对矛盾之一是：印度与孟加拉国之间关于恒河水流量分配的争议，印度与尼泊尔之间关于恒河水资源使用收益分配的争议。

（一）水电收益：尼泊尔的安全顾虑

尼泊尔位于喜马拉雅山南麓，是内陆国家，境内多高山，号称"高山王国"。丰富的水资源是尼泊尔境内主要的自然资源，经粗略统计，大概有6000条河流和溪水从尼泊尔流向恒河。

尼泊尔将国家经济发展的期望置于这个自然禀赋上，希望从丰富的水资源上获取收益。然而，特殊的多高山地貌，限制了尼泊尔发展灌溉性农业的可能，同时人口较少，也降低了水需求的总量。因此，尼泊尔希望利用丰富的水资源进行水电生产。据尼泊尔官方首次研究估计，尼泊尔喜马拉雅山水资源的电力生产潜能为83000兆瓦，实际可用量为40000兆瓦。[①] 其中，只有一小部分供尼泊尔自己消费，大部分都用于出口。向邻国印度出口电能是尼泊尔财富与财政收入的来源，建立大型水电工程项目由此成为尼泊尔水资源发展的主要政策。因而，水资源是尼泊尔实现经济发展目标的主要途径。对尼泊尔来说，水资源的意义犹如石油对海湾国家一样重要。[②] 尼泊尔水资源部（Water Resources Ministry）认为，喜马拉雅山流域水资源的发展蕴藏了世界上最大的（水电）发展机会，是走出邪恶的贫穷陷阱的唯一方式。[③]

尼泊尔对水资源寄托的是经济发展和国家建设的期望，因此极为关注水资源开发的收益。防洪、灌溉尤其是电能收益是主要的水资源收益，均需要通过大型的多功能蓄水工程来实现。其中，印度与尼泊尔合作建设的大型水电站是收益的主要来源。然而在此过程中，尼泊尔发现，尽管自己贡献了水资源，但收益回报比例极不平衡，几乎所有的收益都流向印度。在这种情况下，尼泊尔逐渐形成收益与安全之间的因果认知。尼泊尔把大型水电工程建设的收益，尤其是印度与尼泊尔之间合作建设的大型水电收益，视为事关领土与主权的安全问题。尼泊尔认为，收益问题关系到了尼泊尔是否能获得充分的使用

[①] Asit K. Biswas, "Management of Ganges-Brahmaputra-Meghna System: Way Forward", http://www.thirdworldcentre.org/akbgangesbrah.pdf. （访问时间：2014年1月23日）

[②] Ramaswamy R. Iyer, *Towards Water Wisdom: Limits, Justice, Harmony*, Los Angeles: Sage Publications, 2007, p.186.

[③] B. G. Verghese, *Waters of Hope: From Vision to Reality in Himalaya-Ganga Development Cooperation*, New Delhi: Oxford & IBH Publications, 1999, p.338.

权，以确保行使管理领土资源的权利。双方之间的收益讨论持续了30年，每一项大型水体工程都加深了尼泊尔对印度意图的怀疑，认为不对称的收益分配就是印度对尼泊尔领土与主权蚕食的结果。

1954年的柯西大坝（the Kosi barrage）与1959年的甘大基大坝（the Gandak barrage）均是在印度的财政支持和倡议下建造的。柯西大坝选址在尼泊尔境内的比哈姆那加尔（Bhimnagar），尼泊尔被要求提供工程用地，所用土地属于印度的财产。1954年，双方达成《柯西协议》。根据此条约，尼泊尔将获得2488万公顷的可灌溉面积。相比之下，印度的灌溉收益将近尼泊尔的50倍。同时，尽管尼泊尔可以获得4/5的电能收益，但支付价格极高，每度电为4尼泊尔卢比。[1] 条约达成之后，尼泊尔国内批评不断，认为此工程未能使尼泊尔获益，却为此向印度提供了一个无限期的治外法权，而未得到相应补偿。最重要的是，协议规定，授予印度该工程所需要之尼泊尔土地的所有权。工程用地的所有权问题事关尼泊尔的主权问题，激起了尼泊尔对领土与主权安全的担忧以及对印度的戒心。1966年对该条约进行修改，修改后的条约第5条第1款规定，印度将向尼泊尔租用所需土地，将"所有权"改为"租让"，期限为199年。[2] 但尼泊尔还是认为，这个条约相当于向印度出卖了国家的水资源，牺牲了尼泊尔特伦区（the Terai region）肥沃的灌溉土地与防洪收益。

《柯西协议》对尼泊尔的安全认知产生了重要的影响，尼泊尔人将其作为一个经验教训，并坚定在未来涉及任何水资源及相关的谈判中应更加谨慎。1959年，《甘大基条约》签订。和《柯西协议》一

---

[1] Dwarika N. Dhungel & Santa B. Pun eds., *The Nepal-India Water Relationship: Challenges*, Dordrecht: Springer, 2009, p. 20.

[2] Salman M. A. Salman, *Conflict and Cooperation on South Asia's International Rivers: A Legal Perspective*, Washington, D. C.: The World Bank, 2003, p. 75.

样，不对称的收益分配在尼泊尔国内引起强烈抗议。尼泊尔认为，此条约是印度侵犯尼泊尔主权和领土统一的表现。这两项靠近尼泊尔与印度边界的工程，被尼泊尔视为印度"不怎么友好的行为"，[1] 也使尼泊尔加深了对印度意图的质疑。不平衡的收益让尼泊尔人得出结论：从印度对尼泊尔未来水资源抽取的事实上，丝毫未看出印度是将尼泊尔作为一个主权国家来对待。印度外务大臣迪内什·辛格（Dinesh Singh）曾含糊地表示，事关塔纳克普尔的每一个问题似乎要比普遍认知严重很多。[2]

在此情况下，尼泊尔用石油对于西亚、天然气对于中亚的重要性做类比，将水资源作为其重要的战略资源，从而产生了必须保卫的信念。这种信念随之嵌入在1990年尼泊尔的新宪法中。新宪法规定，不管是否迫于印度的压力，在未获得议会2/3多数票的情况下，尼泊尔任何政府不得签订关于尼泊尔水资源的使用和分配条约。[3]

1991年的《塔纳克普尔条约》（the Tanakpur）又一次将印度对尼泊尔领土主权威胁的认知推到了风口浪尖。塔纳克普尔大坝是印度在玛哈卡利河上的一项单边行动工程，条约中尼泊尔同意印度使用其领土内2.9公顷的土地，并承认大坝所淹没的土地是无人地带。尼泊尔国内愤怒地指出，此条约是在水资源问题上向印度的又一次妥协，承认无人地带相当于接受了印度对被淹没土地的主权。反对者甚至指责条约具有反国家的性质，并在尼泊尔的政治中产生了滚雪球的效应。尼泊尔的政治反对派坚持此条约没有经过议会的

---

[1] F. Marty, *Managing International Rivers: Problems, Politics and Institutions*, Bern: Peter Lang, 2001, p.173.
[2] Abu Taher Salahuddin Ahmed, "Challenges of Governance in Nepal: Politico-Economic and Ethno-Religious Dimensions", *Journal of Contemporary Asia*, Vol. 24, No. 3, 1994, p. 362.
[3] Surya P. Subedi, "Hydro-Diplomacy in South Asia: the Conclusion of the Mahakali and Ganger River Treaties", *The American Journal of International Law*, Vol. 93, No. 4, 1999, p. 955.

批准程序，不具有法律效力，不能被视为一个"条约"。1971年，印度政府主张在玛哈卡利河建造班杰苏瓦尔项目，又一次引发两国之间的收益争议。争议中，尼泊尔更是明确地将"尼泊尔必须能保护其领土主权"作为政府支持其建造的条件之一。总之，印度在上述水体工程上获得的巨大收益，使尼泊尔产生了印度通过自然资源侵犯尼泊尔领土和主权的认知，并加深了尼泊尔人对保护自己利益的信念。

尼泊尔与印度在恒河水资源分配问题上的过往，在尼泊尔人的心理上留下了痛苦的阴影。水问题在尼泊尔国内的多次激化，逐渐使政治集团在民族主义情感上极端化，形成了尼泊尔关于水资源使用收益事关领土统一、主权独立的安全认知。尼泊尔人始终感觉，每次和印度在水问题上的交涉，就是尼泊尔被印度欺骗的过程。

（二）收益共享：尼泊尔的水权敏感点

对水体工程所涉及主权的担忧，成为尼泊尔权利规范——绝对领土完整规范——产生的敏感源。在尼泊尔看来，收益平等分配是印度与尼泊尔水关系中保证尼泊尔领土主权完整的关键所在。因而，收益分配平等成为谈判中尼泊尔的水权敏感点，尤其是围绕其与印度共同建设的大型水利项目的收益共享问题。因此，尼泊尔水政策制定的基本依据是：双边形式也好，多边形式也好，均以尼泊尔能否从这些项目中获得合理及平等的收益为标准。

1951年，印度与尼泊尔开始了关于柯西与甘大基项目的谈判，柯西河和甘大基河是两条较大的河流，流经尼泊尔后进入印度。这两个项目均属于界河引水工程，印度与尼泊尔分别于1954年、1959年签订相关协议。尼泊尔认为这两项工程都位于尼泊尔境内，因此工程的大部分灌溉与其他收益顺理成章地应该归尼泊尔所有。仅就甘大基项目来说，印度实际上获得的灌溉面积为200万公顷，而尼泊尔只获得了几百公顷。① 大部分尼泊尔人认为这两项条约并未平等地对待尼泊尔，印度利用尼泊尔在先前协定中的慷慨而获取了巨大利益。② 尼泊尔失去其肥沃的土地，而印度并未对尼泊尔所失去的土地和水资源给予相应的补偿。此外，印度甚至禁止尼泊尔在拦河大坝的上游处进行引水，以免影响印度在此处的引水灌溉。③ 尼泊尔对印度的动机及意图表示强烈怀疑与不信任，指责印度正为自己的利益在恒河流域尼泊尔段抽取水资源。因而，尼泊尔国内认为1954年《柯西协议》在尼泊尔与印度之间产生了不平等的收益分配，牺牲了尼泊尔的领土与主权，对协议持强烈反对态度。1966年，修改后的《柯西协议》依然未能使尼泊尔满意。而1959年的甘大基协议同样使尼泊尔认为，不合理的收益分配损害了其国家利益。

关于塔纳克普尔大坝的争议是尼泊尔形成水资源安全认知的另一敏感源，产生了关于此问题是事关主权平等和国家统一的认知。1983年，印度开始单方面在玛哈卡利河上建造塔纳克普尔大坝。工程开始建造后，尼泊尔才获知此事。尼泊尔政府愤怒地指出，印度应该事先向尼泊尔通报该工程建造事宜。印度否认该工程的选址和尼泊尔有关，但事实上，该工程确实牵涉尼泊尔的领土。1991年，印度与尼泊尔签署了理解备忘录，也称为《塔纳克普尔协议》(The Tanakpur Agreement)。在此协议中，尼泊尔根据工程需要提供了2.9公顷的土地。作为使用2.9公顷土地的交换条件，印度向尼泊尔提供灌溉用水和电能。然而，印度所提供的灌溉用水量仅为每秒4.25立方米，远

---

① Salman M. A. Salman, *Conflict and Cooperation on South Asia's International Rivers: A Legal Perspective*, Washington, D. C.: The World Bank, 2003, p. 91.
② A. Ramachandra Rao & T. Prasad, "Water Resources Development of the Indo-Nepal Region", *International Journal of Water Resources Development*, Vol. 10, No. 2, 1994, p. 166.
③ Frank Marty, *Managing International Rivers: Problems, Politics and Institutions*, Bern: Peter Lang, 2000, p. 172.

远低于尼泊尔从 1920 年协议中获得的每秒 28.3 立方米流量的权利。[①] 印度建造的塔纳克普尔大坝使印度对尼泊尔领土的使用延伸了 11.9 公顷，印度对此既无适当的提醒，也无相应补偿。1983~1991 年，塔纳克普尔大坝淹没了尼泊尔 36 公顷的土地。[②] 尼泊尔人感受到其领土完整受到威胁，并在国内进行了大规模的抗议。同时，尼泊尔人坚信，《塔纳克普尔协议》是另一项并未从在自己领土内建造的工程中平等获益的条约，是在水资源问题上向印度妥协的另一个条约。

班杰苏瓦尔工程是印度推动尼泊尔考虑在玛哈卡利河上所建造的另一项工程。玛哈卡利河是恒河的一条主要支流，其源头在尼泊尔西部。玛哈卡利河的总流域面积为 12100 平方公里，其中在印度的流域面积为 9700 平方公里，而尼泊尔的流域面积为 2400 平方公里。玛哈卡利河的平均流量为每秒 7288 立方米，最大年径流量为每秒 1066 立方米。[③] 该工程发电量大约 6000 兆瓦，可为印度与尼泊尔分别提供 1000000 公顷与 94000 公顷的灌溉面积。[④]

尼泊尔对此项工程基本不感兴趣，原因之一是班杰苏瓦尔的建造地点几乎不在尼泊尔的境内。尼泊尔倾向于工程选址完全位于其境内，以便于尼泊尔控制与管理。尼泊尔政府遂认为，在此工程收益中，尼泊尔毫无优势可言。即使同意印度的这个意向，如何实现平等

[①] 参见 Salman M. A. Salman & Kishor Uprety, "Hydro-Politics in South Asia: A Comparative Analysis of the Mahakali and the Ganges Treaties", *Natural Resources Journal*, Vol. 39, 1999, p. 298; M. M. Rahaman, "Integrated Ganges Basin Management: Conflict and Hope for Regional Development", *Water Policy* 11, 2009, p. 169。

[②] Dwarika N. Dhungel & Santa B. Pun eds., *The Nepal-India Water Relationship: Challenges*, Dordrecht: Springer, 2009, p. 42.

[③] Frank Marty, *Manging the International Rivers: Problems, Politics and Institutions*, Bern: Peter Lung, 2001, p. 163; Salman M. A. Salman & Kishor Uprety, "Hydro-Politics in South Asia: AComparative Analysis of the Mahakali and the Ganges Treaties", *Natural Resources Journal*, Vol. 39, 1999, p. 298.

[④] Sardar Muhammad Tairq, *Pakistan-India Relations Implementation of Indus-Water Treaty: A Pakistani Narrative*, Pakistan: Pakistan Institue of Legislative and Transparency, 2010, p. 10.

参与以确保尼泊尔获得公正的收益，同样也是一个重要的问题。尼泊尔坚持，玛哈卡利河上所有河水使用收益应该平均共享。当尼泊尔不使用其份额，而印度使用又超过了整个流量的 50% 时，应该向尼泊尔支付使用税。印度作为玛哈卡利河的最大使用者，自然反对以"平均"（equity）作为使用收益分配的标准，坚持"平等"（equality）的权利原则，应以尊重各自的现存使用为标准。

因此，尼泊尔对于班杰苏瓦尔项目的收益期望是最大化，包括最大限度开发所有可能产生的收益。基于这个期望，尼泊尔希望此项工程是一个包括灌溉、防洪抗旱以及水力发电在内的综合发展性工程。印度却计划仅将班杰苏瓦尔项目作为一项纯粹的"水电工程"，面对尼泊尔对公平及平等享受共同水域中水资源开发与发展收益的要求，印度以国际法及其实践为由，认为其作为下游国家，应享受平等使用这些国际河流的权利。为此，印度主张应根据对水资源的社会经济需求来确定权利的平等标准，使其可以无限制地使用从尼泊尔流向印度的所有河流。对此，阿斯特·瓦斯（Asit K. Biswas）认为，所有的上述认知形成了国家的信念，并进一步指导政治行动，决定了双边谈判中谈判者采取的立场。[1] 结果，双方之间弥漫着不信任、误解、怀疑的气氛，更加深了尼泊尔对收益不平衡的敏感。萨尔曼认为，这解释了为什么尼泊尔在决定积极使用其水资源中踌躇不前的原因。[2]

二　印度政策调整与情境敏感机制产生

在印度与尼泊尔的权利规范竞争中，争议突破的关键是印度能否对

---

[1] Asit K. Biswas, "Management of Ganges-Brahmaputra-Meghna System: Way Forward," http://www.thirdworldcentre.org/akbgangesbrah.pdf. （访问时间：2014 年 1 月 23 日）

[2] Salman M. A. Salman, *Conflict and Cooperation on South Asia's International Rivers: A Legal Perspective*, Washington, D. C.: The World Bank, 2003, p.121.

尼泊尔的"公正的收益"做出回应。穆昆达·昂塔瓦莱（Mukund G. Untawale）认为，在合作性工程上的共同收益如果能越来越合乎比例和平等，那么会在双方之间产生"共同回应"（mutual reponsiveness）。[1] 20世纪90年代初，印度开始调整与邻国的外交政策，包括改善与邻国的双边关系以及通过河岸问题在双边关系中发挥积极作用。印度总理钱德拉·谢卡尔（Chandra Shekhar）在此期间尼泊尔进行访问，并向尼泊尔发出了善意的信号。印度认为，自己一直以来只关注以利益竞争为核心的水量分配，在国际水协议中也均以水需求为谈判立场。因此，印度认为自己应该转换思维模式，向收益共享转变。正如沃尔夫所论及，决定交易的关键是各方要敏感于彼此具体的水文关注点。[2] 1996年的《玛哈卡利河综合发展条约》反映了印度的这一外交政策调整，它在很大程度促进了情境敏感机制在规范竞争中的产生。

1996年2月，尼泊尔和印度在新德里签订《玛哈卡利河综合发展条约》，有效期为75年。条约内容主要结合了三个玛哈卡利河水共享的条约，分别为1920年的《萨兰达条约》（*The Sarada Barrage Treaty*）、1990年的《塔纳克普尔备忘录》及1992年的《塔纳克普尔联合公报》。首先，条约序言在阐明解决阻碍改善国家关系的内容表述中，首次使用政治语言而非狭窄的技术语言。[3] 此外，条约明确，双方就平等合理使用原则、平等分配收益以及不引起重要伤害的责任达成一致。条约的第7条、第8条规定：除非双方之间达成相关协

---

[1] Mukund G. Untawale, "The Political Dynamics of Functional Collaboration: Indo-Nepalese River Projects", *Asian Survey*, Vol. 14, No. 8, 1974, p. 730.

[2] Aaron T. Wolf & Joshua T. Newton, "Case Study of Transboundary Dispute Resolution: the Indus Water Treaty", http://www.transboundarywaters.orst.edu/research/case_studies/.（访问时间：2012年11月20日）

[3] B. G. Verghese, *Waters of Hope: From Vision to Reality in Himalaya-Ganga Development Cooperation*, New Delhi: Oxford & IBH Publications, 1999, p. 403.

定，任何一方不应该从事有损河水流量及水平使用的阻断及引水的活动，以保持玛哈卡利河的流量及水平。① 协议的第 7 条、第 8 条以及第 9 条中的第 1 款接受了有限主权的理论，规定在不排斥其他共同河岸国家权利和利益的情况下，河岸国家有使用玛哈卡利河水资源的权利。同时，第 6 条规定：除了协议中已提及的工程，任何在界河玛哈卡利河上发展的工程，其设计和执行应该在以双方已建立的原则为根据而达成的协议下展开。② 由此，协议间接地限制了在玛哈卡利河上发展工程的单边行动，任何一方在玛哈卡利河上开始工程前，需达成相关协议。因而，协议规定了双方需遵守玛哈卡利条约中关于平等、收益共享和不伤害的原则。

在最为棘手的塔纳克普尔问题上，条约阐明尼泊尔同意印度使用大约 2.9 公顷的土地。这部分土地向西 9 公顷到达印度尼泊尔边界，其主权继续归尼泊尔所有，并自由行使所有相关权利。同时，尼泊尔在雨季可获得水量为 1000 流量单位（每秒 1 立方英尺）的水权，旱季则为 300 流量单位。在电能方面，从条约生效之日起，尼泊尔可以无成本地获得 7000 万千瓦时的电力。③ 根据条约需要，任何在印度—尼泊尔边界进行的向尼泊尔提供补给水资源（additional water）的蓄水工程，尤其是涉及补给水源头调节和必要的水道建设的工程，要由印度与尼泊尔共同管理。

班杰苏瓦尔项目（the Pancheshwar project，PMP）是《玛哈卡利河综合发展条约》的核心，条约为 PMP 的设计和执行建立了四个原则。第一个原则阐明了 PMP 的目标是为双方在电力生产、灌溉

---

① *Treaty of Mahakali*，http：//www. nepaldemocracy. org/documents/treaties_ agreements/indo - nepal_ treaty_ mahakali. htm. （访问时间：2014 年 2 月 27 日）

② *Treaty of Mahakali*，http：//www. nepaldemocracy. org/documents/treaties_ agreements/indo - nepal_ treaty_ mahakali. htm. （访问时间：2014 年 2 月 27 日）

③ Salman M. A. Salman & Kishor Uprety，"Hydro-Politics in South Asia：AComparative Analysis of the Mahakali and the Ganges Treaties"，*Natural Resources Journal*，Vol. 39，1999，p. 315.

使用和防洪方面提供最大收益。第二个原则规定了 PMP 的建造方式，即综合性方式发展与共享水资源。第三个原则和第四个原则对尼泊尔一直顾虑的成本和收益进行了规定。条约第 2 条第 3 款规定：班杰苏瓦尔项目的成本应根据双方从工程中所获得的收益比例来分担。这四个原则突出强调了水资源使用是建立在收益共享而非水资源共享的基础之上的。[1]

《玛哈卡利河综合发展条约》是对印度与尼泊尔之间长期水权争议的突破性发展，条约中阐明的"收益平等公正共享"的内容体现了印度对尼泊尔水权敏感点的积极回应，培育了情境敏感机制，为争议走向合作提供了妥协与沟通的政策调整机会。

第二节 非国际化：印度与孟加拉国水争议的转机

孟加拉国位于恒河流域的最下游，流域内的所有河流到达孟加拉国，最后汇入大海。恒河是双方之间争议较大的一条河流，恒河盆地始于印度西孟加拉邦的法拉卡。

一 非国际河流：印度的水权敏感源

印度一直不愿意将恒河视为国际河流，这首先源于对恒河的文化及宗教情感。恒河与印度教的神秘学有密切的关联，被印度教徒尊称为母亲河，其河水被誉为圣水，是降落于人间的天堂水。在印度教传统中，恒河是印度教教徒朝圣的地方，在印度被称为"Ganga"。据说，单独念诵其名字，可以消除贫穷，远离噩梦，还

---

[1] Muhammad Mizanur Rahaman, "Principles of Transboundary Water Resources Management and Ganges Treaties: An Analysis", *Water Resources Development*, Vol. 25, No. 1, 2009, p. 165.

能获得防止正在飞翔的乌鸦将其粪便落于身上的永久性承诺。[1] 恒河在印度所有河流中具有最高的地位，不仅仅限于其具有穿越印度北部平原的地理意义。印度教教徒认为，恒河穿越了印度所有神圣的土地，将其圣水渗入印度所有的河流中。恒河是所有圣水的精华和来源，并融于所有其他河流中，同时也使其他河流与恒河融为一体。使印度走向现代化的奠基人尼赫鲁也表述了这种情感："恒河是印度的河流，是印度人民深爱的河流，是代表印度长期文化和文明的象征。尽管其千变万化，不停地流淌，但始终是一样的恒河。"[2]

印度认为恒河不应属于国际谈判范围的另一个主要原因则是基于恒河的水文事实。印度认为恒河全长约1925公里，但其90%的河水流经印度，再加上主要的支流，恒河形成777000平方公里的流域面积，40%的印度人口以恒河为生。而恒河在孟加拉国的主要流域面积仅有141公里，排除112公里的共同边界外，恒河在孟加拉国的流域面积约5600平方公里，约为印度面积的0.7%。[3] 一份关于印孟关系（1971~1994年）的报告曾总结，在印度与孟加拉国之间，从流域面积上说，印度是恒河水系最主要的河岸国家，其流域面积为99%，94.5%的土地依赖于恒河河水，流域人口有94%。[4] 因而，印度认为恒河是印度的河流，理所当然地对自己领土内的自然资源拥有所有权。因而印度认为，与孟加拉国相比，印度是恒河的主要河岸国家。根据平等使用的原则，印度应是恒河旱季流量的主要使用者。

---

[1] D. Eck, "The Goddess Ganges in Hindu Sacred Geogtaphy", in A. Bavishkar eds., *Ganga, Waterlines*, New Delhi: Penguin Books, 2003, p. 29.

[2] D. Eck, "The Goddess Ganges in Hindu Sacred Geogtaphy", in A. Bavishkar eds., *Ganga, Waterlines*, New Delhi: Penguin Books, 2003, pp. 28–49.

[3] Salman M. A. Salman & Kishor Uprety, *Conflict and Cooperation on South Asia's International Rivers*, Washington, D. C.: The World Bank, 2003, p. 145.

[4] Avtar Singh Bhasin ed., *India-Bangladesh Relations, 1971–1994 Documents*, Delhi: Siba Exim Pvt. Ltd, 1970, p. 449.

印度对恒河"非国际河流"的坚持，为双方水权争议的性质贴上了维护主权的标签。印度的这个框定从与孟加拉国的法拉卡大坝争议中能很明显地反映出来，孟加拉国独立之前，这是横亘于印度和巴基斯坦之间的一个主要争议。印度始终拒绝与巴基斯坦就此问题进行谈判，理由是一旦和巴基斯坦开启谈判，将意味着对其主张的否定。本·克劳（Ben Crow）认为，在法拉卡大坝争议早期，印度政府采取的方法是表示愿意和巴基斯坦进行"对话"，但是"谈判"这样的语言表述，以及任何可能暗示了巴基斯坦对水资源权利的表述在印度的立场中都无从找到。[①] 整个20世纪60年代时期，印度始终坚持，既然恒河总长的3/4位于印度的领土内，那么印度对其可以行使完全的主权权利。据此，印度对这条河流有优先的利益诉求。同时，印度还明确表示，和巴基斯坦之间是对话性质而非谈判性质。

印度对恒河非国际河流的信念除了与水文事实以及恒河所承载的文化与宗教情感的意义相关外，还与印度对南亚地区的权力结构认知有关。如果将恒河作为国际河流对待，那么围绕恒河水权争议的多边谈判在所难免。印度由此担心，其邻国会联合起来，结成"谈判联盟"（bargaining coalition），[②] 增加印度处理争议的成本，损害其作为流域水资源最大使用者的权利。同时，水争议问题国际化还会破坏印度在南亚次大陆权力结构现状中的地位。相反，防止水争议地区化，就意味着印度可以逐个和这些邻国进行双边谈判，防止在水争议上形成地区联盟，使印度处于不利地位。

直到1996年印度与孟加拉国签订恒河水量分配协定前，双方一共达成四次短期分配的条约。在这些条约中，印度坚持在协议中用

[①] Ben Crow, *Sharing the Ganges: The Politics and Technology of River Development*, New Delhi: Sage Publications, 1995, pp. 84-85.

[②] Ben Crow & Nirvik Singh, "Impediments and Innovation in International Rivers: The Waters of South Asia", *World Development*, Vol. 28, No. 11, 2000, p. 1910.

"Ganga"而非"Ganges"来表示对恒河的称谓。"Ganga"是印度国内对恒河的表示，而"Ganges"则是国际上对恒河的叫法。很明显，印度通过"Ganga"这个表述传递出信息，即恒河是印度的河流，不属于国际河流。同时，协议中在涉及水量分配时，印度使用了"向孟加拉国释放"（release to Bangladesh）流量，而非"共享"（water-sharing）的词语。[①] 这个表述同样也说明印度对恒河非国际河流的认知，以及印度应对恒河行使绝对主权完整的权利。

二 印度的水权敏感点：双边主义

在与孟加拉国的水权争议中，印度对恒河非国际河流的信念决定了对争议双边性质的界定，以及进行双边谈判的立场。印度拒绝通过任何多边主义，尤其是以地区化和国际化的方式来解决地区内的水争议。印度的这个水权敏感点从两个水问题的谈判上可以看出：旱季恒河水量增加方式与水量分配。

（一）争议非地区化：旱季流量增加方式

恒河水量增加方式是印度与孟加拉国水权争议中的一个焦点，双方都提出了不同的主张。1977 年，印度建议通过连接恒河与布拉马普特拉河来解决恒河的水匮乏。印度认为，应将恒河—布拉马普特拉河—梅克纳河作为一个综合体系对待，恒河次流域人口稠密、水可用量较少、储存能力弱且灌溉需求大。相比之下，布拉马普特拉河与梅克纳河次流域人口稀少、水量可用性及储存能力强，而灌溉需求也小，因而可以弥补恒河流域水量逐渐减少的问题。[②] 孟加拉国建议通过在恒河上游——印度与尼泊尔境内——建立蓄水水库，以增加恒河

[①] Salman M. A. Salman, *Conflict and Cooperation on South Asia's International Rivers: A Legal Perspective*, Washington, D. C.: The World Bank, 2003, p. 121.

[②] Punam Pandey, "Revisiting the Politics of the Ganga Water Dispute Between India and Bangladesh", *India Quarterly: A Journal of International Affairs*, Vol. 68, No. 3, 2012, p. 271.

旱季的流量。按照孟加拉国的建议，建立蓄水大坝必须寻求尼泊尔的合作，以提供水文数据。这样，印度与孟加拉国之间的双边争议谈判不可避免地会成为包括尼泊尔在内的多边谈判。但是，印度认为蓄水问题仅是其与孟加拉国之间的问题，反对通过任何多边形式的解决方案。很明显，孟加拉国的主张与印度的双边谈判的认知与立场不相符。为此，印度再次重申其为恒河主要河岸国家的立场与权利。

随后，孟加拉国又于1978年提出相同的建议，依然推荐在印度和尼泊尔境内建立蓄水大坝以保存部分雨季的流量。建议进一步提出，沿着尼泊尔的特伦区建立一条运河，以从甘大基河及柯西河调水来增加西孟加拉邦的默哈嫩达河（the Mahananda River）、孟加拉国的哥达拉亚河（the Korotaya）及阿特拉克河（the Atrai River）的旱季流量。1983年，孟加拉国又主张在尼泊尔建立七座蓄水系统工程，并力劝印度与尼泊尔联合进行数据收集以及开展有效的多边合作。印度则不断拒绝孟加拉国恒河旱季水量增加方式的建议，反对多边谈判。印度坚持，印度只能向尼泊尔政府咨询，但不应赋予尼泊尔参与讨论的权利。印度的主张表明了其不想通过涉及第三方而使问题地区化的立场，并认为孟加拉国让尼泊尔进来的意图是"从一开始就准备使问题政治化"[①]。

在长达60年的时间中，印度始终坚持双边政策来对待其与孟加拉国及尼泊尔之间的水权争议。1985年，尼泊尔比兰德拉国王（King Birendra）在达卡举行的首届南亚地区合作联盟首脑峰会上，提出展开地区合作发展水资源的倡议，孟加拉国给予积极响应。印度总理则表明印度一以贯之的双边主义立场，间接暗示了此问题本质上

---

① Ben Crow, *Sharing the Ganges: The Politics and Technology of River Development*, New Delhi: Sage Publications, 1995, pp. 84 – 85.

是双边的,应该以双边的形式来对待。①

(二)争议非国际化:水量分配

1947年印度独立后,双边主义是印度政府在国际河流水资源谈判中始终坚持的一个前提条件。1971年孟加拉国独立,双方开始就恒河旱季水量分配进行谈判。在此前曾言及,孟加拉国试图通过地区化的方式实现恒河旱季水量的增加。然而,印度一直视恒河水问题为纯粹的双边问题,拒绝了孟加拉国的提议。

印度与孟加拉国之间的水量分配争议始于法拉卡大坝(the Farakka Dam)的建造。1951年,印度做出开凿法拉卡大坝的决定,打算开通一条长约42公里、运载能力为每秒1133立方米的运河,以从恒河法拉卡段进行引水。②印度计划利用大坝对恒河进行改向,使部分恒河水在旱季时流入胡格利河,以保证加尔各答港口全年开放。1961年,法拉卡大坝开始动工,并于1971年完工,1975年正式投入使用。法拉卡大坝是印度在遵从所有权规范的情况下展开的单边行动,孟加拉国独立之前,东巴基斯坦一直反对建造法拉卡大坝,认为恒河在枯水期的正常流量是每秒50000~55000立方英尺,基本可以满足灌溉、市政用水等需求,任何水量减少都会影响东巴基斯坦对灌溉及水供应等的需求。③由于印度在大部分涉及恒河水资源的争议中均坚持"恒河非国际河流性质"的立场,如果与东巴基斯坦进行谈判就意味着否认了上述主张,因而,印度一直未与东巴基斯坦展开高层谈判或认真讨论。

孟加拉国独立后,法拉卡大坝事实上已经完工。孟加拉国面对

---

① Dwarika N. Dhungel, "Regional Cooperation on the Ganga Basin: Yet a Mirage?", *The Asia Foundation*, Issue Brief, September 2013, p. 3.
② M. M. Rahaman, "Integrated Ganges Basin Management: Conflict and Hope for Regional Development", *Water Policy*, Vol. 11, No. 2, 2009, p. 170.
③ Salman M. A. Salman & Kishor Uprety, *Conflict and Cooperation on South Asia's International Rivers*, Washington, D. C.: The World Bank, 2003, p. 136.

的已经不再是法拉卡大坝是否应该存在的问题,而是法拉卡大坝建成后双方在旱季时的水量分配以及如何增加恒河流量的问题。无论怎样,对于孟加拉国来说,法拉卡大坝是一个棘手的问题。旱季时,恒河水流量为平均每秒 55000 立方英尺。通过单边改向,印度拥有约每秒 44000 立方英尺的水量。[1] 孟加拉国认为,印度的单边行动不仅剥夺了其经济发展所需要的大部分水资源,而且破坏了从帕德玛河的生态财富价值中获益的优势。同时,孟加拉国始终担忧,印度通过改向行为会使孟加拉国遭受旱涝之灾等损失。印度则丝毫不想在法拉卡大坝流量的分配问题上向孟加拉国做出长期承诺,因为这必然会减少自己对恒河流量的份额。尽管 1975 年 4 月,双方达成关于法拉卡大坝的部分协定(partial accord),协定合法化了一直处于争议中的法拉卡大坝的地位,但围绕法拉卡大坝的水量分配并未因此而消停。

孟加拉国 94% 的水资源来源于其境外,54 条河流和溪水从印度流入孟加拉国。每年 6~11 月,随着雨季降雨量的增多,恒河通常处于流量最高的时期。但在 1~5 月,恒河则属枯水期,水量处于最低期。因而,签订旱季恒河水共享的条约对于双方都非常必要,尤其是孟加拉国。旱季水匮乏成为孟加拉人的一个普遍认知,这个认知又与邻国印度相结合,使孟加拉国处于脆弱性的一种威胁感知中。在这样的水文环境下,孟加拉国从独立之日起,对水安全一直保持着高度的敏感性。与上游国家,尤其是印度的水共享成为孟加拉国的水权敏感点。伊耶(Ramaswamy R. Iyer)认为,孟加拉国一个很坚定的水观念就是与上游国家的水共享(water-sharing)。[2]

---

[1] Arun P. Elhance, *Hydropolitics in the Third World: Conflict and Cooperation in International River Basins*, Washington, D. C.: United States Institute of Peace Press, 1999, p. 176.

[2] Ramaswamy R. Iyer, *Towards Water Wisdom: Limits, Justice, Harmony*, Los Angeles: Sage Publications, 2007, p. 191.

1975年旱季期间，印孟达成一个有效期为30天的水量分配协议。然而，1976年旱季到来之前，双方就旱季水量分配的谈判没有进展。1976年，孟加拉国新政府提议重开谈判，但印度反应冷淡，孟加拉国一度威胁要把恒河水争议问题国际化。对旱季水量匮乏的敏感与急迫使孟加拉国做出将争议提交联合国的决定，这一决定意味着孟加拉国将与印度的水争议国际化。1976年8月21日，孟加拉国将与印度的法拉卡大坝争议提交联合国，希望通过将争议国际化而迫使印度做出让步。但是孟加拉国的这种处理方式激怒了印度，印度首先阐明其建立法拉卡大坝的依据。印度认为从流域面积而言，印度是恒河水系最主要的河岸国家（流域面积的99%），是使用恒河灌溉的唯一国家（94.5%的灌溉用水），并构成了流域94%的人口。[1] 印度坚持其对恒河的一贯权利立场，即作为主要河岸国家，可以在其领土内对恒河水资源进行监管和无限制使用的权利。在印度看来，恒河既然不属于国际河流，其所有权应为印度所有，因而，根本不存在针对恒河的国际谈判，更遑论第三方的调解或是斡旋参与。

最终，印度暗示，孟加拉国将会为打破双边谈判的进程，转而寻求争议国际化的决定而后悔。随后，印度在谈判中对争议的核心问题——法拉卡大坝——采取了更加强硬的立场。直到1977年，双方未达成任何协议，而印度继续在法拉卡大坝进行单边引水的行动。孟加拉国国际化恒河水争议的方式最终失败，不得不重返双边谈判的立场。1977年，双方再次达成短期协议。协议第一部分是关于恒河在法拉卡大坝处流量共享安排的协议，为期五年。第二部分的主要内容是有关枯水期如何增加恒河最低流量的问题。双方在这个问题上分歧很大，孟加拉国提议在恒河上游印度与尼泊尔境内建立大型蓄水库。

---

[1] Avtar Singh Bhasin ed., *India-Bangladesh Relations, 1971–1994 Documents*, Delhi: Siba Exim Pvt., Ltd., 1996, p. 449.

印度拒绝了孟加拉国的提议，主张通过从布拉马普特拉河引水的方式解决恒河旱季低流量问题。第三部分是关于复核和期限，协议复核于1980年开始进行。在复核之初涉及协议第一部分内容时，双方又一次老生常谈。印度再次强调，无论是从流域面积还是从人口来讲，印度都是恒河主要的河岸国家。正因为如此，第一部分内容已经对印度造成损害，加尔各答港因需要大量恒河水而处于危机之中。孟加拉国针锋相对，再次强调其对恒河的历史权利，声称恒河水流量的减少已经对其产生负面效应，并提出对大量恒河水流量的要求。① 双方的争吵与互相指责最终使后续恒河水谈判无果而终。

1977年法拉卡大坝恒河水流量分配协议于1982年1月终止。1982年，孟加拉国在试图与印度达成一个新的协议时，又一次就蓄水设施的位置提议让尼泊尔加入谈判。然而印度认为这是"达卡试图将争议地区化，从而给印度施加压力，因而回之以强烈的反对"。② 直到1996年，围绕法拉卡大坝所引发的恒河流量的谈判断断续续在印度与孟加拉国之间进行了13年。然而，双方的立场在13年后与之前并无二致。其中一个主要的原因是，孟加拉国坚持尼泊尔加入，而印度则始终坚持双边主义的原则。

长期以来，印度与孟加拉国均采取了不灵活的立场，提出不切实际的建议。在缺乏技术合作、社会经济及生态数据下，分别扩大各自的权利要求。同时，也未对另一方的合理需求给予充分考虑。双方都禁锢于对过去的认知中，用简单的思维来对待众多极其复杂的提议及期望。③ 1985年备忘录终止，直到1996年，双方之间未再达成新的

---

① Avtar Singh Bhasin ed., *India-Bangladesh Relations*, *1971 – 1994 Documents*, Delhi: Siba Exim Pvt., Ltd., 1996, p. 623.
② Ishtiaq Hossain, "Bangladesh-India Relations: The Ganges Water-Sharing Treaty and Beyond", *Asian Affairs: An American Review*, Vol. 25, No. 3, 1998, p. 139.
③ B. G. Verghese, *Waters of Hope: From Vision to Reality in Himalaya-Ganga Development Cooperation*, New Delhi: Oxford & IBH Publications, 1999, p. 374.

水量分配协议。尽管争议进行了13年，经历了四个条约，但是双方依然各说自话，始终坚持同样的立场和主张。印度著名的报刊编辑韦尔盖茨（B. G. Verghese）在评论印度与孟加拉国的恒河水争议谈判时，一针见血地指出：很明显，13年间的对话犹如一场聋人之间的对话。[1]

三 孟加拉国政策调整与情境敏感机制的产生

科尔曼（Katharina P. Coleman）认为外交会谈中，地点（Venue）[2]是影响谈判的一个重要因素。Venue指外交会谈的制度背景，具体指国际行为体在没有预先了解谈判场地、参加者、主题和程序之前，不会参加谈判进程。论证范围、结果形式（output status）、合法性都是此制度背景的构成因素。其中，合法性是指谈判地点是否会得到国际认可，以作为谈判一个特别问题的适当地点。一般来讲，同类问题谈判的地点会更固定，因为新的地点容易使谈判一方产生不信任。但是为在谈判中获得优势，行为体也会采取建立新谈判地点的战略，使已建立的地点失去合法性而获得所期望的谈判结果。孟加拉国在水争议的处理方式上基本上按此逻辑进行，希望通过选择国际性或地区性的外交谈判地点，使印度的双边外交谈判失去合法性，以获得有利于自己的谈判结果。科尔曼称其为战略性地点选择（strategic venue choice），谈判者在谈判中的说服是否成功取决于战略性地点选择。谈判者能通过建立新的谈判地点，比如选择特定国际组织，从而变更已建立的谈判场所，但是会产生说服其他国家在

---

[1] B. G. Verghese, *Waters of Hope: From Vision to Reality in Himalaya-Ganga Development Cooperation*, New Delhi: Oxford & IBH Publications, 1999, p. 391.
[2] 科尔曼（Katharina P. Coleman）借用外交学谈判中的"Venue"，来解释规范倡导者的场地选择对规范兴起的因果关系。参见 Katharina P. Coleman, "Locating Norm Diplomacy: Venue Change in International Norm Negotiations", *European Journal of International Relations*, Vol. 19, No. 1, 2013, pp. 163–186。

一个特殊地点参加谈判的政治成本。同时，如果改变这些地点，却未在重要的问题上达成协议，该行为体会面临更艰难的困境。在与印度的水争议交锋中，孟加拉国改变战略性地点选择，将水争议地区化与国际化的行动并未获得成功，反而激怒印度，使其在水争议中采取了更加不合作的态度。孟加拉国随后意识到了这点，开始重新思考在水争议中的政策选择。

1983年，孟加拉国提出解决水争议问题的新思维（new line）。新思维的核心是与印度快速建立关于所有跨界河流永久性的双边机制，通过地区合作达成长期性的水量增加。[①] 孟加拉国开始从政治与技术两方面重新评估过去对争议性质及解决方式的认知，尤其是重新考虑印度提出的通过在布拉马普特拉河与恒河之间开通运河，以增加恒河旱季水量的方式。在新思维的影响下，孟加拉国的水争议政策在两个关键问题上做出了调整。一是，孟加拉国不再坚持旱季恒河水量分配与水量增加打包处理的立场。经过至少十年的谈判后，孟加拉国意识到这是两个需要分别解决的问题。参与谈判的一位孟加拉国成员认为，水共享是双边性质，而水量增加则是一个多边问题。[②] 二是孟加拉国对增加恒河旱季水量方式做出政策调整。之前，孟加拉国一直坚持恒河旱季水量的增加方式只能在恒河流域内进行，排斥通过域外河流尤其是通过从布拉马普特拉河引水作为增加流量的方式。在新思维中，孟加拉国提出共享所有河流，尤其是明确共享布拉马普特拉河的新主张。这意味着，孟加拉国放弃了一直以来坚持的多边主义谈判立场，即在恒河尼泊尔段建立蓄水设施以增加未来恒河流量。这两个关键问题上的政策调整是孟加

[①] M. M. Rahaman, "Integrated Ganges Basin Management: Conflict and Hope for Regional Development", *Water Policy*, Vol. 11, No. 2, 2009, p. 178.

[②] Ben Crow, *Sharing the Ganges: The Politics and Technology of River Development*, New Delhi: Sage Publications, 1995, p. 189.

拉国的一个重要妥协，因为印度坚持，只有孟加拉国不再要求分别进行未来水量增加与水量分配的谈判，印度才会愿意考虑一个长期的水共享安排协议。

1995年，印度与孟加拉国分别成立新政府。伊耶认为，在新德里和达卡建立的新政权都意识到双方建立良好关系的重要性，并倾向于改善双方的政治关系，努力调整在水共享问题上的不同意见。印度新政府以建立睦邻友好关系为诉求，为结束与孟加拉国在水资源发展上的僵局提供了契机。随后，印度与孟加拉国之间开始高层互访，创造了大量"机会窗口"的对话。[①] 印度外交立场的转变也为孟加拉国重新选择战略地点提供了机会。1996年，孟加拉国总理谢赫·哈西娜（Sheikh Hasina）适时提出"非国际化水问题以取悦印度的战略"。[②] 孟加拉国由此而迅速获得了改变立场的优势，与印度达成交易。[③] 1996年11月，印度与孟加拉国签订恒河水共享协议，有效期为30年，条约的主要指导原则是平等使用恒河水流量。条约的前言中阐明：双方均希望共享国际河流的水资源，最优使用地区内的水资源。在促进双方共同利益的基础上，展开防洪管理、灌溉、流域发展和水电生产。协议第9条规定，在平等、公正与不伤害任何一方的原则下，双方政府同意达成水共享的条约和其他共同河流的条约/协定。同时，第9条的规定也明确了未来在其他53条共同河流上，印度与孟加拉国的合作责任。协议中同时使用"Ganga"与"Ganges"两个词，并使用"印度的份额"（Inida's share）与"孟加拉国的份额"（Bangladesh's share）的表述，取代了过去备忘录中

[①] Ramaswamy R. Iyer, "Conflict-Resolution: Three River Treaties", *Economic and Political Weekly*, Vol. 34, No. 24, 1999, p. 1513.

[②] Ishtiaq Hossain, "Bangladesh-India Relations: The Ganges Water-Sharing Treaty and Beyond", *Asian Affairs: An American Review*, Vol. 25, No. 3, 1998, p. 140.

[③] Surya P. Subedi, "Hydro-diplomacy in South Asia: The Conclusion of Mahakali and Ganges River Treaties", *The American Journal of International Law*, Vol. 93, No. 4, 1999, p. 959.

"向孟加拉释放"流量的表述。这意味着，印度不再坚持恒河绝对是印度的河流，以及须根据相应流域面积比例确定双方权利的立场，认可了双方对于恒河水资源的同等权利。此外，条约第1条、附录1及附录2中均具体规定了旱季法拉卡大坝恒河水资源共享的分配方式。

《经济学人》曾一语中的地评论印度与其邻国之间关于水争议的互相认知：孟加拉国和尼泊尔认为印度借助霸权地位，试图以牺牲小国的代价获取有利于自己的收益。而印度则认为，这两个国家的政治家被民族主义情感所困，无力达成一项明智的交易。然而1996年，南亚次大陆上达成的两个水协议，均以平等共享共同水域水资源为理念。由此，三个国家之间长期的水权权利竞争开始迈出了合作的步伐。

小　结

分配争议是国际河流水资源合作的一个难题，争议的焦点是流域国家对国际河流水资源所有权和使用权的竞争。每一个流域国家都遵从特定的权利规范，形成了为水权而竞争的国际河流水资源分配秩序。国际河流的水权分配是跨国性的合作，一个国际性国际河流公约的批准对于保证流域内各国水权权利具有重要作用。但是目前，国际法在原则上并不具备强制管辖权，也没有执行机制和监督执行的司法权力。

在这样的背景下，水权分配争议犹如被诅咒一样，困在"权利规范竞争"的魔咒中，制约着流域内共同水资源的合作。20世纪90年代，这个困境出现了缓慢的突破，恒河流域和约旦河流域率先破冰合作。这其中，情境敏感机制的作用不容小觑。对于恒河流域的国家来说，国际河流水资源的所有权与使用权是一个关于主权、战略诉求及民族自尊的问题。而在约旦河流域，控制及拥有水资源则对流域国家建立主权国家身份有着特殊的意义。因此，识别每一对水权竞争关系中对方的敏感点，并采取适当的反应方式，是情境敏感机制产生的关键。而这正是上述两个流域打破规范遵从连续一致的动机，从而做出政策调整，将分配争议导向合作的关键。

结 语

一 "合法性"与国际河流水资源分配

为什么国际河流的水资源难以分配？是什么阻碍水分配合作机制的产生？统治型霸权与收益协调是比较具有影响力的两种解释，尤其是国际制度从怎样治理的视角出发，希望通过"清晰地确定相关行为体需要遵守的准则，规定了行为体的权利和义务"[①]这样的规则治理来解决水资源分配争议，促进流域内的合作。然而，规范治理的路径始终无法摆脱流域国家胶着于"水权"争议的漫长分配谈判。

本书提出，国际河流水资源分配中存在规范竞争的社会结构，这个结构分别由两组相互竞争的权利规范构成。行为体根据一种规范建构了对适当性水资源分配的期望，却与另一种规范下的适当性分配逻辑相互排斥，从而形成竞争性规范结构。在此结构中，流域国家依据各自遵从的规范，提出特定水权利。由于竞争性规范结构的存在，流域国家的互动方式也以水权争议而非合作的形式呈现出来，因此，水分配中规范竞争的结构建构了流域国家在水资源分配中的水权争议，

---

① 秦亚青：《关系与过程：中国国际关系理论的文化建构》，上海人民出版社，2012，第125页。

阻碍了合作的生成。

　　事实上，阻碍合作的水权争议不仅仅是流域国家之间的利益之争那样简单，而且是流域国家之间为"权利合法性"而进行的一场争斗。对于那些未能建立水资源分配合作机制的流域，最重要和亟须解决的问题并不是如何制定明确行为体权利和义务的规则，而是如何证明自我权利的合法性，并获得他者的认可。因此，水资源分配问题已经不只是关乎自然资源匮乏的水文学或是经济学的技术问题，它更多地表现为一个政治问题。在这种情境下，作为规范竞争实践场所的分配谈判持续几十年，绝不只是流域国家之间为利益而博弈，而是流域国家反复争取权利合法性的过程。在这个过程中，谈判各方都试图证明自己的权利具备合法性，并寻求获得他者的认同。为此，谈判各方都会通过某种具体而明确的权利要求，包括对争议性质、解决方式的偏好，向竞争对手传达自己对国际河流水资源分配中水权立场的信息。比如，巴以关于约旦河西岸水分配争议的谈判中，巴勒斯坦明确表示水权是讨论其他问题的前提，谈判立场的核心就是获得水权。[①]巴勒斯坦希望能就水量、水质和主权，与以色列在水资源分配谈判上达成关于政治和法律上的一致理解，获得控制和使用水资源的主权。巴以之间的水资源分配谈判能否达成协议，关键在于以色列"如何认知和对待巴勒斯坦的权利"。直到1995年之前，以色列一直将约旦河水资源分配争议框定为技术性质，而非事关水权的政治问题，拒绝承认巴勒斯坦对水资源的基本权利。而对于巴勒斯坦来讲，以色列的谈判立场意味着对其权利合法性的否认，这个结果极容易使巴勒斯坦认为自己面临权利合法性的危机，导致其产生防御性、不信任以及对进一步讨论的消极性情绪。因而，谈判的结果使巴勒斯坦萦绕于

[①] Anders Jgerskog, *Why States Cooperation over Shared Water? The Water Negotiations in the Jordan River Basin*, Linkoping: Department of Water and Environmental Studies, Linkoping University, 2003, pp. 132 – 133.

"你占了我们的资源或是你否认了我们权利合法性"等负面感知,更加视以色列对其文化、价值和经济发展形成威胁,进一步生成其被伤害、不安全及不信任的情感。如此循环往复,争议中的双方只能不断地强化连续一致地遵从特定规范的动机,使双方做出政策调整的空间和机会几乎为零。

可以说,"合法性"本身就是一个嵌入互动意义的过程,既需要自我的证明,更需要他者予以承认。既然规范竞争的社会结构将水权争议建构为争夺权利合法性的过程,那么只纠缠于建立制度和规则就有些为时过早。在这之前,更关键的是谈判各方需采取适当的方式去认知与对待彼此的权利,创造一个能使竞争中的规范出现融合的情境。只有在这样的情境中,才可以催生相互信任的文化,而这对水资源分配争议走向合作至关重要。

二 有待深入的研究问题

从研究议程上讲,本书的规范研究大致属于规范竞争的研究范畴,情境敏感机制与合作的探讨属于规范竞争结果的研究议程。规范竞争的结果大致可以分为两类:一类是以规范退化或死亡为结果;另一类是规范融合,即产生一种新的规范。在国际河流的水权规范竞争中如果出现规范退化或死亡的结果,那么意味着其中一种规范在竞争中胜出,成为水资源分配中的主导规范,合作难度随之降低。依照本研究对国际河流水资源分配争议的观察,书中涉及的四种权利规范在竞争中并未出现这样的结果。规范竞争的第二种结果是规范融合,规范融合意味着竞争中的规范不是取代与被取代的关系,而是通过某种程度的妥协,实现共存的关系。本书对于"情境敏感"与"合作"的分析是对规范融合研究的一个初步尝试,但基于经验事实的匮乏,使规范融合研究在理论框架建立这一问题上成为需要进一步研究的议程。目前,在国际河流水资源分配的实践中,"有限主权"权利理论是一项规范融合理论可拓展的研究领域。

近年来,"有限主权"研究正成为权利研究者日益关注的一个内容。[①] 简单地讲,有限主权主要是在"绝对主权完整"与"绝对河流完整"两项权利的基础上,通过一定的责任或义务限定,进行某种程度的融合。两个新的权利原则,即"平等合理使用"与"不造成重大损害"是有限主权理论的核心。自1966年赫尔辛基原则宣布后,这个新的权利研究开始进入研究者的视野,只是理论上的呼声始终要高于实践践行。尽管在研究权利的学者看来,"有限主权"是未来国际河流水资源分配领域中实现合作的一个条件,但是到目前为止,只有湄公河流域践行了此理论,明确规定了流域国家在分配中遵循"平等合理使用"和"不造成重大损害"原则。

进入21世纪以后,流域国家使用"有限主权"作为国际河流水资源分配谈判的基础日渐明显。同时,还产生了一个值得研究的现象:水权规范的"新瓶装旧酒"。表面上,流域国家越来越多地开始使用"平等合理使用"与"不造成重大损害"的权利原则,但是并没有依照有限主权理论的原意,将二者视为一个统一体。相反,流域国家各取所需,将这两个原则在实践中分离成两个对立性的权利原则。上游国家偏好使用"平等合理使用"原则,而下游国家则偏爱"不造成重大损害"原则。实践中,流域国家将这两项权利的具体内容与"绝对主权完整"及"绝对河流完整"进行对应。而权利

---

① 相关研究参见:J. Dellapenna, "Treaty as Instruments for Managing Interntionally-shared Water Resources: Restricted Sovereignty vs Community of Property", *Case-Western Reserve Journal of International Law*, Vol. 26, 1994, pp. 27 – 56; S. McCaffrey, "The Contribution of the UN Convention on the Law of the Non-Navigational Uses of International Watercourses", *International Journal Global Enviromental Issues*, Vol. 1, Nos. 3/4, 2001, pp. 250 – 263; A. T. Wolf, "Criteria for Equitable Allocations: The Heart of International Water Conflict", *Natural Resources Forum*, Vol. 23, No. 1, 1999, pp. 3 – 30; P. Wouters, "An Assessment of Recent Developments in International Watercourse Law through the Prism of the Substantice Rules Governing Use Allocation", *Natural Resources Journal*, Vol. 36, No. 2, 1996, pp. 417 – 439。

合法性的规范解释也依然是使用权的两个规范：私有财产与共同财产规范。

尽管是"新瓶装旧酒"，但本书认为这是属于规范融合的范围。按照琳达·怀特（Linda A. White）的解释，行为体为解决其面临的政策问题时，会设计一套具体的解决办法，称之为新规划性观念（programmatic ideas）。新的规划性观念在行为体全部的价值和信念不可能发生改变的情况下，通过用适当的方式进行框定，可以实现竞争性的政策和现有规范之间的融合。[①] 她解释了法国与美国为解决妇女劳动市场劳动力紧缺的问题，均计划推进一项有关鼓励妇女从事幼儿保姆职业的政策。通过适当的框定方式，新规划性观念在法国实现了与现有规范之间的调和。国际河流水资源分配中，有限主权理论本身是为解决流域国家的水权争议而设计，但是流域国家并不愿意全部改变对权利合法性所持的某种信念。在这种情况下，竞争中的双方选择将现有的权利——"绝对主权完整"（绝对河流完整）与"平等合理使用"（不造成重大损害）进行框定。最终，以"有限主权"的包装将竞争中的权利融合在一个新规范中。依现状来看，尽管只是一个"包装"，但从流域国家对权利合法性坚持几十年的历史看，这个"包装"最起码暗示了流域国家默认了权利"绝对性"的不合理。

因而，本研究认为，"包装"可以被视为规范融合过程的一个初始阶段。这个初始阶段会对政策变化与发展产生什么作用，而规范融合过程又会呈现出何种发展趋势？上述在国际水资源分配实践中凸显的有关规范融合的问题，有待更进一步的观察和研究。

---

① Linda A. White, "Explaining Differences in Child Care Policy Development in France and the USA: Norms, Frames, Programmatic Ideas", *International Political Science Review*, Vol. 30, No. 4, 2009, pp. 385 – 405.

三 权利合法性竞争与规范研究纲领

从科学研究纲领来讲,规范竞争一直是规范研究纲领中有争议的研究。从大部分研究结果来看,规范竞争就意味着存在规范退化或死亡的情况,直接导致对规范研究纲领的硬核,即规范会起作用形成挑战。

对于拉卡托斯科学研究纲领方法的意义,众多学者持不同意见,但可以大致归纳为两类。[①] 一类认为,拉卡托斯的科学研究纲领方法论体现的是一种描述性的意义。也就是说,根据拉卡托斯的科学研究纲领,能更深刻地理解构成一个纲领本身的科学史的产生、变化和发展的整个过程,理解纲领内部科学知识的增长过程。另外一类则认为,拉卡托斯的科学研究纲领更具有指导性的意义,尤其是通过进步的问题转换和退步的问题转换之标准,[②] 使其成为具有可操作性的标准。进而,使研究者把握纲领发展的方向,同时也能成为评判竞争性纲领的标准。在此基础上,借助指导性的意义方法审视规范竞争,以使其在规范研究纲领中占得一席合理地位。

在梳理规范研究的科学史时,科学研究纲领方法论的描述性意义更胜于后者,是理解规范研究纲领的知识增长和发展过程的系谱。现有的规范研究纲领从规范是否起作用开始,通过正面启发法,进行了

[①] 参见〔英〕拉卡托斯《科学研究纲领方法论》,兰征译,上海译文出版社,1986;陈宏铭:《现实主义典范的进步或退化:以 Vasquez 采 Lakatos 科学研究纲领的论战为焦点》,《东吴政治学报》2003 年第 17 期;陈小鼎:《结构现实主义的理论评估及其发展——基于研究纲领的视角》,南开大学政治学博士学位论文,2010 年;陈小鼎:《试析国际关系理论的合成——一种科学哲学的分析视角》,《国际政治研究》2006 年第 4 期;崔伟奇、史阿娜:《论库恩式理论在社会科学领域中运用的张力》,《学习与探索》2011 年第 1 期;黄文华、郭铭杰:《科学研究纲领方法论在国际关系学界的误用:重新检视现实主义典范进化或退化的辩论》,《东吴政治学报》2006 年第 24 期;卢旺林:《拉卡托斯科学研究纲领方法论——一部温情的"达尔文式"进化论》,《江西财经大学学报》2006 年第 5 期。

[②] 参见 Thomas J. Christensen and Jack Snyder, "Progressible Research on Degenerate Alliance", *The American Political Science Review*, Vol. 91, No. 4, 1997, pp. 919 – 922。

问题转换，以回答上一个理论未解决的问题——规范如何作用。接着，通过构建规范扩散理论来解释规范起作用的主要方式。在规范扩散的研究过程中，部分学者认为，出现了这一研究在经验上的反常，也就是规范竞争、规范退化等。如何对待这些反常，研究者们开始利用科学研究纲领的指导性意义。换句话说，开始把问题转化的两个标准纳为具有可操作性的标准来对待这些反常，并经过反面启发法，在规范扩散的辅助假设的保护带中增添了消化反常的策略假设。约翰·瓦斯奎兹（John A. Vasquez）认为，如果只是在规范扩散的辅助假设保护带中添加消化反常的内容，而没有预测出超过规范扩散的新内容，那么由规范传播到规范竞争只能是一个退步的问题转换。[1] 也就是说，如果没有暗示或明示现有理论可以拓展的部分，说明如何改变和发展保护带，没有发展出一套关于规范竞争的新理论，就说明纲领并不是在沿着进步的方向前进。

借助国际河流水资源分配中权利规范竞争的事实，本研究想尝试对上述规范竞争在规范研究纲领中的"困境"作一更正。首先，权利规范竞争的结果说明，规范竞争的结果未必只能在规范退化或是死亡之间做出选择。在约旦河流域和恒河流域的权利规范竞争中，情境敏感产生使得分配出现合作的迹象。但是本就存在的所有权规范与使用权规范并没有发生其中一种规范退化和死亡的情形，这至少说明规范还在起作用。其次，国际河流分配中的权利规范竞争本质上是流域内国家为权利合法性的竞争。出于增加影响和合法性的需要，反而产生了新的政策结果。约阿希姆·布莱特在博登湖（Lake Constance）

---

[1] 参见 John A. Vasquez, "The Realist Paradigm and Degenerative Versus Progressive Research Programs: An Apprasial of Neotraditonal Research on Waltz's Balancing Propositon", *The American Political Science Review*, Vol. 91, No. 4, 1997, pp. 899 – 912; Colin Elman and Miriam Fendius Elman, "Lakatos and Neorealism: A Replay to Vasquez", *The American Political Science Review*, Vol. 91, No. 4, 1997, pp. 923 – 926.

环境保护的治理研究中指出，博登湖的水环境政策之所以能产生，是规范竞争中持不同理解的治理主体为了增加各自治理规范的合法性和影响力而产生的结果①。这个新的政策并未改变原有的规范环境，甚至可能使原有的规范以另外一种形式继续扩散。从上述对有限主权理论发展的简单分析，可以看出原有的规范并未发生退化或死亡，仍然在起作用。并且，原有规范之间的竞争通过一种新的方式，继续推动规范的构成性作用或限制性作用进行。因而，借助国际河流权利规范竞争的经验事实，在"规范竞争对规范研究纲领发展中的意义"上做一个有益的探索，也是本书后续研究中的另外一个分析方向。

约旦河流域与恒河流域的分配合作只是初露端倪，两个流域开启的合作进程也并非顺风顺水。在未来很长一段时间内，水权问题依然还是流域国家的心结。既然无法立刻达到最好，那么退而求其次未尝不是一个次优选择。哪怕只是一个条约或是协议，甚至仅是一个宣言也要好过争议和纠纷。毕竟，历史曾经那样复杂，一言难尽！

---

① 此书所持的观点是展现治理中矛盾产生的政治学动力，所以对规范竞争或是政治价值的竞争如何产生政策这一过程并没有做机制的分析，因而这也是本书要做的尝试和努力。参见 Joachim Blatter, "Lessons From Lake Constance: Ideas, Institutions, and Advocacy Coalitions", in Joachim Blatter and Helen Ingram eds., *Reflection on Water: New Approaches to Transboundary Conflicts and Cooperation*, Cambridge, MA: The MIT Press, 2001, pp. 89 – 122.

主要参考文献

一　中文资料

（一）专著（含译著）

1. 〔美〕埃莉诺·奥斯特罗姆：《公共事务的治理之道》，余逊达、陈旭东译，上海三联书店，2000。

2. 〔美〕彼得·卡赞斯坦、罗伯特·基欧汉、斯蒂芬·克拉斯纳：《世界政治理论的探索与争鸣》，秦亚青等译，上海人民出版社，2006。

3. 蒋勇甫：《西方宪政视野中的财产权研究》，中国社会科学出版社，2008。

4. 〔英〕卡尔·波普尔：《客观的知识：一个进化论的研究》，舒炜光、卓如飞、梁咏新译，上海译文出版社，1987。

5. 〔美〕理查德·派普斯：《财产权》，蒋林琦译，经济科学出版社，2003。

6. 〔美〕罗伯特·K.默顿：《社会理论和社会结构》，唐少杰、齐心等译，译林出版社，2008。

7. 〔美〕罗伯特·基欧汉：《霸权之后：世界政治经济的合作与纷争》，苏长河、信强、何曜译，上海人民出版社，2006。

8. 〔美〕玛莎·芬尼莫尔：《国际社会中的国家利益》，袁正清译，上海人民出版社,2012。

9. 〔美〕迈克尔·巴尼特、玛莎·芬尼莫尔:《为世界定规则:全球政治中的国际组织》,薄燕译,上海人民出版社,2009。

10. 秦亚青:《关系本位与过程:中国国际关系理论的文化建构》,上海人民出版社,2012。

11. 秦亚青:《权利制度文化》,北京大学出版社,2005。

12. 〔美〕斯蒂文·范埃弗拉:《政治学研究指南》,陈琪译,北京大学出版社,2006。

13. 苏长河:《全球公共问题与国际合作:一种制度的分析》,上海人民出版社,2009。

14. 谈广鸣、孔令杰编《跨界水资源国际法律与实践研讨会论文集》,社会科学文献出版社,2012。

15. 王志坚:《国际河流法研究》,法律出版社,2012。

16. 杨念群:《昨日之我与今日之我:当代史学的反思与阐释》,北京师范大学出版社,2005。

17. 〔英〕伊姆雷·拉卡托斯:《科学研究纲领方法论》,兰征译,上海译文出版社,1986。

18. 袁正清:《国际政治理论的社会学转向:建构主义研究》,上海人民出版社,2005。

19. 〔美〕詹姆斯·G. 马奇,约翰·P. 奥尔森:《重新发现制度:政治的组织基础》,张伟译,生活·读书·新知三联书店,2011。

(二)期刊文章

1. 陈宏铭:《现实主义典范的进步或退化:以 Vasquez 采 Lakatos 科学研究纲领的论战为焦点》,《东吴政治学报》2003 年第 17 期。

2. 陈小鼎:《试析国际关系理论的合成——一种科学哲学的分析视角》,《国际政治研究》2006 年第 4 期。

3. 崔健远:《水权与民法理论及物权法典的制定》,《法学研究》2002 年第 3 期。

4. 崔健远：《水权与民法理论及物权法典的制定》，《法学研究》2002 年第 3 期。

5. 崔伟奇、史阿娜：《论库恩范式理论在社会科学领域中运用的张力》，《学习与探索》2011 年第 1 期。

6. 戴长雷、王佳慧：《国际河流水权初探》，《水利发展研究》2004 年第 12 期。

7. 黄文华、郭铭杰：《科学研究纲领方法论在国际关系学界的误用：重新检视现实主义典范进化或退化的辩论》，《东吴政治学报》2006 年第 24 期。

8. 李少军：《论国际关系中的案例研究法》，《当代亚太》2008 年第 3 期。

9. 李少军：《谈国际关系论文写作的规范与方法》，《世界经济与政治》2013 年第 4 期。

10. 卢旺林：《拉卡托斯科学研究纲领方法论——一部温情的"达尔文式"进化论》，《江西财经大学学报》2006 年第 5 期。

11. 秦亚青：《全球治理失灵与失序理念的重建》，《世界经济与政治》2013 年第 4 期。

12. 秦亚青：《循环与进化：国际关系理论的思维取向》，《世界经济与政治》2003 年第 11 期。

13. 秦亚青：《研究设计与学术创新》，《世界经济与政治》2008 年第 8 期。

14. 王志坚：《从中东两河纠纷看国际河流合作的政治内涵》，《水利经济》2012 年第 1 期。

15. 袁正清：《中国的国际关系研究既要解释也要理解》，《世界经济与政治》2003 年第 3 期。

16. 朱立群、聂文娟：《国际关系理论研究的实践转向》，《世界经济与政治》2010 年第 8 期。

（三）学位论文

1. 陈小鼎：《结构现实主义的理论评估及其发展——基于研究纲领的视角》，南开大学博士学位论文，2010 年。

2. 黄超：《说服战略与规范传播——以地雷规范和小武器规范为例》，外交学院博士学位论文，2009年。
2. 吴文成：《竞争中的国际官僚组织——组织文化与规范倡导》，外交学院博士学位论文，2013年。
3. 周方银：《国际规范的演进》，清华大学博士学位论文，2006年。

二 英文资料

（一）专著

Allan, Tony, *The Middle East Water Question: Hydropolitics and the Global Economy*, London: I. B. Tauris Publishers, 2000.

Amery, Huddien A. and Aaron T. Wolf, *Water in the Middle East: A Geography of Peace*, Austin: The University of Texas Press, 2000.

Acharya, Amitav, *Whose Ideas Matter? Agency and Power in Asian Regionalism*, Cornell University Press, 2009.

Bavishkar, A. ed., *Ganga, Waterlines*, New Delhi: Penguin Books, 2003.

Bhasin, Avtar Singh ed., *India-Bangladesh Relations, 1971–1994 Documents*, Delhi: Siba Exim Pvt., Ltd., 1996.

Biswas, Asit K., Elgal Rached and Cecilia Tortajada eds., *Water as a Human Right for the Middle East and North Africa*, London: Routledge, 2008.

Biswas, Asit K., Benedito P. E. eds., *Integrated Water Resources Management in Latin America*, London, New York: Routledge, 2009.

Biswas, Asit K., Olcar Ünver & Cecilia Tortajada eds., *Water as a Focus for Regional Development*, Oxford: Oxford University Press, 2004.

Blatter, Joachim and Helen Ingram eds., *Reflection on Water: New Approaches to Transboundary Conflicts and Cooperation*, Cambridge, MA: The MIT Press, Massachusetts, 2001.

Boulder, V. Nanda ed., *Water Needs for the Future—Political, Economic, Legal, and Technological Issues in a National and International Framework*, CO：

Westview Press, 1977.

Chatterji, Manas, Saul Arlosoroff, Gauri Guha eds., *Conflict Management of Water Resources*, Aldershot, Hampshire, England, Burlington, VT: Ashgate, 2002.

Collins, Robert O., *The Nile*, New Haven: Yale University Press, 2002.

Conca, Ken, *Governing Water: Contentious Transnational Politics and Global Institution Building*, Cambridge, Mass.: The MIT Press, 2006.

Crow, Ben, *Sharing the Ganges: The Politics and Technology of River Development*, New Delhi: Sage Publications, 1995.

Dhungel, Dwarika N. & Santa B. Pun eds., *The Nepal-India Water Relationship: Challenges*, Dordrecht: Springer, 2009.

Douglas, Mary, *Risk and Blame: Essays in Cultural Theory*, London and New York: Routledge, 1992.

Elhance, Arun P., *Hydroolitics in the Third World: Conflict and Cooperation in International River Basins*, Washington, D.C.: United States Institute of Peace press, 1999.

Erlich, Haggai and Istael Gershoni eds., *The Nile: Histories, Cultures Myths*, Boulder, London: Lynne Rienner Publishers, 2000.

Erlich, Haggai, *The Cross and the River: Ethiopia, Egypt and the Nile*, Bounder, London: Lynne Rienner Publisher, 2002.

Faure, Guy Olivier & Jeffrey Z. Rubin, *Culture and Negotiation: The Resolution of Water Disputes*, Newbury Park, Calif.: Sage Publications, 1993.

Finnemore, Martha, *National Interests in International Society*, Ithaca, N.Y.: Cornell University Press, 1996.

Flint, Colin ed., *The Geography of War and Peace: From Death Camps to Diplomats*, New York: Oxford University Press, 2005.

Francesca de Chtel, *Water Sheikhs and Dam Builders: Stories of People and Water in the Middle East*, New Brunswick and London: Transaction Publishers,

2007.

Garring, John, *Case Study Research: Principles and Practices*, Cambridge: Cambridge University Press, 2007.

Gershoni, Israel & Meir Hatina, *Narrating the Nile: Politics, Culture, Identities*, Boulder, Colo.: Lynne Rienner Publishers, 2008.

Godana, Bonaya Adhi, *Africa's Shared Water Resources: Legal and Institutional Aspects of the Nile, Niger, and Senegal River Systems*, London: Franced Pinter, 1985.

Haas, Peter M., *Saving the Mediterranean: The Politics of International Environmental Cooperation*, New York: Columbia University Press, 1990.

Holsh, K. J., *International Politics: A Framework for Analysis*, Englewood Cliffs, N. J. Prentice: Hall, 1987.

Howel, P. P. ed., *The Nile Sharing a Scarce Resource: A Historical and Technical Review of Water Management and of Economic and Legal Issues*, Cambridge: Cambridge University Press, 1994.

Iyer, Ramaswamy R., *Towards Water Wisdom: Limits, Justice, Harmony*, Los Angeles: Sage Publications, 2007.

Kalpakian, Jack V., *Identity, Conflict and Cooperation in International River Basins*, Virginia: Dissertation of Old Dominion University, 2008.

Katzenstein, Peter ed., *The Culture of National Security: Norms and Identity in World Politics*, New York: Columbia University Press, 1996.

Klota, Audie, *Norms in International Relations: The Struggle against Aparatheid*, Ithaca, N. Y.: Cornell University Press, 1995.

Kratochwil, Friedrich V., *Rules, Norms and Decisions: On the Conditions of Practical and Legal Reasoning in International Relations and Domestic Affairs*, Cambridge: Cambridge University Press, 1989.

Lepard, B. D., *Customary International Law: A New Theory with Practical Applications*, Cambridge: Cambridge University Press, 2010.

Lowi, Miriam R. and Bruab R. Shaw eds., *Environment and Security: Discourses and Practices*, New York: ST. Martin's Press, 2000.

Marty, Frank, *Managing International Rivers: Problems, Politics and Institutions*, Bern, New York: Peter Lang, 2001.

Medal, Sharon B., Robert G. Varady, Susanna Eden eds., *Shared Borders, Shared Waters*, London: CRC Press, 2013.

Meredith, Measina Ramona, *The Right to Water: A Rural Community-Managed Scheme in Samoa*, Masters Thesis, University of Auckland, 2012.

Mikonnen, Trferi, *The Blue Nile Issue: A History of Hydropolitics, 1884 – 1974*, Saarbrücken: VDM Verlag Dr. Müller, 2011.

Naff, Thomas & Ruth C. Matson, *Water in the Middle East: Conflict or Cooperation?*, Boulder and London: Westview Press, 1984.

Onuf, Nicholas Greenwood, *World of Our Making: Rules and Rule in Social Theory and International Relations*, University of South Carolina Press, 1989.

Priscoli, Jerome Delli and Aaron T. Wolf, *Managing and Transforming Water Conflicts*, Cambridge: Cambridge University Press, 2009.

Salman, M. A. Salman & Uprety Kishor, *Conflict and Cooperation on South Asia's International Review*, Washington, D. C.: The World Bank, 2002.

Schimmelfennig, Frank, *The EU, NATO and the Integration of Europe—Rules and Rhetoric*, Cambridge: Cambridge University Press, 2005.

Shuval, Hillel & Hassan Dweik eds., *Water Resources in the Middle East: Israeli-Palestinian Water Issues: From Conflict to Cooperation*, Berlin & New York: Springer, 2007.

Tafesse, Tesfaye, *The Nile Question: Hydropolitics, Legal Wrangling, Modus Vivendi and Perspectives*, Munster: LIT, 2001.

Tvedt, Terje, *The River Nile in the Post-Colonial Age: Conflict and Cooperation among the Nile Basin Countries*, London: I. B. Tauris, 2010.

Tairq, Sardar Muhammad, *Pakistan-India Relations Implementation of Indus-*

Water Treaty: *A Pakistani Narrative*, Pakistan: Pakistan Institue of Legislative and Transparency, 2010.

Trachtenberg, Marc, *The Craft of International History*: *A Guide to Method*, Princeton and Oxford: Princeton University Press, 2006.

Verghese, B. G., *Waters of Hope*: *From Vision to Reality in Himalaya-Ganga Development Cooperation*, New Delhi: Oxford & IBH Publications, 1999.

Waterbury, John, *Hydropolitics of the Nile Valley*, Syracuse, N. Y.: Syracuse University Press, 1979.

Waterbury, John, *The Nile Basin National Determinants of Collective Action*, New Haven and London: Yale University Press, 2002.

Yetim, Muserref, B. A., M. A., *A Bargaining Framework for Explaining International Water Rights Conflicts*: *The Case of the Euphrates and Tigris*, Austin: Dessertation of The University of Texas at Austin, 2006.

Yohannes, Okbazghi, *Water Resources and Inter-Riparian Relations in the Nile Basin*: *The Search for an Integrative Discourse*, Albany: State University of New York Press, 2008.

Zawahri, N. A., *Institutional Design and Cooperation between Adversaries*: *Accounting for the Effectiveness of International River Commissions*, Cleveland, OH: Cleveland State University, 2006.

（二）期刊文章

Aggestam, Karin & Sundell-Eklund Anna, "Situating Water in Peacebuilding: Revisiting the Middle East Peace Precess", *Water International*, Vol. 39, No. 1, 2013.

Ahmed, Abu Taher Salahuddin, "Challenges of Governance in Nepal: Politico-Economic and Ethno-Religious Dimensions", *Journal of Contemporary Asia*, Vol. 24, No. 3, 1994.

Alam, Undala Z., "Questioning the Water Wars Rationale: A Case Study of the Indus Waters Treaty", *The Geographical Journal*, Vol. 168, No. 4, 2002.

Alatout, Samer, "Towards a Bio-territorial Conception of Power: Territory, Population, and Environmental Narratives in Palestine and Israel", *Political Geography*, Vol. 25, Issue 6, 2006.

Anand, P. B., "Capability, Sustainability, and Collective Action: An Examination of a River Water Dispute", *Journal of Human Development*, Vol. 8, No. 1, 2007.

Anand, P. B., "Right to Water and Access to Water: An Assessment", *Journal of International Development*, Vol. 19, Issue 4, 2007.

Axelrod, Robert, "An Evolutionary Approach to Norms, the Amercian Political Science Review", Vol. 80, No. 4, 1986.

Bagis, A., "Turkey's Hydropolitics of the Euphrates-Tigris Basin", *International Journal of Water Resources Development*, Vol. 13, No. 4, 1977.

Barkin, J. Samuel & Bruce Cronin, "The State and the Nation: Changing Norms and Rules of Sovereignty in International Relations", *International Organizations*, Vol. 48, No. 1, 2011.

Bath, C. Richard, "Resolving Water Disputes", *The Academy of Political Science*, Vol. 34, No. 1, 1981.

Becker, Nir & Naomi Zeitouni, "A Market Solution for the Israeli-Palestinian Water Dispute", *Water International*, Vol. 23, No. 4, 1998.

Bernstein, Steven, "Ideas, Social Structure and the Compromise of Liberal Environmentalism", *European Journal of International Relations*, Vol. 6, No. 4, 2000.

Bluemel, Erik B., "The Implications of Formulating a Human Right to Water", *Ecology law Quarterly*, Vol. 31, 2004.

Bourne, C. B., "The Right to Utilize the Waters of International Rivers", *The Canadian Yearbook of International Law*, No. 3, 1965.

Brichieri-Colombi, Stepehen and Robert W. Bradnock, "Geopolitics, Water and Development in South Asia: Cooperative Development in the Ganges-

Brahmaputra Delta", *The Geographical Journal*, Vol. 169, No. 1, 2003.

Çărkoglu, Ali and Mine Eder, "Domestic Concerns and the Water Conflict over the Euphrates-Tigris River Basin", *Middle Eastern Studies*, Vol. 37, No. 1, 2001.

Chakraborty, Roshni & Ismail Serageldin, "Sharing of River Waters among India and Its Neighbors in the 21st Century: War or Peace?", *Water International*, Vol. 29, No. 2, 2009.

Chechel, Jeffrey T., "The Constructive Turn in International Relations Theory", *World Politics*, Vol. 50, No. 2, 1998.

Christensen, Thomas J. and Jack Snyder, "Progressible Research on Degenerate Alliance", *The American Political Science Review*, Vol. 91, No. 4, 1997.

Coleman, Katharina P., "Locating Norm Diplomacy: Venue Change in International Norm Negotiations", *European Journal of International Relations*, Vol. 19, No. 1, 2013.

Crow, Ben & Nirvikar Singh, "Impediments and Innovation in International Rivers: The Waters of South Asia", *World Development*, Vol. 28, No. 11, 2007.

Dellapenna, J., "Treaty as Instruments for Managing Interntionally-shared Water Resources: Restricted Sovereignty vs Community of Property", *Case-Western Reserve Journal of International Law*, Vol. 26, 1994.

Dhungel, Dwarika N., "Regional Cooperation on the Ganga Basin: Yet a Mirage?", *The Asia Foundation*, Issue Brief, September 2013.

Diez, Thomas & Stephan Stetter & Albert Mathias, "The European Union and Border Conflicts: The Transformative Power of Integration", *International Organization*, Vol. 60, No. 3, 2006.

Dillman, Jeffrey D., "Water Rights in the Occupied Territories", *Journal of Palestine Studies*, Vol. 19, No. 1, 1989.

Elman, Colin and Miriam Fendius Elman, "Lakatos and Neorealism: A Replay to Vasquez", *The American Political Science Review*, Vol. 91, No. 4, 1997.

Feitelson, E., "The Ebb and Flow of Arab-Israeli Water Conflicts: Are Past Confrontations Likely to Resurface?", *Water Policy*, Vol. 2, Issue 4 – 5, 2000.

Feitelson, Eran, "Implications of Shifts in the Israeli Water Discourse for Israel-Arab Water Negotiations", *Political Geography*, Vol. 21, Issue 3, 2002.

Frey, Frederick W., "The Political Context of Conflict and Cooperation over International River Basins", *Water International*, Vol. 18, No. 1, 1993.

Gaskarth, Jamie, "The Virtues in International Society", *European Journal of International Relations*, Vol. 18, No. 3, 2012.

George, Alexander L., "US-Soviet Global Rivalry: Norms of Competition", *Journal of Peace Research*, Vol. 3, No. 2, 1986.

Gould, George A., "Water Rights Transfer and Third-Party Effects", *Land and Water Law Review*, Vol. XXIII, No. 1, 1988.

Gruen, G. E., "Turkish Waters: Source of Regional Conflict of Catalyst for Peace", *Water, Air, and Soil Pollution*, Vol. 123, 2000, p. 572.

Haddadin, Munther J., "Water in the Middle East Peace Process", *The Geographical Journal*, Vol. 168, No. 4, 2002.

Haddadin, Munther, "Cooperation and Lack Thereof on Management of the Yarmouk River", *Water International*, Vol. 34, No. 4, 2009.

Haftendorn, Helga, "Water and International Conflict", *Third World Quarterly*, Vol. 21, No. 1, 2000.

Harris, Leila M. & Samer Alatout, "Negotiating Hydro-Scale, Forging States: Comparison of the Upper Tigris/Euphrates and Jordan River Basins", *Political Geography*, Vol. 29, 2010.

Haynes, K. E, and D. Whittington, "International Management of the Nile-Stage Three?", *Geographical Review*, Vol. 71, No. 1, 1986.

Hossain, Ishtiaq, "Bangladesh-India Relations: The Ganges Water-Sharing Treaty and Beyond", *Asian Affairs: An American Review*, Vol. 25, No. 3, 1998.

Huffaker, Ray, Norman Whittlesey & Joel R. Hamilton, "The Role of Prior Appropriation in Allocating Water Resources into the 21st Century", *International Journal of Water Resources Development*, Vol. 16, No. 2, 2000.

Ibrahim, Abadir M., "The Nile Basin Cooperative Framework Agreement: The Beginning of the End of Egyptian Hydro-Political Hegemony", *Mo. ENVTL. L. & REV.*, Vol. 18, No. 2, 2011.

Iyer, Ramaswamy R., "Conflict-Resolution: Three River Treaties", *Economic and Political Weekly*, Vol. 34, No. 24, 1999.

Kenney, D. C., "Institutional Options for the Colorado River", *Journal of the American Water Resources Association*, Vol. 31, No. 5, 1995.

Kersbergen, Kees Van and Verbeek Bertian, "The Politics of International Norms: Subsidiarity and the Imperfect Competence Regime of the European Union", *European Journal of International Relations*, Vol. 13, No. 217, 2007.

Khan, Tsuhidual Anwar, "Management and Sharing of the Ganges", *Natural Resource Journal*, Vol. 36, Summer1996.

Kibăroglu, Ayşegül, "The Role of Epistemic Communities in Offering New Cooperation Frameworks in the Euphrates-Tigris Rivers System", *Journal of International Affairs*, Vol. 61, No. 2, 2008.

Kibăroglu, Ayşegül & Waltina Scheumann, "Evolution of Transboundary Politics in the Euphrates-Tigris River System: New Perspectives and Political Challenges", *Global Governance*, Vol. 19, 2013.

Krook, Mona Lena & True Jacqui, "Rethinking the Life Cycles of International Norms: The United Nations and the Global Promotion of Gender Equality", *European Journal of International Relations*, Vol. 18, No. 1, 2012.

Lupu, Yonatan, "International Law and the Waters of the Euphrates and Tigris", *Georgetown International Environmental Law Review*, Vol. 14, No. 2, 2002.

McCaffrey, S., "The Contribution of the UN Convention on the Law of the

Non-Navigational Usese of International Watercourses", *International Journal Global Environmental Isuues*, Vol. 1, No. 3/4, 2001.

McCaffrey, Stphen C. & Sinjela Mpazi, "The 1997 United Nations Convention on International Watercourses", *The American Journal of International Law*, Vol. 92, No. 1, 1998.

Mikiyasu, Nakayama, "Successes and Failures of International Organizations in Dealing with International Waters", *International Journal of Water Resources Development*, Vol. 13, Issue 3, 1997.

Mimi, Ziad A. and Bassam I. Sawalhi, "A Decision Tool for Allocating the Waters of the Jordan River Basin between all Riparian Parties", *Water Resources Management*, Vol. 17, Issue 6, 2003.

Pandey, Punam, "Revisiting the Politics of the Ganga Water Dispute between India and Bangladesh", *India Quarterly: A Journal of International Affairs*, Vol. 68, No. 3, 2012.

Payne, Rodger A., "Persuasion, Frames and Norm Construction", *European Journal of International Relations*, Vol. 7, No. 1, 2001.

Postel, Sandra L. & Aaron T. Wolf, "Dehydrating Conflict", *Foreign Policy*, September 1, 2001.

Rahaman, M. M., "Integrated Ganges Basin Management: Conflict and Hope for Regional Development", *Water Policy*, Vol. 11, 2009.

Rahaman, Muhammad Mizanur, "Principles of Transboundary Water Resources Management and Ganges Treaties: An Analysis", *International Journal of Water Resources Development*, Vol. 25, No. 1, 2009.

Rao, A. Ramachandra & T. Prasad, "Water Resources Development of the Indo-Nepal Region", *International Journal of Water Resources Development*, Vol. 10, No. 2, 1994.

Richards, A. & N. Singh, "Inter-state Water Disputes in India", *Water Resources Development*, Vol. 18, No. 4, 2002.

Rosegrant, Mark W. & Hans P. Binswanger, "Markets in Tradable Water Rights: Potential for Efficiency Gains in Developing Country Water Resources Allocation", *Water Development*, Vol. 22, No. 11, 1994.

Sadoff, Claudia W. & David Grey, "Beyond the River: The Benefits of Cooperation on International Rivers", *Water Policy*, No. 4, 2002.

Salman, M. A. Salman, "The Nile Basin Cooperative Framework Agreement: A Peacefully Unfolding African Spring?", *Water International*, Vol. 38, No. 1, 2013.

Salman, M. A. Salman, "Downstream Riparians Can Also Harm Upstream Riparians: The Concept of Foreclosure of Future Uses", *Water International*, Vol. 35, No. 4, 2010.

Salman, M. A. Salman, "The World Bank Policy and Practice for Projects Affecting Shared Aquifers", *Water International*, Vol. 36, No. 5, 2011.

Sandholtz, Wayne, "Dynamics of International Norm Change: Rules against Wartime Plunder", *European Journal of International Relations*, Vol. 14, No. 1, 2008.

Selby, Jan, "Cooperation, Domination and Colonisation: The Israeli-Palestinian Joint Water Committee", *Water Alternatives*, Vol. 6, No. 1, 2013.

Selby, Jan, "Dressing up Domination as 'Cooperation': The Case of Israeli-Palestinian Water Relations", *Review of International Studies*, Vol. 29, Issue 1, 2003.

Shuval, Hillel I., "Approaches to Resolving the Water Conflicts Between Israel and Her Neighbors: A Regional Water-for-Peace Plan", *Water International*, Vol. 17, No. 3, 1992.

Stephan, Stetter, Eva Herschinger, Thomas Teichler & Mathias Albert, "Conflicts about Water: Securitizations in a Global Context", *Cooperation and Conflicts*, Vol. 46, No. 4, 2011.

Subedi, Surya P., "Hydro-Diplomacy in South Asia: The Conclusion of the

Mahakali and Ganger River Treaties", *The American Journal of International Law*, Vol. 93, No. 4, 1999.

Tiwary, Rakesh, "Conflict over International Waters", *Economic and Political Weekly*, Vol. 41, No. 17, 2006.

Untawale, Mukund G., "The Political Dynamics of Functional Collaboration: Indo-Nepalese River Projects", *Asian Survey*, Vol. 14, No. 8, 1974.

Vasquez, John A., "The Realist Paradigm and Degenerative Versus Progressive Research Programs: An Apprasial of Neotraditonal Research on Waltz's Balancing Propositon", *The American Political Science Review*, Vol. 91, No. 4, 1997.

Waterbury, John and Whittington Dale, "Playing Chicken on the Nile? The Implications of Microdam Development in the Ethiopian Highlands and Egypt's New Valley Project", *Natural Resources Forum*, Vol. 22, No. 3, 1998.

Waterbury, John, "Between Unilateralism and Comprehensive Accords: Modest Steps Toward Cooperation in International River Basins", *International Journal of Water Resources Development*, Vol. 13, No. 3, 1997.

Wegerich, Kai & Oliver Olsson, "Later Developers and the Inequity of 'Equitable Utilization' and the Harm of 'Do No Harm'", *Water International*, Vol. 35, No. 6, 2010.

Wenar, Leif, "The Nature of Rights", *Philosophy & Public Affairs*, Vol. 33, No. 3, 2005.

White, Linda A., "Explaining Differences in Child Care Policy Development in France and the USA: Norms, Frames, Programmatic Ideas", *International Political Science Review*, Vol. 30, No. 4, 2009.

Wight, Colin, "They Shoot Dead Horses Don't They? Locating Agency in the Agent-Structure Problematique", *European Journal of International Relations*, Vol. 5, No. 1, 1999.

Wijkman, Per Magnus, "Managing the Global Commons", *International*

Organization, Vol. 36, No. 3, 1982.

Wolf, Aaron T., "Criteria for Equitable Allocations: The Heart of International Water Conflict", *Natural Resources Forum*, Vol. 23, No. 1, 1999.

Wolf, Aaron T., "Healing the Enlightenment Rift: Rationality, Sprirituality and Shared Waters", *Journal of International Affairs*, Vol. 61, No. 2, 2008.

Wolf, Aaron T., "International Water Conflict Resolution: Lessons from Comparative Analysis", *International Journal of Water Resources Development*, Vol. 13, No. 3, 1997.

Wolf, Aaron T., "Shared Water: Conflict and Cooperation", *The Annual Review of Environment and Resources*, Vol. 15, No. 14, 2007.

Wolf, Aaron T., "Spiritual Understandings of Conflict and Transformation and Their Contribution to Water Dialogue", *Water Policy*, Vol. 14, 2012.

Wouters, P., "An Assessment of Recent Developments in International Watercourse Law through the Prism of the Substantive Rules Governing Use Allocation", *Natural Resources Journal*, Vol. 36, No. 2, 1996.

Zawahri, Neda A., "International Rivers and National Security: The Euphrates, Ganges-Brahmaputra, Indus, Tigris, and Yarmouk Rivers", *Natural Resources Forum*, Vol. 32, 2008.

Zeitoun, Mark & Eid-Sabbagh Karim, "Hydro-hegemony in the Upper Jordan Waterscape: Control and Uses of the Flows", *Water Alternatives*, Vol. 6, No. 1, 2013.

Zeitoun, Mark & Warner Jeroen, "Hydro-hegemony: A Framework for Analysis of Trans-boundary Water Conflicts", *Water Policy*, Vol. 8, No. 5, 2006.

Zwingel, Susanne, "How Do Norms Travel? Theorizing International Women's Rights in Transnational Perspective", *International Studies Quarterly*, Vol. 56, Issue 1, 2012.

（三）会议论文

Brooks, David B. and Julie Trottier, "An Agreement to Share Water between

Israelies and Palestinians: The FoEME Proposal", OEcopeace/Friends of the Earth Middle East, March 2012.

Bruan, A., "The Megaproject of Mesopotamia", Centrepiece No. 146, March-April 1994.

Lindemann, Stefan, "Explainning Success and Failure in International River Basin Management-Lessons from Southern Africa", Paper presented at the 6th Open Meeting of the Human Imensions of Global Environmental Change Research Community, University of Bonn, Germany, October 2005.

MacQuarrie, Patrick, "Growing Conflict over Development in the Euphrates-Tigris Basin", Master Thesis of Trinity College, Dublin, Ireland, 2004.

Oaddumi, Halla, "Practical Approaches to Transboundary Water Benefit Sharing", Overseas Development Institute, Working Paper 292, 2008.

Shamir, Uri, "The Jordan River Basin, Part I: The Negotiations and the Water Agreement between the Hashemite Kingdom of Jordan and the State of Israel", UNESCO, 2003.

Trottier, Julie, "Hydropolitics in the West Bank and Gaza Strip", Palestinian Academic Society for the Study of International Affairs, 1999.

后　记

　　居之所，时以汩汩清水洒扫院落。我因结缘于与"水"相关的国际关系研究，逢此时，想到这世上因水之匮乏而为水之争，乃至而战的民族、国家，不在少数，更觉水之弥足珍贵。于是屡屡劝说，试图制止。几次下来，几被视为可笑之人。

　　"天下熙熙，皆为利来，天下攘攘，皆为利往"，这是国际政治理论对国家间合作与冲突起因最经典的解释，也是大多数研究理解国际河流水资源分配问题合作形成的起点。本书无意于否认这一解释的合理性，只是好奇"利从何来，为何而往"，为此有了本书中的解释框架与结论。

　　从博士学位论文，到如今即将付印的书稿，尝试涉足国际河流水资源分配问题的研究已有7年整。最初博士学位论文完成之际，留下了很多不尽如人意之处，却仍然沾沾自喜。"喜"自于经历了寒来暑往的准备与思考，终稍有成就，也"喜"自于"学问"时常所带来的欢欣鼓舞。然之于"做学问"这一过程而言，博士学位论文只是粗涉藩篱。回头再看当初的成就，深感有诸多需要完善之处，始明白导师朱立群教授入学时叮嘱的"敬畏学问"之深意。遂再次埋首于各种文本之中，查找、分析、思考、总结，以期查漏补缺。书成之际，这一过程远未完结，因此常以"学无止境"一面诙谐自己，一面则有鞭策之意。

　　书成之际，最大的遗憾是方法论在书中的拙劣之痕。"工欲善其事必先利其器",秦亚青先生曾言"研究方法往往是学科立身的一个重要标志"。一直以来,我也深信方法论是从事国际政治研究的坚固根底。尽管浅尝辄止,也时常欢喜于学习方法论带来的趣味。然囿于在方法论知识上的学浅费解,书中从问题提出,到案例使用;从推论如何辅之以论点,到由反事实推理证明结论的可靠性,涉笔均相当粗浅,难免会留下许多不妥之处。

书成之际,要感谢很多人。外交学院博士学习三年,受业于朱立群教授。入学之初,朱老师便以大量相关文献的阅读与分析,有系统地引导我进入国际政治的研究中。一年后,我因之而对国际政治这门学科的知识史有了较全面的认知与把握。当时文献阅读与整理中使用的方式方法,现如今已形成我在文献分析过程中的一种习惯,朱老师严格培养所赠予的这份自觉当使我受益终身。常忆起秦亚青先生授课的那些日子中,我的紧张、期待与欣喜。秦老师游刃于丰富的学科知识与广博的方法论之间,常常以小见大唤起学生对学问的兴趣,并拓展学术思维。思今日之尚能握管,必是来自秦先生那时的循循善诱。

与陈志瑞老师的熟识是在论文开题时。之后,论文写作及书稿修改中,陈老师坦率的批评与十分诚恳的建议,及修改后又会对学生毫不吝啬的夸奖,常使我时感于怀。林民旺、吴文成、孙豫宁既是前辈又是同门的师兄,在论文写作与书稿修改中,感谢他们常以各自的学识与经验提供给我诸多意见,亦使我少走好多弯路。师门情谊,自当珍惜。限于篇幅,同学之谊与朋友之情,不在此一一赘述。对我而言,将这些情谊喻为人生之幸事,毫不为过。

最后,对于母亲,我深知我是她的骄傲;对于幼女,我亦想成为她某一段人生中的榜样。因此,书成之际,以此书铭记。

韩叶

2019 年 7 月

图书在版编目(CIP)数据

国际河流：规范竞争下的水资源分配/韩叶著.--北京：社会科学文献出版社，2019.9
（国际政治论坛）
ISBN 978-7-5201-5073-6

Ⅰ.①国… Ⅱ.①韩… Ⅲ.①国际河流-水资源-国际争端-研究 Ⅳ.①D815.9 ②TV213.4

中国版本图书馆 CIP 数据核字（2019）第 124777 号

·国际政治论坛·
国际河流：规范竞争下的水资源分配

著　　者 / 韩　叶

出 版 人 / 谢寿光
组稿编辑 / 高明秀
责任编辑 / 许玉燕
文稿编辑 / 崔秀梅

出　　版 / 社会科学文献出版社（010）59366556
　　　　　 地址：北京市北三环中路甲29号院华龙大厦 邮编：100029
　　　　　 网址：www.ssap.com.cn

发　　行 / 市场营销中心（010）59367081　59367083
印　　装 / 三河市东方印刷有限公司
规　　格 / 开　本：787mm×1092mm　1/16
　　　　　 印　张：14.25　字　数：192千字
版　　次 / 2019年9月第1版　2019年9月第1次印刷
书　　号 / ISBN 978-7-5201-5073-6
定　　价 / 79.00元

本书如有印装质量问题，请与读者服务中心（010-59367028）联系

▲ 版权所有 翻印必究